公共政策分析：实践与案例

李祥飞　沈书立　编著

南开大学出版社

天　津

图书在版编目(CIP)数据

公共政策分析：实践与案例 / 李祥飞，沈书立编著. —天津：南开大学出版社，2023.8(2025.7 重印)
ISBN 978-7-310-06426-7

Ⅰ.①公… Ⅱ.①李… ②沈… Ⅲ.①公共政策—政策分析 Ⅳ.①D035-01

中国国家版本馆 CIP 数据核字(2023)第 013422 号

版权所有　侵权必究

公共政策分析：实践与案例
GONGGONG ZHENGCE FENXI：SHIJIAN YU ANLI

南开大学出版社出版发行
出版人：王　康
地址：天津市南开区卫津路 94 号　邮政编码：300071
营销部电话：(022)23508339　营销部传真：(022)23508542
https://nkup.nankai.edu.cn

天津泰宇印务有限公司印刷　全国各地新华书店经销
2023 年 8 月第 1 版　2025 年 7 月第 2 次印刷
240×170 毫米　16 开本　15 印张　277 千字
定价：60.00 元

如遇图书印装质量问题，请与本社营销部联系调换，电话：(022)23508339

序　言

　　公共政策学是一门经验科学，理论教学应当与生动、丰富的案例相结合。现有的公共政策学教材不少于几十本，大部分都注重学生对公共政策理论、价值观念、模型路径以及分析方法的培养。我在教学过程中发现，现有的教材涵盖面较广，对于相关概念和理论的剖析比较深入，但是这就使得初学公共政策学的同学们在理解上较为困难，抽象的概念和远离实践总结出来的理论往往使他们失去学习的动力和兴趣。很多同学能够对书中的概念、知识点熟练背诵，却对我国基本的公共政策体系和实践过程知之甚少。公共政策的学习应该是具体的，公共政策的原理落在知识点上应该是深刻的，落在实际领域里也应该是鲜活的、生动的。这是我们编著本书的初衷。本书着重从我国各项具体的公共政策的实践出发，收集具有代表性的案例并进行深入分析，以提供对我国政策实践的启发。

　　本书对我国金融政策、文化产业政策、社会保障政策、公共卫生政策、环境政策、农业政策、教育政策、财政政策、民族政策、人口政策、外交政策、科技政策等 12 项主要的政策的内涵与方式、历史发展沿革以及经典案例进行梳理总结，对我国具体领域的政策实践内容进行深入探讨，使读者更好地了解我国公共政策体系和实践历程，同时为构建我国本土化的公共政策理论框架提供启发和思考。本书主要有 12 章，选择了 24 个案例。每一章首先介绍我国政策的主要方式，其次对其历史发展沿革进行梳理，使读者对我国某一具体领域的政策有一定的了解，进而通过具体的案例带入分析和思考，通过深入分析案例的背景、发展并提出对策加深对我国公共政策实践的理解。本教材适合公共管理类本科生、研究生（含 MPA 教育）以及从事公共管理学研究的专家学者阅读。

　　本书的编写中参阅了较多的文献，吸纳了广大学者的研究成果，在此表示感谢！我的研究生于佳卉、高小波同学在资料的收集与整理中贡献了相当大的力量，张振、朱旭敏、韩一冰、周峰、张文婷、敖治华、刘薇等同学在案例收集分析、书稿校正等做出了较大贡献，本科生和研究生课堂上的同学们也给予了我很多启发,在此一并感谢!公共政策体系庞杂,内容丰富,为使读者能够理解,在编写中难免视角单一、有所遗漏,此外由于时间和作者水平有限,书中难免存在不足和错误,恳请广大业界同仁和读者们批评指正。

李祥飞

目 录

第一章 金融政策 ... 1
第一节 我国金融政策的主要方式 ... 1
一、货币政策 ... 1
二、利率政策 ... 2
三、汇率政策 ... 3
四、信贷政策 ... 4
第二节 我国金融政策的历史沿革 ... 5
一、金融体系的恢复期（1978—1984 年） ... 5
二、金融体系全面建设期（1985—1993 年） ... 5
三、全面配套改革期（1994—2001 年） ... 6
四、金融改革加速期（2001—2011 年） ... 6
五、金融业高质量发展阶段（2012 年至今） ... 7
第三节 案例分析 ... 7
案例一：柳暗花明又一村——科技金融逢机遇 ... 7
案例二：发力"牛产业"，共奔致富路 ... 11
本章参考资料 ... 15

第二章 文化产业政策 ... 17
第一节 我国文化产业政策的主要方式 ... 17
一、立法保障 ... 17
二、财税支持 ... 18
三、人才培养 ... 20
四、文化输出 ... 20
第二节 我国文化产业政策的历史沿革 ... 24
一、文化产业政策的萌芽期（1978—1991 年） ... 24
二、文化产业政策的初步形成期（1992—2001 年） ... 25
三、文化产业政策的快速扩张期（2002—2010 年） ... 25
四、文化产业政策的全面提升期（2011—2017 年） ... 26
五、文化产业政策的高质量发展期（2018 年至今） ... 26

第三节　案例分析 ………………………………………………… 27
      案例一："横店"从无到有"到"多面开花"" …………………… 27
      案例二：中国动画——不认命，才是国漫的命 ………………… 30
   本章参考资料 ……………………………………………………… 35

第三章　社会保障政策 …………………………………………… 36
   第一节　我国社会保障政策的主要方式 ………………………… 36
      一、立法保障 …………………………………………………… 36
      二、医疗保险 …………………………………………………… 37
      三、养老保险 …………………………………………………… 38
      四、失业保险 …………………………………………………… 39
      五、扶贫政策 …………………………………………………… 40
   第二节　我国社会保障政策历史沿革 …………………………… 42
      一、传统社会保障政策的孕育与动荡（1949—1977年） …… 42
      二、现代社会保障政策的转型（1978—1992年） …………… 42
      三、现代社会保障政策框架初步构建（1993—2011年） …… 43
      四、新时代下社会保障政策的发展（2012年至今） ………… 43
   第三节　案例分析 ………………………………………………… 44
      案例一：医保立法，地方先行——浙江省医疗保障地方立法探索 … 44
      案例二："银发一族"的困境——老人数字鸿沟 ……………… 48
   本章参考资料 ……………………………………………………… 53

第四章　公共卫生政策 …………………………………………… 54
   第一节　我国公共卫生政策的主要方式 ………………………… 54
      一、分级诊疗 …………………………………………………… 54
      二、药品采购 …………………………………………………… 55
      三、医院改革 …………………………………………………… 57
      四、防疫体系 …………………………………………………… 57
      五、食品安全 …………………………………………………… 59
   第二节　我国公共卫生政策的历史沿革 ………………………… 60
      一、卫生政策的孕育阶段（1949—1977年） ………………… 60
      二、卫生政策的改革起步阶段（1978—2002年） …………… 61
      三、卫生政策的改革发展阶段（2003—2011年） …………… 61
      四、卫生政策的全面深化阶段（2012年至今） ……………… 62
   第三节　案例分析 ………………………………………………… 62
      案例一：量体裁"医"——个性化家庭医生服务路在何方？ …… 62

案例二：分久必合——紧密型医联（共）体建设的"安徽样板" …… 69
　　本章参考资料 …………………………………………………… 76
第五章　环境政策 ……………………………………………………… 78
　第一节　我国环境政策的主要方式 ………………………………… 78
　　一、法律保障 …………………………………………………… 78
　　二、环境经济 …………………………………………………… 79
　　三、污染防治 …………………………………………………… 81
　　四、碳减排 ……………………………………………………… 83
　第二节　我国环境政策的历史沿革 ………………………………… 85
　　一、环境政策的准备阶段（1949—1972年）………………… 85
　　二、环境政策的起步阶段（1973—1977年）………………… 85
　　三、环境政策的确立阶段（1978—1991年）………………… 86
　　四、环境政策的快速发展阶段（1992—2001年）…………… 86
　　五、环境政策的转型发展阶段（2002—2011年）…………… 86
　　六、环境政策的完善提升阶段（2012年至今）……………… 87
　第三节　案例分析 …………………………………………………… 88
　　案例一："史上最严"垃圾分类政策 ………………………… 88
　　案例二：碳市场开张，谁才是主角？——"双碳"政策下的
　　　　　　新能源汽车发展 ………………………………………… 93
　　本章参考资料 …………………………………………………… 99
第六章　农业政策 ……………………………………………………… 101
　第一节　我国农业政策的主要方式 ………………………………… 101
　　一、土地政策 …………………………………………………… 101
　　二、农民收入政策 ……………………………………………… 102
　　三、农产品市场政策 …………………………………………… 103
　　四、农村劳动力政策 …………………………………………… 105
　第二节　我国农业政策的历史沿革 ………………………………… 106
　　一、集体化阶段（1949—1977年）…………………………… 106
　　二、家庭联产承包责任制阶段（1978—2002年）…………… 107
　　三、税费改革阶段（2003—2011年）………………………… 107
　　四、乡村治理现代化阶段（2021年至今）…………………… 108
　第三节　案例分析 …………………………………………………… 109
　　案例一：打开"窗户"——让农产品直播带货成为新时尚 …… 109
　　案例二：惠农补贴门类多，农业产权引争议 ………………… 113

本章参考资料 ··· 117

第七章　教育政策 ··· 118
第一节　我国教育政策的主要方式 ··· 118
一、学前教育 ··· 118
二、基础教育 ··· 119
三、职业教育 ··· 120
四、高等教育 ··· 121
五、在线教育 ··· 122
第二节　我国教育政策的历史沿革 ··· 123
一、逐步恢复阶段（1978—1990年） ······························· 123
二、基本完善阶段（1991—1999年） ······························· 124
三、逐步深化阶段（2000—2011年） ······························· 124
四、全面推进教育公平与提升质量阶段（2012—2019年） ··· 125
五、高质量深化发展阶段（2020年至今） ······················· 125
第三节　案例分析 ··· 126
案例一："云深山远苦耕耘，鞠躬尽瘁力先行" ············ 126
案例二："双减"到来，教培退场 ································ 130
本章参考资料 ··· 135

第八章　财政政策 ··· 137
第一节　我国财政政策的主要方式 ··· 137
一、税收制度 ··· 137
二、财政支出 ··· 138
三、发行国债 ··· 140
四、政府投资 ··· 141
五、政府预算 ··· 142
第二节　我国财政政策的历史沿革 ··· 143
一、恢复国民经济阶段（1949—1952年） ······················· 143
二、计划型财政阶段（1953—1978年） ·························· 143
三、适应经济转型阶段（1978—2012年） ······················· 144
四、适应新时代需要阶段（2012年至今） ······················· 144
第三节　案例分析 ··· 145
案例一："炒"房还是"住"房——西安房价背后的故事 ····· 145
案例二：岁"税"如春风，小微迎春来 ·························· 149
本章参考资料 ··· 153

第九章 民族政策 ... 155
第一节 我国民族政策的主要方式 ... 155
一、区域自治 ... 155
二、经济扶持 ... 156
三、民族文化 ... 157
四、民族教育 ... 158
五、干部培养 ... 160
第二节 我国民族政策的历史沿革 ... 161
一、中华人民共和国成立初期的制定推行（1949—1956 年）... 161
二、全面建设社会主义时期的曲折探索（1957—1977 年）... 161
三、改革开放初期的恢复定型（1978—1987 年）... 162
四、深入改革开放后的不断发展（1987—2011 年）... 162
五、新时代以来的调整完善（2012 年至今）... 163
第三节 案例分析 ... 164
案例一：多措并举——少数民族干部培养的源头活水 ... 164
案例二：好风送我上青云——精准扶贫、石门迈坎 ... 169
本章参考资料 ... 174

第十章 人口政策 ... 176
第一节 我国人口政策的主要方式 ... 176
一、总量人口控制 ... 176
二、生育放开 ... 177
三、生育保障 ... 178
四、普惠托育 ... 179
五、养老服务 ... 180
第二节 我国人口政策的历史沿革 ... 181
一、人口政策的萌芽阶段（1949—1961 年）... 181
二、人口政策的正式形成阶段（1962—1978 年）... 182
三、人口政策的成熟阶段（1979—2011 年）... 182
四、人口政策的渐进完善阶段（2012 年至今）... 183
第三节 案例分析 ... 184
案例一：做三孩妈妈，准备好了吗？... 184
案例二：就在家门口，养老不用愁 ... 188
本章参考资料 ... 192

第十一章　外交政策 194

第一节　我国外交政策的主要方式 194
一、构筑人类命运共同体 194
二、全球治理观 195
三、大国战略 196
四、周边外交 197

第二节　我国外交政策的历史沿革 198
一、独立自主不结盟阶段（1978—1989 年） 198
二、韬光养晦阶段（1990—1999 年） 198
三、互利共赢阶段（2000—2011 年） 199
四、中国特色大国外交阶段（2012 年至今） 199

第三节　案例分析 200
案例一：阿富汗地震救灾的中国援助 200
案例二：维和十年，贡献中国力量 204

本章参考资料 207

第十二章　科技政策 209

第一节　我国科技政策的主要方式 209
一、科技成果转化 209
二、人才激励 211
三、科技投入 212
四、知识产权 213

第二节　我国科技政策的历史沿革 215
一、初期探索阶段（1978—1995 年） 215
二、科教兴国阶段（1995—2006 年） 216
三、创新型国家建设阶段（2006—2012 年） 216
四、创新驱动发展阶段（2013 年至今） 217

第三节　案例分析 218
案例一：奔赴星辰大海，探索无穷宇宙——中国的飞天梦 218
案例二：投桃报李——政策支持引导城市与科技人才的双向奔赴 224

本章参考资料 228

第一章　金融政策

金融是指有关货币、信用的所有经济关系和交易行为的总称。金融政策指中央银行或政府借助各种方式调整相应级别货币、利率和汇率，以影响社会总供求，从而实现宏观经济目标的一系列规章、制度和规范的总称。从本质上说，金融政策是一种政府对金融市场上各种资源进行权威性配置的手段。金融政策是我国宏观调控的重要组成部分，并在众多调控政策中成为政府及相关部门频繁运用的重要手段之一。党的二十大报告指出："深化金融体制改革，建设现代中央银行制度，加强和完善现代金融监管，强化金融稳定保障体系，依法将各类金融活动全部纳入监管，守住不发生系统性风险底线，"为新征程下金融事业的高质量发展提供了根本遵循和行动指南。

第一节　我国金融政策的主要方式

一、货币政策

为了实现既定的经济目标，中央银行通过运用各种货币政策工具来调节和控制货币供应量和信用量，这种手段和措施的总称就是货币政策。货币政策在金融政策中始终占据非常重要的地位，甚至是金融政策的核心地位。一般而言，货币政策的最终政策目标主要包括以下四个方面：经济增长、物价稳定、充分就业和国际收支平衡。在特定时期给予适当的货币供应能够有效促进经济的发展进步，因此央行需要使用一些能够调节货币供应的特定工具。货币政策包括公开市场操作、再贴现和再贷款政策、存款准备金制度三种常用工具。

（一）公开市场操作

公开市场操作是指中央银行或货币当局根据不同时期货币政策的需要，在金融市场上公开买卖有价证券，以调节货币供应及利率，其中包括人民币操作和外汇操作两部分。公开市场操作是中央银行吞吐基础货币，调节市场流动性的主要货币政策工具,通过中央银行与市场交易对手进行有价证券和外汇交易，实现货币政策调控目标。中国公开市场操作包括人民币操作和外汇操作两部分。外汇公开市场操作 1994 年 3 月启动，人民币公开市场操作 1998 年 5 月 26 日恢复交易，规模逐步扩大。1999 年以来，公开市场操作发展较快，目前已成为中国人民银行货币政策日常操作的主要工具之一，对于调节银行体系流动性水平、引导货币市场利率走势、促进货币供应量合理增长发挥了积极的作用。

（二）再贴现、再贷款政策

在我国，中央银行通过适时调整再贴现和再贷款的总量及利率，达到吞吐基础货币和实施金融宏观调控的目的，同时发挥调整信贷结构的作用。2008 年以来新增再贷款主要用于引导扩大县域和"三农"信贷投放，扶贫再贷款是央行支持改善扶贫金融服务的重要政策措施，为打赢脱贫攻坚战提供有力的金融支持。此外在新冠疫情期间，为统筹推进新冠疫情防控和经济社会发展，中国人民银行主动作为，积极施策，根据疫情防控进展先后安排 3000 亿元专项再贷款、5000 亿元再贷款再贴现额度、1 万亿元再贷款再贴现额度共计 1.8 万亿元，充分发挥再贷款再贴现的精准滴灌作用，帮助企业解决债务偿还、资金周转和扩大融资问题，支持抗疫保供、复工复产和中小微企业等实体经济发展[1]。

（三）存款准备金

金融机构需要按一定比率将存款总额中的一部分款项上交中央银行，以保证客户能顺利提取存款及进行资金清算。该比率被称为存款准备金率，其大小由中央银行决定，可用于调整货币供应量。例如中国人民银行曾于 2020 年上半年三次降准，1 月 6 日，央行周全降准 0.5 个百分点开释 8000 亿元；3 月 16 日，央行实行普惠金融定向降准，开释 5500 亿元恒久资金；4 月 15 日和 5 月 15 日分两次，对农村信用社、农村商业银行、农村合作银行、村镇银行和仅在省级行政区域内经营的城市商业银行定向降准，每次各下调 0.5 个百分点，共开释 4000 亿元恒久资金。2021 年 7 月 9 日，央行降准 0.5 个百分点，此次下调后，金融机构加权平均存款准备金率为 8.9%，共释放资金 1 万亿，这都体现了中央人民银行在实施稳健的货币政策，在不搞大水漫灌的基础上，注重定向调控，目的就是帮助小微企业、民营企业降低融资成本，增加稳定的资金来源，为实体经济的健康发展提供一个适宜的货币金融环境。

二、利率政策

利率政策是调节国家经济的重要经济杠杆，是金融政策中的重要组成部分

---

[1] 中国新闻网. 央行：1.8 万亿再贷款再贴现支持实体经济发展[EB/OL]. 2020-05-12 [2021-09-28]. http://www.chinanews.com/cj/2020/05-12/9181808.shtml.

之一。中央银行通过利用相应利率工具以调整利率水平和利率结构，影响整个社会的资金供需状况，从而达到货币政策的效果。凯恩斯也曾说过，"利率是货币政策的中介目标，通过利率把储蓄转化为投资来实现调节供求"。

在中国人民银行所实施的利率政策中，主要是根据国内经济发展状况，通过利率上调、利率下调和保持利率不变这三种方式来调整信贷和货币供应量大小。央行常常通过定向降息降准等方式解决社会融资成本高的问题，为经济结构调整和转型升级营造中性适度的货币金融环境，促进经济科学发展和可持续发展。

2021年6月21日，市场利率定价自律机制优化了存款利率自律上限的确定方式，将原由存款基准利率一定倍数形成的存款利率自律上限，改为在存款基准利率基础上加上一定基点确定。在6月份利率定价机制调整之前，各家银行的存款利率是按照央行发布的基准利率上浮加成的方法进行制定。就以大额存单产品为例，三年期定期存款的基准利率为2.75%，那么各个银行在此基础上进行加成，一般来说都有可能加成50%以上，达到年化利率4.12%。但是6月份调整机制之后，采用的是基准利率加上基点的模式，这样就将定期存款的利率上限给压制住了。这种"加点+定上限"的调降模式，与贷款市场报价利率（LPR）加点的计价方式一致，首先，有利于进一步推进利率市场化，更利于存款利率随行就市变动。其次，既能保证存款基准利率的压舱石作用，又可以更精准、幅度更小地调整，缓和对市场的冲击。加之当前银行净息差收窄，再引导银行让利实体企业不是长久之计，存款利率调降有利于央行达成促进实体经济"降成本"的目标。

三、汇率政策

汇率是指一个国家的货币转换为另一个国家货币的比率，汇率可以被看作是外汇资产的价格。一个国家汇率的变动不仅对调整国内经济起着很大作用，而且对国际贸易和国际资本的流动也有着重大影响。实施汇率政策的主要目的在于保持本国的国际收支平衡，稳定本国的汇率水平，控制国家的进口和出口，促进本国对外贸易的发展，中央银行根据国家经济发展的需要，为了达到这些相应经济目标而运用汇率手段对经济进行干预的一系列措施，就可以称之为汇率政策。

运用汇率政策工具来实现上述经济目标的重点就是选择合适的汇率制度，而汇率制度的选择则是需要通过确定汇率水平以及汇率变动和调整来实现的。一个国家到底该选择哪种汇率制度，便需要政策制定者结合国家自身的经济结构特点来考虑。根据《中国人民银行关于完善人民币汇率形成机制改革的公告》，自 2005 年 7 月 21 日起，我国开始实行以市场供求为基础、参考一篮子货币进行调节、有管理浮动汇率制度，我国这种可控、可调的汇率有利于更好地适应国际市场。强有力的汇率制度是人民币国际化的重要指标，也就是说汇率政策会影响本国货币在国际货币中的地位[①]。

自 2009 年 7 月人民币跨境贸易结算正式开启以来，人民币国际化进程稳步推进。此外，人民币于 2016 年 10 月正式加入特别提款权货币篮子（SDR），成为与美元、欧元、英镑和日元并列的第五种 SDR 篮子货币，表明了人民币在跨境贸易中被广泛使用[②]。我国曾先后经历过 2008 年全球金融危机、欧美主权债务危机、美联储货币政策正常化、中美贸易战等来自国际市场的金融冲击，在一次又一次的应对经验总结中，我国逐步增强汇率政策弹性，保持汇率基本稳定，稳慎推动人民币国际化。新冠疫情以来，中国进一步发挥汇率对国际收支平衡和宏观经济稳定的自动稳定器作用。2020 年 5 月底，人民币汇率至 7.20 附近，创下 2008 年全球金融海啸以来的新低。但 6 月份以来，受疫情防控好、经济复苏快、中美利差大和美元走势弱等多重利好共振的影响，人民币汇率震荡走高。到年底，后 7 个月累计升值近 10%，全年升值近 7%。人民币汇率先抑后扬、双向波动，成了吸收内外部冲击的"减震器"。

四、信贷政策

信贷政策，是中央银行根据国家宏观经济政策，为指导、调控金融机构的信贷总量和投向所采用的政策，其主要目标是为了改善信贷结构，促进经济结构的调整以及优化社会资源的配置。这种贷款的好处在于债务人在进行贷款时，不需要抵押任何物品，就可以凭借自己的信誉向银行借钱，这种情况也适用于第三方进行借贷。中国人民银行、银保监会、财政部、发展改革委、工业和信息化部曾在新冠疫情发生后提出了加大小微企业信用贷款支持力度、进一步对中小微企业贷款实施阶段性延期还本付息等通知[③]。在宏观经济不确定性强的情况下，信贷规模的缩减不仅会影响小微企业自身的发展，更不利于经济持续高质量的发展。

---

① 2005 年中国人民币汇率形成机制改革世人瞩目[EB/OL]. 2005-12-28 [2021-09-28]. http://www.gov.cn/jrzg/2005-12/28/content_139405.htm.

② 人民币正式加入特别提款权货币篮子[EB/OL]. 2016-10-01[2021-09-28]. https://news.cri.cn/20161001/8477526b-6a62-5353-5ce3-140ff3c8334b.html.

③ 中国人民银行 银保监会 财政部 发展改革委 工业和信息化部关于继续实施普惠小微企业贷款延期还本付息政策和普惠小微企业信用贷款支持政策有关事宜的通知[EB/OL]. 2020-12-31[2022-02-20]. http://www.pbc.gov.cn/zhengwugongkai/4081330/4081344/4081395/4081686/4156749/index.html.

第二节　我国金融政策的历史沿革

一、金融体系的恢复期（1978—1984年）

改革开放以来中国金融改革开放启动。随着五届人大一次会议的召开，中国人民银行总行从财政部分离而独立，现代中国金融体系的建设也随之开始。1979年，中国人民银行开办中短期设备贷款，打破了只允许银行发放流动资金贷款的老框框。同年中国银行从中国人民银行中分离出去，作为国家指定的外汇专业银行统一经营和集中管理全国的外汇业务，第一家信托投资公司——中国国际信托投资公司成立，揭开了信托业发展的序幕。从1984年初起，中国人民银行不再办理针对企业和个人的信贷业务，成为专门行使金融管理、制定和实施货币政策等职能的中央银行，同时新设中国工商银行。至此，中央银行制度的基本框架初步确立。上海飞乐音响股份有限公司也在同年公开向社会发行了股票，这是中国改革开放后第一张真正意义上的股票，标志着改革开放后的中国揭开了资本市场的神秘面纱。

这一阶段，中央银行制度框架基本确立，主要国有商业银行基本形成，资本市场上股票开始发行，保险业开始恢复，适应新时期改革开放要求的金融体系初显雏形。

二、金融体系全面建设期（1985—1993年）

在这一阶段中，我国开始实行"统一计划，划分资金，实贷实存，相互融通"的信贷资金管理体制。为加强我国金融体系的法治化建设，1986年国务院发布《中华人民共和国银行管理暂行条例》，使中国银行业监管向法治化方向迈出了重要的一步，中国人民银行在同年颁布《城市信用合作社管理暂行规定》，城市信用社的发展步入正轨，促进我国金融体系的法治化建设。为了进一步明晰中国人民银行的职能，1993年国务院颁布《关于金融体制改革的决定》，明确了中国人民银行制定并实施货币政策和实施金融监管的两大职能，并明确提出要把我国的专业银行办成真正的商业银行，至此，专业银行的发展正式定位于商业银行。与此同时，银行类金融机构（例如交通银行、中信银行、深圳发展银行）和非银行类金融机构（中国国际信托投资公司、中国东方租赁有限公司）纷纷成立，信托、融资租赁、基金行业开始出现。

这段时期的金融体系开始向法治化发展，体系更加完善，商业银行在中国人民银行的领导下其职能逐渐明晰,业务范围开始扩大,银行金融机构开始建立,资本市场开始发展,股票交易、期货等陆续规范,使金融体系更加适应市场经济需求,并为推动经济高速发展奠定了基础。

三、全面配套改革期(1994—2001年)

1994年以来,国务院集中出台了一系列金融改革措施,对中央银行体系、金融宏观调控体系、金融组织体系、金融市场体系和外汇管理体系进行了全面改革。随着三大政策性银行成立,政策性银行体系基本框架也逐步建立。国有专业银行明确了按照商业银行的规范进行改革的要求。金融监管也逐步进入了一个新的历史时期,进一步向法治化、规范化迈进。为完善我国保险监管机制,1998年中国保险监督管理委员会成立,这是保险监管体制的重大改革,标志着我国保险监管机制和分业管理的体制得到了进一步完善。

这个时期的金融改革继续深化,中国人民银行的货币调控职能加强,银行外的金融监管职能由银监会、证监会、保监会承担。政策性银行建立,银行证券法治化继续深化,金融体系各系统职能更加清晰完善,分工更加明确,期货等新兴金融业继续发展。

四、金融改革加速期(2001—2011年)

随着我国正式加入世界贸易组织,我国的金融业开始从政策性开放转向制度性开放,金融业的改革步伐明显加快。21世纪初,中国银监会正式对外挂牌,专门履行银行业监管职责,中国金融管理"一行三会"的格局形成[1]。经过三次变革后,央行实现了货币政策与证券、保险、银行监管职能的分离,专注于"制定和执行货币政策,维护金融稳定,提供金融服务"这三大支柱职能。同时,银监会与证监会、保监会一道,构筑了一个严密的监管体系,全方位地覆盖银行、证券、保险三大市场[2]。在金融市场方面,2002年12月中国证监会和中国人民银行联合发布的《合格境外机构投资者境内证券投资管理暂行办法》(QFII)正式实施,QFII制度在中国拉开了序幕,这是将中国资本市场纳入全球化资本市场体系所迈出的第一步。

这一阶段,我国金融政策的制度化水平不断提高,金融行业改革的幅度不断加速,中国也逐步实施了人民币汇率形成机制改革,实行以市场供求为基础、

---

[1] 中国金融改革与发展的历程[EB/OL]. 2018-07-23 [2021-09-28]. https://www.sohu.com/a/242792851_100202504.

[2] 宋哲泉. 改革开放以来我国金融理论与实践发展历程——兼述对未来金融业发展的思考[J]. 现代管理科学, 2019(05):75-77.

参考一篮子货币进行调节、有管理的浮动汇率制度。

五、金融业高质量发展阶段（2012年至今）

中国从党的十八大开始强调全面深化改革开放，在金融领域主要体现为推动金融业市场化、国际化、多元化。党的十八届三中全会确立了新时代金融体制改革的基础框架并通过了《中共中央关于全面深化改革若干重大问题的决定》，指出了金融体制改革的主要方向和重要举措，内容包括金融机构和金融市场建设、金融开放、金融监管等。随着第五次全国金融工作会议在2017年召开，我国金融业进入了稳发展、强监管、防风险阶段。这一阶段的趋势是防范风险和加强监管，具体的决定将强化监管提升到金融工作开展的重要原则高度，制度上建立国家金融稳定发展委员会，强调对监管者的问责，银行领域要创新监管，支持企业去杠杆。推动市场化债转股工作，继续引导和完善相关制度，拓宽商业银行不良资产处置渠道，不断强化优化监管，抑制不当套利，统一监管规则，加强对非信贷业务和表外业务监管，引导银行稳健转型，强化银行业对实体经济，尤其是中小企业和民营企业的支持，推动银行业建立完善全面风险管理体系。

这一阶段，金融业多层次资本市场体系得到完善，股票发行市场向注册制改革推进，"一行三会"分业监管模式转向"一委一行两会"的协同监管模式，重大金融风险得到化解。对外开放力度不断加大，我国金融国际影响力提升，金融科技也随着时代的发展不断创新。

第三节 案例分析

案例一：柳暗花明又一村——科技金融逢机遇

一、[案例介绍]

案例背景： 科技金融是指促进科技开发、成果转化和高新技术产业发展的一系列金融工具、金融制度、金融政策与金融服务的系统性、创新性安排，是由向科学与技术创新活动提供融资源的政府、企业、市场、社会中介机构等各种主体及其在科技创新融资过程中的行为活动共同组成的一个体系，是国家科技创新体系和金融体系的重要组成部分[①]。加强科技与金融的结合，不仅有利于

[①] 韩一萌.探析金融创新背景下中国科技金融的发展出路[J].浙江金融，2013（05）：45-47.

发挥科技对经济社会发展的支撑作用，也有利于金融创新和金融的持续发展。尤其是在当今全球疫情肆虐的大环境下，经济发展整体呈现下行的发展态势，科技金融以其独特的数字化、线上化、远程化、可视化和智能化这几大主要特征在疫情下全社会非接触性办公作业中非常适用，疫情在一定程度上为科技金融的发展提供了一些新的机遇。

案例正文：

（一）脱颖而出，科技金融优势明显

新冠疫情发生后，全社会战"疫"期间，公众的工作和生活习惯发生了较大调整，其中最为突出的趋势之一，就是全社会非接触性社会形态特征得到加强，最大化地减少线下接触，尽量通过线上交流来完成工作和生活中的必需事项。金融企业复工后也做出了相应的调整，通过轮岗、非现场办公等方式，将此前需要现场集中完成的前、中、后台业务更多地通过线上来进行和开展。这些前、中、后台业务包括获客、路演、营销、调研、签单、风控、运维等多个业务环节，从实际运行效果来看，各家金融企业线上化办公总体上能满足工作需要，在最大化减少线下接触和交流的同时，维持业务的正常运营。以通常所讨论的 ABCD 技术（人工智能、大数据、云计算、区块链）为核心的金融科技在此过程中起到了较好的支持作用。

金融科技本身就关注数字化、线上化、远程化、可视化和智能化这几大主要特征，以数据为基础，建立多功能全流程端到端的系统，实现多用户多终端异地同步办公，智能化地协助应对问题并给出解决方案，同时以图形、图像等直观方法呈现在人们面前。例如，以金融行业中的尽职调查环节为例，金融企业中传统的尽职调查过程需要在一套严格的流程上，强调己方人员在对方现场履行完尽职调查程序，以实现事前风险控制和评估的目的。

在金融科技的支持下，尽调人员可以首先通过人脸识别和有条件接收技术（Conditional Access Technology，CA 技术）登录到相关的应用程序系统打开视频通话功能，基于全球定位系统（Global Positioning System，GPS）、移动位置基站系统（Location Based Service，LSB）多模定位以及辅助全球卫星定位系统（Assisted Global Positioning System，AGPS）辅助定位技术画面即时显现人员身份、时间及所在位置等详细地址。再通过手机摄像头，让尽调人员可以观察到项目内外部以及周边环境情况，并实时将影像信息存储在区块链云平台上，保证尽调信息的不可篡改和可追溯。同时，尽调人员在访谈现场相关人员时，也同样可以用到人脸识别和身份认证模块对被访谈人员的身份信息进行比对核验，以防冒用身份的现象发生。

（二）政策支持，科技金融助力企业复工复产

在新冠疫情期间，中国人民银行主动作为，积极施策，2022年5月份印发了《关于推动建立金融服务小微企业敢贷愿贷能贷会贷长效机制的通知》，明确提出要推动科技赋能和产品创新，提升会贷的水平，健全分层分类的小微金融服务体系，强化金融科技手段运用，合理运用大数据、云计算、人工智能等技术手段，创新风险评估方式，提高贷款审批效率，拓宽小微客户覆盖面。

与此同时，金融科技公司在政策鼓励下积极助力小微商户走出逆境、复工复产。相关数据显示自2022年3月30日起至6月30日，百度旗下的金融科技公司度小满为新冠疫情中高风险地区的小微商户提供免息贷款支持，首批总额度1亿元。95后的创业者安琪正翘首以盼工作室重新开张。毕业于中央美术学院的安琪放弃了提供高薪的大厂录用通知，在自己的努力和家人的帮助下毕业后就开了一家个人美术设计工作室，凭借着深厚的绘画功底和新颖的设计理念，短短两三个月的时间，工作室的流水达到了30万元。但在近期新一轮的疫情冲击下，工作室一方面收入下降，另一方面仍要维持房租、水电等支出，资金流转出现了困难。创业以来，安琪没有被工作中的困难打倒，但如何度过这一段入不敷出的时间，却让她忧心忡忡。一次偶然的机会，安琪在一次同学聚会上与一个学金融的同学聊天时，说到了自己现在遇到的困难。同学听说后立即向她推荐了度小满的免息贷款，这是度小满为疫情中高风险地区的小微商户提供的免息贷款支持，商户凭借营业执照、商铺的租赁合同等证明，就可以申请免息贷款，免息期12个月。安琪尝试申请后，顺利获批了20万元贷款，可以支持未来几个月公司的开销。那一刻，她觉得看到了雨过天晴的希望。安琪说："放弃是不可能放弃的，工作室里我养的绿植生长得很好，解封后我还要回去浇绿植呢。"

疫情发生以来，数量庞大、承担着就业和民生的小微商户、个体户受到的冲击远大于规模以上企业，现金流每天都面临生死考验：用款少而急，融资渠道有限。但同时，小微商户又是最具有创业韧性的一批劳动者，只要能度过暂时性困难的日子，迎来复工复产的希望，他们就会如春草般再次蓬勃生长，成为活跃的经济主体。度小满相关负责人表示，度小满为小微商户提供12个月的免息贷款，用以支付房租、人力成本这些固定支出，稳定他们的生产经营。只要扛过困难阶段，他们的经营一定能够回暖。

（三）前路光明，科技金融稳步前进

目前为止，虽然与欧美等国家相比我国金融基础比较薄弱，但正是由于我国金融市场尚未成熟的这一特点给予了我国科技金融快速发展的肥沃土壤。据中研产业研究院公布《2022－2026年中国科技金融行业竞争格局及发展趋势预测报告》显示，金融科技整个全国市场规模达到 3400 个亿，2020 年达到了近 4000 个亿，预计在 2022 年科技金融市场规模超过 5400 个亿。所以整个科技金融市场规模也逐步在稳定向上提升。并且根据中国人民银行印发的《金融标准化"十四五"发展规划》显示，目前科技金融标准化建设正在稳步推进，接下来将加强云计算、区块链、大数据、人工智能、生物识别、物联网等标准研制和有效应用，引领金融科技规范健康发展。无论是行业规模还是发展环境，我国的科技金融行业都有着巨大的发展潜力。并且随着银行系科技金融子公司的强势崛起、数字货币雏形初现、金融监管科技蓬勃发展、监管沙盒落地到银保监会发布互联网贷款新规，我国科技金融发展如火如荼。科技金融行业真正迎来了千载难逢的发展机遇，国内众多优秀的新兴创新型企业不断释放科技能量，赋能传统金融机构数字化转型升级。

案例来源：巴曙松：牢牢抓住疫情带给金融科技的机遇[EB/OL]. 2020-03-13. [2022-11-08]. https://baijiahao.baidu.com/s?id=1661033344433399278&wfr=spider &for=pc

度小满为小微企业现金流"续航"[EB/OL]. 2022-06-13. [2022-11-08]. https://baijiahao.baidu.com/s?id=1735511911551469002&wfr=spider&for=pc

2022 年科技金融行业发展前景趋势及市场规模分析[EB/OL]. 2022-06-14. [2022-11-08]. https://www.chinairn.com/news/20220614/160935710.shtml

二、[案例分析]

科技金融产业是科技产业与金融产业高度融合并逐步发展成新产业的动态发展过程，包含了两种产业的基本特征。随着近年来智能投顾、智能客服、大数据风控等科技金融产业迅速发展，金融服务效率得到了很大的提升。从双边市场理论来看，金融科技企业可以提供平台型的金融服务，通过打通金融企业、科技企业与金融需求客户的连接，实现精准高效的匹配；同时吸纳丰富的业态，撮合更多潜在交易，不但扩大了金融的服务半径，还延长了金融的服务时间。金融科技具备互联网平台的网络效应特征，消费者是带来网络效应更高的一员，其规模的扩大能吸引金融科技企业合作方的加入。请思考并讨论：

（一）我国科技金融发展的作用及面临的机遇是什么？

1. 科技赋能金融行业，提升了金融服务效率。大数据、区块链以及人工智能等高科技会改变金融的服务场景、优化金融服务手段以及创新金融产品等来稳步推进金融行业的智能化发展进程，大大提高了服务客户的效率。

2. 金融科技极大促进资金配置效率。随着大数据在金融行业的运用，银行可以据此来获取很多申贷小微企业的运营数据并对其进行风险评估和预测，进而可以更具有针对性地解决小微企业的发展问题。银行可以利用信息网络、移动互联网技术对客户评价模型进行优化和升级,在降低贷款成本的基础上提高了信贷效率。这样一来,信息不对称的问题得到了解决,整个社会的资金配置效率就会大大提高。

3. 国内发展环境良好,市场潜力巨大。鉴于我国当前的金融市场尚未成熟,这恰好为科技金融行业提供了快速发展的土壤,并且我国在金融业的"十四五"规划中明确提出了要大力发展科技金融行业,除此之外,作为全球第二大的经济体,我国体量庞大的金融市场蕴含巨大的潜力足以支撑科技金融行业的全面发展。

(二)科技金融的发展有哪些问题需要我们关注?

1. 新技术带来了新型金融风险。相较于传统的金融,科技赋能下的金融对于数据的依赖度也较高。所以,数据的质量和完整程度就直接决定了金融决策的正确与否。但是,实际运行过程中,数据的可篡改性十分强。一旦出现了数据缺失、数据造假或者数据泄露的问题,对于金融行业的稳定运行会产生很大的影响,进而滋生出新型的金融风险。

2. 新技术对现行的监管体系提出了挑战。监管对于整个金融行业来说至关重要,为金融行业的发展树立了标杆和尺度。随着科技在金融行业的运用,会对整个金融的运行流程和产品特点带来很大的改变,监管体系也应该与时俱进。但是,目前由于国内有关人工智能金融领域应用的市场交易规则几乎空白,这对于监管体系的更新是较大的挑战。

3. 科技金融行业专业人才紧缺。金融科技的发展蒸蒸日上,几乎每天都能看到新技术新产品的诞生,伴随而来的是人才的匮乏问题。人才又是引领一个行业发展的关键,所以现阶段加大对于金融科技复合型人才的培养至关重要。

案例二:发力"牛产业",共奔致富路

一、[案例介绍]

案例背景: 为实体经济服务是金融的天职。党的十八大以来,我国金融服务的普惠性持续增强。小微企业、"三农"领域、脱贫攻坚,更多的金融资源被配置到社会发展的重点领域和薄弱环节,金融服务的可得性大幅增强[①]。2022年,中国工商银行在中央电视台《新闻联播》黄金时段发布的品牌广告,诠释了中国工商银行用心倾听客户心声、全心全意服务乡村振兴的责任担当,大家

---

① 普惠金融服务能力持续增强[EB/OL]. 2022-04-22 [2022-11-08]. http://www.gov.cn/xinwen/2022/04/22/content_5686605.htm.

"听"到农牧民的欢声笑语,背后有一段普惠金融支持"三农""三牧"发展,让"北国草原逢甘霖"的故事。

案例正文:

(一)草原减压,农民增收

锡林郭勒大草原,是我国四大草原之一,位于内蒙古自治区东中部,紧邻京津冀,是我国北方重要的生态安全屏障,也是距首都北京最近的大草原牧区,是我国重要的畜产品生产基地[①]。

朝格图家住锡林郭勒盟正蓝旗桑根达来镇巴格额仁嘎查,曾经担任巴格额仁嘎查党支部书记。当地政府坚持以生态优先、绿色发展为导向,为在保护草场生态的同时增加牧民收入,按照"增牛减羊提质增效"示范旗建设标准,在良种繁育、科学饲养、育肥育成、疫病防控等方面下功夫,加快推进肉牛产业建设,走出一条草原增绿、牧业增效、牧民增收的共赢之路。朝格图紧跟政策部署,在自家牧场养了 350 多头牛,是当地养殖大户。他说:"对我们牧民来说,草原就是我们的命根子,'增牛减羊'能保护草原,我们就尽量多养牛,发展牛产业。"

朝格图老书记为人诚信正直,一家生活和睦、日子殷实。他的家里陈列着好多的奖杯奖牌,细问之下才知道原来这是他儿子骑马比赛获得的荣誉。朝格图育有一儿一女,儿子大学毕业后就考进了公安部门;女儿已成家,也有着自己的牧场。尽管可以享受天伦之乐,但他作为当地肉牛产业发展的"领头人",还是想在带动当地牧民共奔"致富路"上再拼几年。

更新换代是各行各业常有的事情,这一行业也不例外。原本以为"致富之路"坦荡荡,却也受到了肉类更新换代带来的影响。问题初显,老书记愁眉不展,一时也想不出办法。

(二)普惠政策助生产,牧民欢喜上眉梢

肉牛养殖业不仅是当地传统基础产业,更是富民产业、特色产业。朝格图的肉牛养殖技术和肉牛质量在正蓝旗当地属于较为优良的水平,并带动当地牧民走规模化、专业化、标准化的高质量发展之路。2021 年,遇到肉牛品种的更新换代、草饲料费用上涨等情况,肉牛的平均养殖成本由原来的 13 元/头/天上涨到 15 元/头/天,朝格图自家牧场养了 350 多头牛,养殖投入一年多出 20 多万元,不少牧民也同样出现了资金缺口。

朝格图看在眼里,急在心中,因为在资金发生缺口开始,就同其他银行有

---

① 工行普惠故事 发力"牛产业" 共奔"致富路" [EB/OL]. 2022-08-05 [2022-11-08]. http://m.northnews.cn/p/2126439.html.

过合作，缓解资金难题，但因贷款成本、追加联保等原因，导致牧民养殖成本提高、负债进一步增加。老书记无奈地说："这利息，几十头牛没啦，闹得我们好几户牧民以后都不好贷款！"在屡屡碰壁之后，工商银行如及时雨般解决了老书记与牧民们的难题。

此时工商银行正在推行普惠金融政策。普惠金融政策最重要的目标之一就是推进金融服务更加普及，使普通百姓、偏远山村的村民，包括小微企业、"三农"都能获得更加便利、更加快捷、更加实惠和更加安全的金融服务①。所以，老书记与牧民们正好是普惠金融政策的受众群体。

得知工商银行正蓝旗支行上门宣传农牧户贷款，老书记抓住了这个好时机，积极与工商银行上门服务的客户经理介绍嘎查情况，分析当地养殖肉牛的前景，并推荐好的牧户。他认为这是好事，能给嘎查带来效益必须全力支持。

工商银行正蓝旗支行客户经理了解情况之后，通过"兴农快贷"为嘎查牧民提供融资支持。朝格图表示："工商银行的这个贷款就是好，申请简单、没多长时间就放下来了，正解决了我们急用钱的难处，要是错过这段时间，100 块钱可就买不来 100 块钱的东西啦。"

（三）牧民登上新台阶

牧民获得工商银行的贷款后，立即购买了 30 多头优良品种的西门塔尔肉牛。西门塔尔肉牛经济效益高，但采购投入也有所增加，该品种的肉牛在寒冷环境下生长较慢，为防止牛掉膘也需要加大棚圈保暖投入，同时喂养需搭配玉米秸秆等丰富的草料，这样饲养投入也增加不少。在这过程中，工商银行贷款起到了较大作用。"有了工商银行这笔钱，我们就可以修缮、扩建牛棚，改良肉牛品种，扩大养殖规模，我们的日子也就会越来越好，越来越有盼头。"有了工商银行的资金支持，朝格图和当地牧民养殖肉牛的信心倍增。

朝格图用自己的经历带动周边牧民体验工商银行数字普惠新模式。工商银行数字普惠贷款融资利率优惠、流程高效，让不少牧民有了肉牛品种换代、种群扩充的热情并付诸行动，从而提升当地肉牛整体质量，有效助推当地肉牛产业迈上新台阶。自 2021 年 8 月起，在朝格图老书记的推荐下，工商银行正蓝旗支行为巴格额仁嘎查近 30 户养殖户发放贷款 1100 余万元，支持他们扩大养殖规模、改良养殖品种等，为乡村振兴注入新活力。工商银行将继续对标"国家所需、金融所能、工商银行所长"，响应国家乡村振兴战略，坚持生态优先和绿色发展，持续支持当地肉牛产业发展，用心擘画金融赋能乡村发展的"新画卷"。

---

① 发展普惠金融是一项可以大有作为的事业[EB/OL]. 2018-05-03 [2022-11-08]. http://www.gov.cn/xinwen/2018-05/03/content_5287759.htm.

老书记的"故事"还在继续着，普惠金融政策也帮助更多的人实现着自身的"价值"。2022年的《政府工作报告》提出，要进一步疏通货币政策传导机制，引导资金更多流向重点领域和薄弱环节，扩大普惠金融覆盖面。普惠金融服务能力和水平在不断推进，我们敬请期待。

案例来源：工商银行普惠故事 发力"牛产业" 共奔"致富路"[EB/OL]. 2022-08-05 [2022-11-08]. http://m.northnews.cn/p/2126439.html.

二、[案例分析]

近年来，我国普惠金融发展呈现出服务主体多元、服务覆盖面较广、移动互联网支付使用率较高的特点，人均持有银行账户数量、银行网点密度等基础金融服务水平已达到国际中上游水平，但仍面临诸多问题与挑战：普惠金融服务不均衡，普惠金融体系不健全，法律法规体系不完善，金融基础设施建设有待加强，商业可持续性有待提升。大力发展普惠金融，是我国全面建成小康社会的必然要求，有利于促进金融业可持续均衡发展，推动大众创业、万众创新，助推经济发展方式转型升级，增进社会公平和社会和谐。请思考：

（一）我国施行普惠金融政策有什么样的意义？

1. 推进经济发展方式转型升级，合理配置金融资源。发展普惠金融，有利于促进金融业可持续均衡发展，推动经济发展方式转型升级，增进社会公平和社会和谐，引导更多金融资源配置到经济社会发展的重点领域和薄弱环节。

2. 大力发展普惠金融，是金融业支持现代经济体系建设、增强服务实体经济能力的重要体现，是缓解人民日益增长的金融服务需求和金融供给不平衡不充分之间矛盾的重要途径，是我国全面建成小康社会的必然要求。

3. 助力贫困地区顺利脱贫，巩固脱贫攻坚所取得的成果。自普惠金融政策施行以来，各大银行纷纷响应号召，推出一系列的金融扶贫小额信贷制度，截至2017年末，银行业扶贫小额信贷余额2496.96亿元，支持建档立卡贫困户607.44万户，占全国建档立卡贫困户的25.81%；向贫困户发放的扶贫开发项目贷款余额2316.01亿元；积极开展贫困人口商业补充医疗保险，全国25个省（区、市）1152个县（市）承办了针对贫困人口的商业补充医疗保险业务，覆盖贫困人口4635万人。

（二）普惠金融政策应遵循什么样的原则？

小微企业、农民、城镇低收入人群、贫困人群、残疾人和老年人等特殊群体是当前我国普惠金融重点服务对象。

1. 健全机制、持续发展。建立有利于普惠金融发展的体制机制，进一步加大对薄弱环节金融服务的政策支持,提高精准性与有效性,调节市场失灵,确保普惠金融业务持续发展和服务持续改善,实现社会效益与经济效益的有机统一。

2. 机会平等、惠及民生。以增进民生福祉为目的,让所有阶层和群体能够以平等的机会、合理的价格享受到符合自身需求特点的金融服务。

3. 市场主导、政府引导。正确处理政府与市场的关系,尊重市场规律,使市场在金融资源配置中发挥决定性作用。更好发挥政府在统筹规划、组织协调、均衡布局、政策扶持等方面的引导作用。

4. 防范风险、推进创新。加强风险监管,保障金融安全,维护金融稳定。坚持监管和创新并行,加快建立适应普惠金融发展要求的法治规范和监管体系,提高金融监管的有效性。在有效防范风险基础上,鼓励金融机构推进金融产品和服务方式创新,适度降低服务成本。对难点问题要坚持先试点,试点成熟后再推广。

5. 统筹规划、因地制宜。从促进我国经济社会发展、城乡和区域平衡出发,加强顶层设计、统筹协调,优先解决欠发达地区、薄弱环节和特殊群体的金融服务问题,鼓励各部门、各地区结合实际,积极探索,先行先试,扎实推进,做到服水土、接地气、益大众①。

本章参考资料

[1] 中国新闻网. 央行:1.8 万亿再贷款再贴现支持实体经济发展[EB/OL]. 2020-05-12 [2021-09-28]. http://www.chinanews.com/cj/2020/05-12/9181808.shtml.

[2] 2005 年中国人民币汇率形成机制改革世人瞩目[EB/OL]. 2005-12-28 [2021-09-28]. http://www.gov.cn/jrzg/2005-12/28/content_139405.htm.

[3] 人民币正式加入特别提款权货币篮子[EB/OL]. 2016-10-01[2021-09-28]. https://news.cri.cn/20161001/8477526b-6a62-5353-5ce3-140ff3c8334b.html.

[4] 中国人民银行 银保监会 财政部 发展改革委 工业和信息化部关于继续实施普惠小微企业贷款延期还本付息政策和普惠小微企业信用贷款支持政策有关事宜的通知[EB/OL]. 2020-12-31 [2022-02-20]. http://www.pbc.gov.cn/zhengwugongkai/4081330/4081344/4081395/4081686/4156749/index.html.

---

① 新华社 国务院印发《推进普惠金融发展规划(2016-2020 年)》[EB/OL]. 2016-01-15[2022-10-05]. http://www.gov.cn/.

[5] 中国金融改革与发展的历程[EB/OL]. 2018-07-23 [2021-09-28]. https://www.sohu.com/a/242792851_100202504.

[6] 宋哲泉. 改革开放以来我国金融理论与实践发展历程——兼述对未来金融业发展的思考[J]. 现代管理科学，2019（05）：75-77.

[7] 韩一萌. 探析金融创新背景下中国科技金融的发展出路[J]. 浙江金融，2013（05）：45-47.

[8] 普惠金融服务能力持续增强[EB/OL]. 2022-04-22 [2022-11-08]. http://www.gov.cn/xinwen/2022-04/22/content_5686605.htm.

[9] 工商银行普惠故事 发力"牛产业" 共奔"致富路"[EB/OL]. 2022-08-05 [2022-11-08]. http://m.northnews.cn/p/2126439.html.

[10] 发展普惠金融是一项可以大有作为的事业[EB/OL]. 2018-05-03 [2022-11-08]. http://www.gov.cn/xinwen/2018-05/03/content_5287759.htm.

[11] 新华社. 国务院印发《推进普惠金融发展规划（2016－2020 年）》[EB/OL]. 2016-01-15 [2022-10-05]. http://www.gov.cn/.

第二章　文化产业政策

文化产业是与文化事业相对应的概念，两者都是社会主义文化建设的重要组成部分。文化产业是社会生产力发展的必然产物，是随着中国特色社会主义市场经济的逐步完善和现代生产方式的不断进步而发展起来的新兴产业。文化产业兼具意识形态载体和经济建设功能，是党和国家一直重点关注的对象，同时也是世界范围内兴起的新发展领域。国家通过制度和政策影响文化产业的发展，从宏观的政治、经济、文化背景到微观的企业生产、经营、销售等方面，指导文化产业发展方向，制定文化体制，规范文化市场，激励文化消费，促进文化生产力的提升和文化产业社会效益、经济效益的协同发展。党的二十大指出，"全面建设社会主义现代化国家，必须坚持中国特色社会主义文化发展道路，增强文化自信，围绕举旗帜、聚民心、育新人、兴文化、展形象建设社会主义文化强国，发展面向现代化、面向世界、面向未来的，民族的科学的大众的社会主义文化，激发全民族文化创新创造活力，增强实现中华民族伟大复兴的精神力量"。

第一节　我国文化产业政策的主要方式

一、立法保障

文化产业立法是发展我国文化产业十分重要的举措之一，是国家文化产业的主要方法和手段。形成文化产业的相关法律与政策体系，是促进文化产业蓬勃发展的根基力量。要实现文化产业政策法治化就是通过构建法律体系，使行为有章可循，即以具有强制性的法律法规的形式来固定文化产业方面的制度与政策，成为使文化产业各参与主体共同遵循，也必须遵守的规定。我国目前已颁布了多部与文化产业相关的法律法规，涉及著作权、非物质文化遗产、广告法、电影产业、文物保护等多个方面。

(一)《文化产业促进法》

2015年9月6日,我国正式启动了首部关于文化产业整体发展的法律——《文化产业促进法》的起草工作,2019年12月13日公布了《文化产业促进法(草案送审稿)》,此举标志着文化产业促进法立法进程迈出了实质性的一步。作为我国文化产业领域的基础性法律,《文化产业促进法》的制定将对新时代我国文化建设和文化产业发展产生普遍、深远且持久的影响。

(二)《电影产业促进法》

作为我国文化产业领域的第一部法律,《电影产业促进法》于2017年3月1日起正式实施,这部法律具有跨时代的历史意义。

近年来越来越多电影从业者的负面新闻频频出现,带来一定不良影响,《电影产业促进法》首次将"德艺双馨"作为对从业者的要求写进了法律,对电影从业人员设定了法律和道德的底线。通过颁布《电影产业促进法》,还降低了企业准入门槛,简化了行政审批程序,简单地说,就是降低了电影市场的资本门槛,让更多企业都能参与到电影拍摄中,有利于繁荣创作环境。此外,中国电影票房虽增长迅猛,可是幽灵场、偷票房、瞒漏票房的情况也屡禁不止,票房里充满水分一直为人诟病,《电影产业促进法》对此加重了相关处罚力度,尤其针对"偷票房"行为,虚报瞒报销售收入的行为,对情节严重的将被"吊销许可证"。

(三)《中华人民共和国著作权法》

新修订的《中华人民共和国著作权法》于2021年6月1日实施。过去,盗版书籍、软件、激光唱片(Compact Disk,CD)、视频压缩盘片(Video Compact Disc,VCD)、数字视频光盘(Digital Video Disc,DVD)遍布大街小巷,盗版小说、音乐、电影充斥网络空间,随着我国著作权立法的完善、执法和司法的强化,打击著作权侵权成效显著,尊重著作权的意识渐入人心,音乐、影视作品的付费模式基本为大众所接受、软件正版化、经营场所背景音乐付费等已成常态,随之而形成的是音乐、影视、动漫、网络小说等版权产业的逐步繁荣。截至目前,我国以法律强保护为基础、社会各方参与共治的著作权保护生态体系已基本形成,著作权保护为文化产业的发展起到了保驾护航的作用。

二、财税支持

财政与税收政策是将我国文化产业不断向前推进的主要的经济手段及方法。当前,我们国家的财政扶持政策不但支持的对象具有多层次性,而且投入的方式也是多样化。

(一) 财政政策

财政支持文化产业发展的主要方式有贷款贴息、项目补贴、资本金注入、奖励等。现在中央财政和部分地区的地方财政都已经设立了文化产业发展的专项资金，并且中央财政要大幅增加专项资金的规模以进一步促进文化产业发展；设立中国文化产业投资基金，使其作为文化产业的战略投资者，对重点领域的文化企业进行股权投资，推动文化企业并购重组，推动文化资源的整合和文化产业的结构调整，切实维护国家文化安全；财政支持还体现为鼓励企业上市融资，鼓励有条件的文化企业通过主板、创业板进行上市融资，同时明确要求现在已经上市的文化企业要通过多种形式作为战略投资者推动文化企业的并购重组。

从"忆江南"到"亿江南"

为大力打造"江南文化"品牌，并以此为着力点打造具有苏州核心文化特色和核心竞争力的现代文化产业体系，苏州市文化产业高质量发展大会发布了《关于落实文化产业倍增计划的扶持政策》，其中强调苏州将对从事数字文化、创意设计、演艺娱乐、文旅融合等文化产业核心领域产品生产和服务的相关企业或重大项目给予支持；明确了苏州文化产业专项扶持资金规模"市级财政每年投入1.5亿元，重大项目'一事一议'；县级市（区）财政每年投入资金总额不少于1.5亿元"。这为"江南文化"品牌打造提供了最强有力的支持。

资料来源：中国经济网. 苏州靠什么打造"最江南"[EB/OL]. 2021-01-20 [2021-10-17]. http://www.ce.cn/culture/gd/202101/20/t20210120_36240282.shtml

---

(二) 税收优惠政策

与财政政策相比，落实税收政策对文化产业的影响更为直接，比如，减税、免税等政策。对文化产业的税收支持涵盖了增值税、企业所得税、房产税、文化事业建设费等多种税费，辐射了文化产业的多个领域、不同方面，通过税收优惠赋能文化产业"轻装快跑"。尤其是对于一些小型、微型文化企业更要加大扶持力度，使它们能够快速成长。对于出口的文化企业，通过出口退税、免税的方式支持和鼓励出口，扩大我国文化企业在世界的知名度。

具体的税收优惠政策可以表现为：1. 支持新闻出版行业，对图书批发、零售环节免征增值税，对党报、党刊发行收入和印刷收入免征增值税，对符合条件的印刷、制作业务实行增值税100%先征后退。2. 支持影视动漫行业发展，对销售电影拷贝、转让电影版权、电影发行收入以及符合条件的电影放映收入免征增值税，销售自主开发生产的动漫软件，对增值税实际税负超过 3%的部分实行即征即退政策。3. 支持文化创意和设计服务发展，对经认定为高新技术企业的文化创意和设计服务企业，减按 15%的税率征收企业所得税。企业开展符合条件的文化创意设计活动发生的费用可享受企业所得税税前加计扣除。4. 加快发展对外文化贸易，推进对外文化交流发展。向境外单位提供完全在境外消费的广播影视节目（作品）的制作和发行服务，适用增值税零税率。

三、人才培养

我国多所高校现已设立文化产业管理专业，为文化产业的可持续发展积蓄人力资本；近年来我国积极鼓励文化单位与高等学校合作举办高级研修班、培训班，培养高素质的专业技术人才、经营管理人才；同时，高校艺术专业每年大量招生，也在为文化产业源源不断地输送专业人才，2020 年，艺术类本科专业招生人数占全国本科招生总数的占比仅次于工学和管理学，位居第三。但近三年艺术类应届本科毕业生初次就业率为 60%，总体就业状况与其他专业存在差距。所以对于目前存在的一些培养质量不高、不利于艺术生全面发展的专业应予以改革，有利于净化文艺领域环境。

2021 年 9 月 24 日教育部发布《关于进一步加强和改进普通高等学校艺术类专业考试招生工作的指导意见》，对深化高校艺术类专业考试招生改革做出战略部署，决定从 2021 年启动相关改革工作，到 2024 年基本形成促进公平、科学选才、监督有力的艺术专业人才选拔评价体系。这次改革将逐步提高文化课成绩要求，确立专业艺术人才破格录取机制，并将艺术类专业分为三类进行录取，进一步争取提高艺考的公平性。艺考改革不会使真正有艺术天赋的考生受到过多影响，但是艺考将不再是部分考生和家长的特殊升学捷径。

四、文化输出

（一）加强主流媒体建设

加强文化的国际传播能力，要支持主流意识形态的宣传，通过在国际设立主流媒体的分支机构，增强国际社会对我国基本国情、价值观念、发展道路的了解，弘扬中华民族的优秀传统文化。

构建现代传播体系，推进国际传播能力建设。随着"走出去"战略上升为国家战略，中国政府 2004 年提出媒体"走出去"战略，2008 年实施了中国国际传播规划第一个五年计划（2008－2013 年），2009 年中央发布《2009－2020 年我国重点媒体国际传播力建设总体规划》，自此，从 20 世纪末已经初步形成的"一社(新华社),两台(中央电视台和中国国际广播电台),两报(《中国日报》和《人民日报》海外版)"的"大外宣"产业格局从政策上开始向着现代对外传播体系发展。2015年年底,中国政府提出构建中国国际传播的"1+6+N"模式,2016年2月17日习近平总书记首次提出打造中国特色的国际传播旗舰媒体,2016年12月随着中国国际电视台(China Global Television Network,CGTN)成立,"1"初步指向CGTN,"6"是六家央媒(人民日报、新华社、中央电视台、国际台、中国日报、中新社),"N"是其他英文对外网站和有潜力发挥国际传播功能的平台和机构。2018年,中央电视台、中央人民广播电台、中国国际广播电台"三台合一",中央广播电视总台作为新组建的国家级重量媒体,以更全面的技术水平,更高昂的姿态开启中国对外传播事业,"三台合一"形成合力,进一步推进媒体融合,打造全媒体格局,成为冲击国际传播格局的重要力量。

> 作为国家通讯社,新华社自1984年在布拉格建立了第一个国外分社以来,相继在100多个国家和地区建立了总分社、分社、支社、记者站,并在一些国家和地区聘用了一定数量的外籍报道员。在1984年到1996年的12年间,新华社先后建立了亚太、中东、拉美、非洲、法语地区5个总分社,形成一个以北京总社为中心,以总分社、分社为主体的海外新闻采集合发布网,每天用中、英、法、西、阿、俄、葡7种文字24小时不间断发稿。新华社一直是中国政府对外传播的重要渠道,传播策略也始终随着中国外交战略重点的转向而不断做出相应的调整和变革,构建既有中国特色又为西方社会和民众能够理解、乐于接受的话语体系,诸如建立热点问题分类引导机制,围绕涉华舆情深入研究、逐个突破,提高议题设置水平,用有力信源有效回应海外关切等,让国外受众想要了解、能听得懂、愿意接受,传递真实而客观的中国力量、中国精神、中国效率。
>
> 资料来源:新华网. 新华通讯社简介 http://www.xinhuanet.com/xhsjj/zwfs.html

(二)推动新兴媒体发展

中国社会科学院新闻与传播研究所前所长尹韵公将新兴媒体定义为"依托于互联网、移动通信、数字技术等新电子信息技术而兴起的媒介形式,既包括网络媒体,也包括传统媒体运用新技术以及和新兴媒体融合而生长或发展出来的新媒体形式"。近年来,随着直播、短视频、网络游戏、网络文学等新兴媒体的快速崛起,其作用越来越渗透于人们的日常生活中,我国新兴文化业态现已在全世界范围内处于领先地位，成为中国文化走出去的新符号，不仅推动了中国的对外文化贸易，还有助于在国际上宣传中国文化、树立良好的中国形象。

比如，高科技互联网公司正在成为以资本为主导的、基于新兴技术为支撑的、具有国际化视野的、处于民营媒体和官方媒体之间的媒体集团。如阿里巴巴集团，这股新生力量正在用资本和媒体技术的方式重组中国的传媒版图，"2014年、2015年两年通过直接和间接的方式投资50家媒体，包括本身知名度很高的《南华早报》、"阅后即焚"照片分享应用（Snapchat）、优酷土豆、华谊兄弟等"。再如，研发并运营"今日头条"等热门应用程序的字节跳动公司，"截至2018年6月，字节跳动海外用户规模已接近整体用户规模的20%，字节跳动的产品和服务已覆盖全球150个国家和地区、75个语种，在40多个国家和地区位居应用商店总榜前列"[1]。幻塔（Sensor Tower）数据显示，2021年4月抖音及其海外版（Tik Tok）以5900万下载量，蝉联全球移动应用（非游戏）下载榜冠军。此外，Tik Tok还位列2021年第一季度全球移动应用下载量榜首。其中，Tik Tok仅在美国月活跃用户就超过1亿[2]。这些具有科技背景的互联网公司凭借数据优势、算法优势和资本优势对既有的传媒生态带来不可忽视的影响，成为对外传播体系中的新力量。

（三）发展对外文化贸易

我国制定了文化产品的进出口原则、监管制度和版权贸易及经营管理制度，明确了外资的投资范围，哪些文化产业领域允许外资进入，哪些限制外资的涉足。并且还成立了专门的组织对进出口贸易进行服务，全面支持文化贸易的快速增长。一方面，我国积极鼓励中国文化企业走出去，提供出口退税、加大补贴等，对这些企业的文化产品和服务的出口审批给予便利，鼓励其参与国际的文化代理和中介服务等。另一方面，积极吸引外国文化企业来中国投资设厂，对其实行与国内文化企业相统一的市场准入制度，并借鉴其文化成果和先进做法经验。党的十九届五中全会提出到2035年建成文化强国，标定了当前和今后一个时期我国文化建设的总目标、总任务、总指引。毋庸置疑，这将为我国对外文化贸易发展和国家文化出口基地建设提供巨大的机遇。

"一带一路"倡议的提出，促进了我国与沿线国家的经贸合作。本着"文化先行"的原则，以及《文化部"一带一路"文化发展行动计划（2016—2020年）》提出促进"一带一路"文化贸易合作，我国的文化产品近年来越来越多地进入

---

[1] 姜飞，张楠. 中国对外传播的三次浪潮（1978-2019）[J]. 全球传媒学刊，2019，6（02）：39-58.

[2] 财经网. 字节跳动海外产品每日广告收入增长到900万美元[EB/OL]. 2021-06-21 [2021-10-02]. http://tech.caijing.com.cn/20210602/4770564.shtml.

了"一带一路"沿线国家。如新加坡、马来西亚、俄罗斯、印度等沿线国家已成为我国文化产品出口的重要市场。2013年我国出口额为125.8亿美元,伴随着同年"一带一路"倡议被正式提出,我国与"一带一路"沿线国家(区域)文化交流与贸易愈发紧密,六年的时间,我国文化产品出口额增长了61.7%[①]。

(四)加强影视文化传播

中国影视文化"扬帆出海"最早可追溯到1934年,《渔光曲》在莫斯科电影节得奖,开启了我国电影作品走向全球舞台的序章。20世纪70年代被称为"中国名片"的李小龙通过电影《精武门》将中国功夫带到世界舞台,打破了外国观众对中国功夫是花拳绣腿的偏见;《功夫》共获得海内外33项提名,拿到22个大奖;李连杰凭借电影《黄飞鸿》打开了通往好莱坞的大门;好莱坞合拍影片《尖峰时刻》中,成龙的中国功夫变成亮点。电视剧《三生三世十里桃花》2017年在戛纳被评为全球最受欢迎的10部电视剧之一,到2018年8月,各平台播放量已达500亿次,《天盛长歌》被美国奈飞公司(Netflix)以最高级别买下版权,被翻译成十几种语言,于2018年9月14日在海外收费视频网站播出[②]。

国家层面搭建渠道对影视文化产业进行助推,"一带一路"倡议的提出,打造了一批具有鲜明中国特色与国际影响的"走出去""点亮"工程,如"中非影视合作工程""丝绸之路影视桥工程""电视中国剧场"等。截至2020年,中国上千部影视剧作品已出口到全球200多个国家。在泰国,《包青天》人气长盛不衰;在柬埔寨,《三国演义》家喻户晓;在新加坡,《欢乐颂》长时间引发广泛讨论;菲律宾国家电视台专门为《鸡毛飞上天》举行开播仪式;在非洲,《花千骨》等一大批电视剧搬上了非洲民众家中的荧屏,《平凡的世界》等剧集重复播放多次;在南非,《我的岳父会武术》《老爸当家》等电视剧的宣传片及预告一经上线,就获得了许多国外网友的关注和热议[③]。

我国与"一带一路"沿线国家合作拍摄成为我国影视文化产业"走出去"的重要方式之一。如我国与新西兰自然历史公司合作的《生命的力量》《动物好伙伴》;与南非、英国、澳大利亚等国合作拍摄的《改变世界的战争》《天河》等;与捷克合拍的《熊猫和小鼹鼠》;与意大利合作拍摄《末代皇帝》等。地方广电机构也积极加强国际合作。贵州广播电视台和法国电视二台联合制作的《相约未知地带——走进贵州苗寨》,据统计约4个法国人中就有1个人收看。

---

① 吕俊松. 进口国经济政策不确定性对中国文化产品出口的影响研究[C]. 北京第二外国语学院,2021.
② 钱静,赵永亮. 中国影视文化产业精品走出去共性分析[J]. 文学教育(上),2021,(08):140-143.
③ 人民日报 推动文化交流促进民心相通[EB/OL]. 2020-10-26 [2021-10-02]. http://gz.people.com.cn/n2/2020/1026/c344103-34373003.html.

影视国际贸易也是影视文化作品"走出去"的一种重要方式。国家新闻出版广电总局加大对文化出口重点企业和重点项目的奖励和扶持力度。2016年，我国影视贸易从单个"卖节目"发展成"开时段建频道"。2014年中国国际电视总公司开始与多个国家合作开办以当地语言为主的译制播放中国节目和频道，实现多维发展。目前已开播多个频道，如印尼"Hi-Indo"（《你好，印尼》）综合频道、南非"China Hour"（《中国时间》）、俄罗斯"China Zone"（《中国专区》）新媒体专区等。

中国优秀电影再访"一带一路"首倡之地

自2020年7月以来，在中国驻阿拉木图总领馆和哈萨克斯坦《今日丝路》报的协助下，哈萨克斯坦商业电视台连续播出《鸡毛飞上天》《嘿，老头！》和《加油，你是最棒的！》三部中国电视剧的哈萨克语译配版。哈萨克斯坦商业电视台方表示，哈萨克斯坦观众很感兴趣，收视率和收视份额数据喜人。在首次尝试并获得成功的基础上，2021年中国电影月又引进了《寒战》《云南虫谷》《温暖的抱抱》等7部优秀影片，观影覆盖人数稳步提高，这些优秀的影视作品逐渐成为哈民众文化生活中一抹清新的中国元素。

除此之外，我国使馆举办线上汉语夏令营、"一带一路"短视频大赛、"丝路云端"中文歌曲大赛等在线文化活动，哈电视台译播《武汉24小时》等纪录片，中国成功举办"阿拜日"等系列哈文化活动，"汉语桥"哈萨克斯坦赛区比赛也在不久前顺利举行。哈民众对东方邻国抱有很强的兴趣，希望感受中国人民丰富多彩的生活方式与日新月异的精神风貌。当前，哈民众在"一带一路"框架下深化对中方影视和文化领域的认识，搭建桥梁，将更好地实现文化交流。

资料来源：新华网 通讯：中国优秀电影再访"一带一路"首倡之地[EB/OL]. 2021-11-02 [2021-12-01]. http://www.news.cn/2021-11/02/c_1128023298.htm

---

第二节　我国文化产业政策的历史沿革

一、文化产业政策的萌芽期（1978—1991年）

20世纪70年代末到80年代中期，随着"文化大革命"的结束和改革开放的提出，我国国民经济逐渐恢复并取得初步发展，经济体制的改革推动了文化领域的变革，社会公众开始积极探索新知识、新观念，创造新生活，文化产业开始进入萌芽期①。1978 年，我国开始实行改革开放，一时间各行各业显现出蓬勃的发展势头，政府开始出台一些政策来鼓励文化活动。随后，我国开展了"以文补文"活动并《在关于加强文化市场管理工作的通知》中首次提出"文化市场"这一概念，以推动文化产业的发展。1991 年，国务院批转《文化部关于文化事业若干经济政策意见的报告》，正式提出了"文化经济政策"。

二、文化产业政策的初步形成期（1992—2001 年）

1992 年，党的十四大明确提出要建设有中国特色的社会主义市场经济体制。市场经济体制的建立为文化产业的健康发展奠定了基础。同年，党中央、国务院发布《关于加快发展第三产业的决定》，正式把文化产业列入第三产业，为文化产业的发展做了政策上、体制上的准备，文化产业也开始进入初始发展阶段。

1998 年，文化部成立司局级单位"文化产业司"。2000 年 10 月，中国共产党第十五届五中全会上通过的《中共中央关于制定国民经济和社会发展第十个五年计划的建议》，首次正式将"文化产业"与"文化产业政策"两个概念在中央的文件中提出，并做出了科学的解读，这标志着对文化产业政策的研究开始进入了系统化的状态，也代表我国中央政府已经意识到文化产业发展的重要性，并努力开始尝试运用政策来推动文化产业的发展。但此时"文化产业"和"文化事业"尚未分开，直到 2002 年 11 月，党的十六大报告才首次对文化事业和文化产业做出明确区分。

三、文化产业政策的快速扩张期（2002—2010 年）

随着中国加入世贸组织，国际的政治、文化、经济等各领域竞争日益加剧，文化产业的重要战略地位进一步凸显，国家集中出台一系列加快文化体制改革和促进文化产业发展的政策措施，发展文化产业成为我国国民经济和社会发展的重要组成部分。2002—2010 年，在党的十六大积极发展文化产业政策的指导下，我国文化产业进入加速发展时期。

2003 年，党的十六届三中全会进一步明确了文化体制改革的方向和目标，同年 6 月，全国文化体制改革试点工作会议召开，会上制定了为推动文化体制改革运行的总体方案，将文化体制改革推向新的发展矩阵。2008 年 10 月中宣部会同组织部、文化部等多部门印发《文化体制改革中经营性文化事业单位转

---

① 范周，杨矞. 改革开放四十年中国文化产业发展历程与成就[J]. 山东大学学报（哲学社会科学版），2018，（4）：030-043.

制为企业的规定》和《文化体制改革中支持文化企业发展的规定》，统称 114 号文，该文成为指导文化体制改革的根本性文件。与此同时，放宽产业准入相关政策也相继出台。各文化产业细分行业的主管部门也先后出台行业改革的实施意见。

四、文化产业政策的全面提升期（2011—2017 年）

将 2011 年作为文化产业政策开始的一个新阶段，主要是因为文化产业被定位在国民经济支柱性产业这一高度上。这一时期，文化产业政策开始密集出台，层次也越来越高，文化产业逐渐上升到国家战略的层面。我国文化体制的改革日益深入，政府对文化产业的管理由"直接管理"向"间接管理"转变，国家开始培育具有发展后劲的文化产业，并出台多项政策来促进文化产业的发展，最终形成了覆盖体制、人才、金融等的全面扶持政策，基本构建了一条多部门协调、党和政府全面扶持的政策联通网。

2011 年 3 月"十二五"规划提出，要"推动文化产业成为国民经济支柱性产业，增强文化产业整体实力和竞争力"。同年 10 月，党的第十七届六中全会通过的《中共中央关于深化文化体制改革推动社会主义文化大发展大繁荣若干重大问题的决定》再次提出"文化产业成为国民经济支柱性产业，整体实力和国际竞争力显著增强"的发展目标。2012 年 2 月，文化部颁布《文化部"十二五"时期文化产业倍增计划》，对文化产业未来发展的 11 个重点行业、操作路径和保障措施做出明确规定。这一系列国家层面的政策文件的密集出台标志着文化产业发展达到一个新阶段。在中央政策大力推动下，扶持文化产业政策发展的地方性政策文件呈海量增长态势，形成从上到下的良性发展态势。

五、文化产业政策的高质量发展期（2018 年至今）

2018 年起，我国文化产业进入高质量发展阶段。随着我国经济进入新常态，社会主要矛盾发生转化，人们对美好生活的需要日益增长，推动了文化产业逐步由高速增长转向高质量发展。这一阶段侧重于文化和旅游的融合发展。2018 年 3 月，《国务院机构改革方案》通过后要求组建新的文化和旅游部，不再保留文化部、国家旅游局。《关于进一步激发文化和旅游消费潜力的意见》《关于促进消费扩容提质加快形成强大国内市场的实施意见》《关于开展文化和旅游消费试点示范工作的通知》等一系列促进文化和旅游消费的政策文件相继出台，旨在让人民群众在文旅消费中增强获得感和幸福感。

2021 年是"十四五"的开局之年，文化产业将沿着党的十九届五中全会中提出的繁荣发展文化事业和文化产业，提高国家文化软实力的目标，向高质量发展阶段稳步迈进。一系列新颁布的《"十四五"文化产业发展规划》《"十四五"文化和旅游科技创新规划》《"十四五"文化和旅游发展规划》等系统阐明了文化产业发展的总体要求、发展目标、主要任务、重要举措等，描绘了"十四五"时期文化产业发展的蓝图，从促进文化市场主体创新、推动文化产业融合发展、优化产业空间布局等方面共同推进文化产业整体迈向高质量发展新阶段[1]。

第三节　案例分析

案例一：横店"从无到有"到"多面开花"

一、[案例介绍]

案例背景： 横店是国家可持续发展实验区、国家影视产业实验区、浙江省高新技术实验区，先后荣获国家卫生镇、全国文明镇、第一批中国特色小镇等20多项荣誉称号，2010年被列为首批浙江省小城市培育试点镇，有"中国好莱坞"之美誉。域内有国家AAAAA级景区横店影视城，建有14个大型景区和影视拍摄基地。横店是改革开放以来中国乡村实体经济发展的典型，也是中国文化产业发展的亮点。横店影视文化产业凭借其特色成为文化产业成功发展的典范。在文化产业兴起的时代背景下，"横店模式"作为中国影视文化产业发展的一个样本，对文化产业发展有重要的启示[2]。

案例正文：

（一）趁势而起，横店影视发展势头强劲

20世纪90年代，我国电视剧正迈入市场化探索之路，实景拍摄基地还是一片无人涉足的领域。横店集团创始人徐文荣在早期时候便谋定："将来横店的富，不是富在工业，而是富在第三产业。"而恰好在这个时候，横店迎来了致富的春风，1996年，谢晋导演来此为电影《鸦片战争》寻找外景，敏锐的徐文荣立马承诺：3个月保证建好。120支工程队同时开工，建筑面积6万多平方米的"19世纪南粤广州街"拍摄基地如期建造完成。随着电影的公映，横店也一炮而红。以"广州街"为起点，横店影视城之后的发展正是赶上了影视行业的好时代。2001年底，《电影管理条例》获得通过，国家开始鼓励企业、事业单位和

---

[1] 黄韬慧，贺达. 中国文化产业政策演进与"十四五"优化策略[J]. 南京社会科学，2022（01）：164-172.
[2] 中国新闻网. 横店40余载发展回顾："从无到有"产业逆袭"多面开花"[EB/OL]. 2019-07-19 [2021-10-02]. http://www.zj.chinanews.com.cn/jzkzj/2019-07-19/detail-ifzmhexn4009732.shtml.

其他社会组织以及个人以资助、投资的形式参与摄制电影片。华谊兄弟投资了陈凯歌的《荆轲刺秦王》，而这部电影的拍摄地最终花落横店，横店影视城又在"广州街"之外仿照秦王朝最主要的宫殿建立起气势磅礴的秦王宫。之后，这座秦王宫又成为《英雄》《功夫之王》等大片的拍摄地。好风凭借力，横店由此拉开了发展影视产业的序章，陆续建成了清明上河图、明清宫苑等30多座大型影视实景拍摄基地。时至今日，如今的横店已经形成了创作、拍摄、制作、发行、交易到衍生产业为一体的影视文化全产业链。数据显示，2020年，横店实现规上工业产值211亿元，影视文化产业年营收157亿元，旅游收入超200亿元，税收收入41亿元，年接待游客近2000万人次。自2011年开展小城市培育以来，横店全镇常住人口从10.8万增长到21万，人均年收入从1.6万元增长到6.5万元。

（二）"双令"并行，影视发展步入寒冬阶段

横店影视基地蓬勃发展的同时，整个影视行业却迎来了最艰难的寒冬季节。2018年7月，《国税地税征管体制改革方案》正式印发，明确自2019年1月1日起，各项社会保险费交由税务部门统一征收。意味着国家和税务部门已经开始要对影视行业的内部做深入的了解，税收政策的调整更容易直接打穿部分影视圈的不透明规则。某些影视明星天价合同被曝光后，引发影视圈税改风波，将影视行业十多年发展的泡沫、乱象端上台面。横店也陷入寒冬之中，开机数量减少、制作周期长的大制作也越来越少。

2019年政府颁布的"限古令"击中了横店影视过分依赖古装剧和电视剧的"隐疾"。2019年末新冠疫情开始后，横店的影视拍摄工作，因疫情防控受到影响，留在横店的剧组大约30个，6000多名工作人员只能停止拍摄，横店影视城原本的旅游业务也全部停止。横店一家影视制作企业主胡进的经营现状：每天一睁眼，就要想方设法落实当日3300多元的开支，但2020年连续3个月来全公司的收入几近为零。一场新冠疫情把本已遭遇资本退潮的影视业推向了一场事关生存的大考。身处"中国好莱坞"横店，使众多的从业者对行业冷暖有切肤之感。在这里，接不到活的"横漂"、停转的影视制作公司、业务量急剧下滑的上下游产业……每一颗被裹挟其中的"螺丝钉"都能感受到彻骨的寒冷。与此同时古装剧备案、过审、播出也变得越来越难，2018年上半年，没有一部古装剧在上星卫视黄金档播出过。典型的例子是在横店影视城拍摄的《如懿传》，这部万众瞩目的电视剧本是2018年的开年大戏，最后却辗转在视频网站首播。政策对古装剧越来越多的限制让资本从原本火热的古装剧撤出，影响逐层传导至横店这个全国最大的古装剧拍摄基地，再加上这次新冠疫情带来的极限施压，犹如一面镜子，清晰照出横店影视公司的长短板。

（三）否极泰来，横店影视盼春来

24年间，横店见证着中国影视行业的跌宕起伏，鲜花与掌声、地位和财富吸引着一批批人和资本赌上青春、金钱，前来这里逐梦。近年来，"限古令""税收风波"就是影视行业突然出现的不确定因子，随之而来的影视寒冬，资本退潮，大量影视公司关停，横店作为其中一环不可避免地受到影响。如今，行业寒冬尚未过去，又撞上了疫情"黑天鹅"。疫情下，横店影视城自身也面临经济上的重创，受停工的影响，围绕影视城发展的餐饮、娱乐、道具租赁都进入了寒冬。横店影视城到2020年4月份实现营收6.80亿元，同比减少18.9%。影视寒冬尚未到头，横店影视基地同样处于水深火热之中。而短视频的崛起似乎给横店带来了一丝春光，跟之前的大制作大剧组相比，近两年以网络电影和小剧组居多，拍摄周期较短，加之短视频风口渐起，开始有拍古装短视频的剧组进入横店拍戏。从古装剧到现代剧，从大制作到小制作，对于资本来说，只要消费者观影需求在，市场就在，改变的不过是投资方向和类型。用户规模、在线时长、整体营收等多个方面的数据表明，网络视频已经成为目前国内互联网经济中最具价值和活力的领域，横店影视也可以依托网络视频、直播带货等方式销售文旅产品，同时大力引进小剧组和网络电影等拍摄周期短的剧组进入横店拍摄，在保证疫情防控的前提下，多渠道多方式推动横店文旅产业发展。

案例来源：中国新闻网 横店40余载发展回顾："从无到有"产业逆袭"多面开花"[EB/OL]. 2019-07-19 [2021-12-02]. http://www.zj.chinanews.com.cn/jzkzj/2019-07-19/detail-ifzmhexn4009732.shtml.

15年营收翻745倍，影视寒冬后又遇疫情夹击，横店等风来[EB/OL]. 2020-05-04. [2021-12-02]. https://baijiahao.baidu.com/s?id=1665757209306019863&wfr=spider&for=pc

二、[案例分析]

2003年12月，经批准，横店成为我国首个影视产业实验区的落户地。作为中国影视产业发展的试验田，横店开始了文化产业体制上的巨大创新：以政府部门为主管（实验区由东阳市人民政府设立并建立管委会），以企业（横店集团）为投资和发展主体，区内企业可享受省、市、县各级政府相关的优惠政策和措施，体现了各级政府和企业共同建设实验区的特色。请思考并讨论以下问题：

（一）横店前中期能够迅速发展有哪些政策上的原因？

2012年浙江省委、省政府将横店影视文化产业上升为省级战略，批准设立浙江省横店影视文化产业实验区。2016年横店影视文化产业实验区享受众多优惠政策，包括设立专项发展基金、优先安排建设用地、税收优惠、优先安排拍摄场景与宾馆住宿等，从影视摄制剧组到后期制作等文化产业链的上下游企业都享受到了当地政府的政策优惠。2017 年浙江省人民政府发布了《关于加快促进影视产业繁荣发展的若干意见》，进一步推动了横店影视文化产业的繁荣。

（二）政策应如何助力影视文化产业未来的发展？

1. 增强创新意识，打造文化品牌。影视文化作品想要呈现出多元化、多题材的特点，必须提高产业整体的创新意识和创新能力。在影视剧本的创作中追求内容新颖，在拍摄中追求模式独特，在营销推广中注重方式创新。改变过度翻拍、引进版权、忽视原创的局面，给予更多优秀原创作品进入大众视野的机会。同时，应注意加强对影视产业创新人才的培养和引进，为产业注入更加新鲜的血液，从而奠定产业创新的坚实基础①。

2. 吸收优秀传统文化，促进影视产业供给侧结构性改革。中国当前已进入新常态，社会主要矛盾发生了变化，大众对于影视文化产品的需求向着更丰富、更优质的方向发展。因此，影视产业应该积极调整供给结构，充分利用大数据技术，分析市场需求，针对不同群体、不同年龄阶段的消费者提供具有指向性的影视文化产品；同时立足于中华优秀传统文化，吸收中华文化中满足大众需求的元素，创造出更加富有中国特色的优质影视产品，打造一张属于中国影视产业的品牌。央视拍摄的《舌尖上的中国》正是立足于中国的饮食文化，融入中国传统习俗和家国情怀，一经放映就得到了国内外一致好评。

3. 加强生态环境保护的力度。影视产业基地属于文化创意产业的范畴，这类产业倾向于环境优越的地区，同时影视基地也包括了旅游产业、服务产业，这些产业都需要高品质的生态环境作为基础。目前我国的产业发展缺乏自律性，城市环境保护需要政府的严格监管，政府在整个区域的产业结构布置等方面，都应该考虑到对环境的影响。同时，横店产业基地具体产业行为都应该在政府的监管之下进行，以防不当的拍摄行为、旅游行为，政府应该出台明确的规范作为执法标准，以防对环境造成污染和破坏，并且应该及时对破坏行为做出惩处以对生态系统进行修复②。

案例二：中国动画——不认命，才是国漫的命

一、[案例介绍]

案例背景： 早在 20 世纪 20 年代初，中国动画电影便已开始进行独立创作。万氏兄弟的动画短片《舒振东华文打字机》及其后期拍摄的动画长片《铁扇公

---

① 贾书敏. 新时代中国影视产业发展问题及解决对策[N]. 中国经贸导刊，2019-6-20.
② 韩旭. 当下中国影视文化产业的发展困境与策略[J]. 卫星电视与宽带多媒体，2020（07）：129-130.

主》使当时中国成为仅次于美国的动画电影制作国家。1949年后，中国的动画电影随着社会经济的发展曾先后迎来了60年代与80年代两次创作高潮。以马克宣为代表的动画美术师运用自身的聪明才智在中国动画技术发展尚不成熟的艰苦年代，打造出了如《大闹天宫》《三个和尚》《山水情》等诸多在国内外斩获无数大奖的动画电影。他们将中国传统文化底蕴与纯真童心表达紧密结合，使中国在数十年间成为区别于美国好莱坞的又一支重要动画创作力量。然而好景不长，在商业化和产业化迅速发展的90年代，原本精工细作的动画电影创作模式已然跟不上时代发展的步伐，迅速地衰落了下去。而像《变形金刚》《圣斗士》《铁臂阿童木》一类的国外优秀动画作品大量引入更使得原本艰难的国产动画更加雪上加霜。国产动画就此辉煌不再，我国的动漫产业想要再次杀出重围该当如何呢？

案例正文：

（一）四面楚歌下的突围

21世纪悄然到来，此时的好莱坞动画电影创作已然步入成熟的产业化发展时代，国产动画依旧还在原地打转，不知该去往何方。当皮克斯创作出《美食总动员》《机器人总动员》等一众兼具纯真童心和人文底蕴的三维高水平动画的同时，中国的动漫却是低幼化的《喜羊羊与灰太狼》系列动画片大行其道。当梦工厂用中国特有的珍稀动物熊猫为主要人物形象打造出堪称经典的动画电影佳作《功夫熊猫》的同时，《喜羊羊与灰太狼》的动画制作方也制作出了所谓的大电影作品《喜羊羊与灰太狼之牛气冲天》。而最令人感到悲哀的是，就是这样的一部低幼化动画作品却成功斩获了当年度的动画电影票房冠军。观众和市场的容忍和不理智使得国产动画电影的制作水平一再下降。即使我国在2000年就在《关于加强动画片引进和播放管理通知》中要求每个电视台必须播出10分钟以上动画片，其中60%以上必须是国产片，但数年之后，《喜羊羊与灰太狼》仍要面对门庭冷落的现实。当然，在商业资本垄断和绑架了观众市场的同时，依旧存在优秀的动画作品创作。同时期如《风云决》《精灵世纪》等独具风格和特色的动画作品创作就让人们看到了国产动画的另一面，危机笼罩的国产动画究竟该如何突出重围？

（二）另一种可能：东方梦工厂

时光转瞬即逝，当国内的动画制作公司终于意识到自身动画制作实力和动画产业发展严重落后于欧美国家的时候，差距已然拉开好多。而最重要的是，制作技术和投资资本上的巨大差距使得中国与欧美、日本都产生了巨大的差距和隔阂，在这样的背景之下，国产动画开始了一段中西合璧的发展时期，借助外国技术与资本去打造属于中国的原创动画电影。在利用中国元素创作的《功夫熊猫》系列动画电影大获成功之后，对于中国这个潜力无限的商业市场，梦工厂最先进行了商务拓展。在《功夫熊猫2》上映的第二年，也就是2012年，梦工厂正式创建了业务集中于中国地区的东方梦工厂。此举开创了新时代下中国动画产业发展的一种中西合璧的新模式，即运用外国资本、商业运作模式和中国人才，开发出中国原创的动画作品。举世瞩目下的"东方梦工厂"在创立的前三年里，可谓是一往无前、破釜沉舟般的发展态势，先后参与了《功夫熊猫3》《疯狂原始人》《马达加斯加的企鹅》《天才眼镜狗》以及《驯龙高手2》的主要制作。可在瞬息万变的商业模式运作下，谁又能想得到曾经傲视群雄的梦工厂在创立了东方梦工厂短短数年后就面临着被收购兼并的现实。在梦工厂身陷囹圄后，东方梦工厂的发展也随之陷入了停摆，三度更换首席执行官（Chief Executive Officer，CEO）、四十名动画师的离职……这些负面新闻的存在逐渐使外界对于东方梦工厂的未来发展几乎不抱任何期望，所谓的中西合璧在瞬息万变的残酷现实面前被敲得粉碎。东方梦工厂的困局使得很多电影人最终明白了单纯依靠外国资本和技术，处处受制于人显然是行不通的；而动画作品如果一味向钱看，不脚踏实地努力钻研，只想着用一些简简单单的中国元素来博取中国观众的欢心，同样无法支撑动画产业的长久发展。国产动画要想真正取得进步，唯有国内成熟的投资资本注入，不断努力培养创作本土人才，使动画作品取得真正的中国魂，才能够放开手脚实现展翅飞翔的梦想。

（三）大圣归来：新的曙光

2012年文化部发布了《"十二五"时期动漫行业发展规划》，其中提出着力打造5－10个知名国产动漫品牌；完善动漫融资政策，鼓励资本进入动漫行业。2015年的《大圣归来》让曾经因为专注于动画作品创作而连年亏损的彩条屋影业突然之间成了炙手可热的国产电影品牌。虽然而后推出的《大鱼海棠》在上映之后引发了诸多观众的口诛笔伐，但彩条屋对国产动画新时代发展的意义仍旧无可替代。2019年的口碑爆款《哪吒之魔童降世》更是证明了彩条屋的突出实力。在《大圣归来》《哪吒之魔童降世》《姜子牙》相继上映之后，彩条屋的"封神动画宇宙"渐渐露出了冰山一角。一面是以彩条屋为首的国产动画茁壮成长，另一面则是中外合拍模式的创新发展。在东方梦工厂陷入发展困局之后，以中外合作为主导的动画产业模式已然被舆论普遍认定完全不可行，但《白蛇：缘起》却收获了意外成功。梦工厂、皮克斯和迪士尼动画电影的成功原因离不开成熟的商业投资模式，而中国国内对于动画产业的投资显然还不够成熟，特别对于动画产业这样一个投资风险较高的产业，许多人都还持有谨慎观望的态度。

（四）未来，何去何从？

2018年，在中国经济不断取得突破性成就的同时，一度陷入危局中的东方梦工厂宣布华人文化产业投资基金及其带领的中国财团正式全资控股东方梦工厂。至此，东方梦工厂涅槃重生成长为一家完完全全的中资公司。同年财政部、国家税务总局《关于延续动漫行业增值税政策的通知》提出对动漫软件销售一般纳税人实际税负超过3%的增值税部分，实行即征即退政策。在持续稳定的内地资本支撑以及国家相关优惠政策的扶持下，东方梦工厂顺利完成了拖延数年的动画项目《雪人奇缘》，电影上映后更是取得了全球票房突破1亿美金、国内票房破亿的好成绩。在历经坎坷和磨难之后，相信重组后的东方梦工厂不会再重蹈覆辙。总而言之，国产动画曾经有过领先世界的优势地位，也创作过许多优秀的动画作品，但是受制于时代和社会背景，国产动画在新时代初期逐渐落伍。可随着新一代动画人的茁壮成长和制作技术的创新发展，相信在不远的将来，中国也会拥有像皮克斯和梦工厂一样的动画制作公司，为观众们创作出一部又一部广受好评的经典佳作。

案例来源：国产动画演变史：从无到有，从有到精[EB/OL]. 2021-11-08. [2021-12-02]. https://www.sohu.com/a/499880026_100128465

国产动漫发展史，从辉煌、沉寂到复兴[EB/OL]. 2019-12-16. [2021-12-02]. https://baijiahao.baidu.com/s?id=1653064375633897205&wfr=spider&for=pc

二、[案例分析]

在很长一段时间内，我国国产动漫在主题、故事情节、人物设定、制作发行等环节都呈现明显的低龄化倾向，这折射出我国动漫产业创作观念具有一定的局限性。对于中国动漫而言，只有接轨最先进的国际思路、优化受众定位、勇于挖掘全年龄段观众群体的观影潜力，才能持续推动动漫产业的高质量提升。这就需要用心打磨故事情节，提升叙事水平，努力将成年观众的角色由儿童的"陪伴式观众"转变为独立的受众群体。我国拥有丰富的优秀传统文化资源，这为开发动漫形象、创作动漫作品提供了充足的源头活水。释放传统文化富矿的潜力，既是新时代动漫创作者传承和弘扬中华优秀传统文化的题中之义，也是动漫作品借力经典IP（文创知识产权），扩大市场影响力的重要途径[①]。请思考并讨论以下问题：

（一）政策扶持下的《哪吒之魔童降世》为什么能够成功出圈？

1. 合家欢出发点吸引成年观众。一提到动画片，可能很多成年人都会觉得它是给小孩子看的，所以要跳出儿童电影的圈。在《哪吒之魔童降世》中有一

[①] 王硕祎. 中国动漫产业的发展现状与趋势[J]. //罗昌智. 两岸创意经济研究报告（2019）. 北京：社会科学文献出版社，2019（10）：118-128.

句非常有名的台词,"成见是一座大山,想扳倒它很不容易。"某种意义上讲,中国动画突破成年人对动画的这种成见,还是走过了一段非常漫长和艰难的历程。还有一个圈就是二次元圈,指的是日本二维动画所表达的那样一个极致的、纯美的幻想世界。这种理念注定了它的观众可能是少数派。因此,《哪吒之魔童降世》跳出了儿童电影的圈,也跳出了二次元圈这两个圈。

2. 传统文化唤醒国人记忆。我们中国的传统文化和神话故事是一座宝库,从最早上海美术电影制片厂拍的一些动画片,就在这个宝库当中发现了一些非常宝贵的素材,如哪吒闹海、大闹天宫、九色鹿的故事等。这些题材对于我们中国的观众来讲,是深植于我们内心的一些文化基因。看到这些的时候,它不仅能唤起我们的童年回忆,也能唤起内心深处的情感和强烈的认同感,所以说《哪吒之魔童降世》选择了一个非常好的题材。

3. 迎合时代背景,增强认同感。现在年轻人其实也会意识到,个人命运靠自身努力是可以改变的,这是时代赋予年轻人的一个机遇。所以在这样的时代背景下,也会让这样的哪吒更能够得到现代年轻人的认可。

(二)政策应如何推动中国动漫的可持续发展?

1. 汲取传统文化精髓,推动中国故事"走出去"。中国动漫"走出去",特别是在"一带一路"倡议的指引下拓展国际合作,适逢其时。党的十八大以来,以习近平同志为核心的党中央高度重视中外文化交流与合作。《大鱼海棠》《西游记之大圣归来》等多部动画电影在海外获得好评;水墨动画影片《秋实》,入围第七十届柏林国际电影节新生代单元,中国动漫"走出去"取得良好进展。2019年,中国动漫"走出去"推介会在杭州举行,围绕着"中国民间故事"与"东方美学"两大主题,积极促进各国优秀动漫作品的交流合作。因此,国漫的发展振兴应顺应以上两大趋势:一是在中华传统文化基础上深挖文化精髓,讲好中国故事,传播好中国声音;二是动漫企业在"走出去"的道路上积极推动中国动漫站上国际舞台。

2. 打造动漫品牌,形成完整的产业链。中国动漫应进一步完善现有产业链。政府要积极采取措施,改善动漫创作环境,给予动漫创作者更大的自由,加大投资力度,将投资重点放在可获得高额利润的动漫衍生品的开发与销售部分。而要使动漫衍生品在市场竞争中占据优势,就必须打造出具有影响力、具有本土特色的动漫品牌,其要具有深厚的历史文化底蕴,保证思想性、艺术性、创新性相统一。同时,要加强对市场的监管,加强对正版的保护,防止假冒伪劣的动漫衍生产品充斥市场。

3. 在中国动漫作品中突显民族文化特色。中国有着几千年的历史文化底蕴,所以,在中国动漫作品设计过程当中,必须突显民族文化特征,在此基础之上，将中华传统民族文化精神和艺术特色更好地融入作品的创作中，将这些设计性的要素合理地融入动漫作品，让中国动漫发挥自己的优势，同时根据现代人的审美要求，创作出新颖具有文化底蕴的动漫作品，是提高我国动漫企业发展质量的关键。

本章参考资料

[1] 姜飞，张楠. 中国对外传播的三次浪潮（1978-2019）[J]. 全球传媒学刊，2019，6（02）：39-58.

[2] 财经网. 字节跳动海外产品每日广告收入增长到 900 万美元[EB/OL]. 2021-06-21[2021-10-02]. http://tech.caijing.com.cn/20210602/4770564.shtml.

[3] 吕俊松. 进口国经济政策不确定性对中国文化产品出口的影响研究[C]. 北京第二外国语学院，2021.

[4] 钱静，赵永亮. 中国影视文化产业精品走出去共性分析[J]. 文学教育（上），2021，（08）：140-143.

[5] 人民日报. 推动文化交流促进民心相通[EB/OL]. 2020-10-26 [2021-10-02]. http://gz.people.com.cn/n2/2020/1026/c344103-34373003.html.

[6] 范周，杨矞. 改革开放四十年中国文化产业发展历程与成就[J]. 山东大学学报（哲学社会科学版），2018，（4）：030-043.

[7] 黄韬慧，贺达. 中国文化产业政策演进与"十四五"优化策略[J]. 南京社会科学，2022（01）：164-172.

[8] 中国新闻网. 横店 40 余载发展回顾："从无到有"产业逆袭"多面开花"[EB/OL]. 2019-07-19 [2021-10-02]. http://www.zj.chinanews.com.cn/jzkzj/2019-07-19/detail-ifzmhexn4009732.shtml.

[9] 贾书敏. 新时代中国影视产业发展问题及解决对策[N]. 中国经贸导刊，2019-6-20.

[10] 韩旭. 当下中国影视文化产业的发展困境与策略[J]. 卫星电视与宽带多媒体，2020（07）：129-130.

[11] 王硕祎. 中国动漫产业的发展现状与趋势[J].//罗昌智. 两岸创意经济研究报告（2019）. 北京：社会科学文献出版社，2009（10）：118-128. 两岸创意经济蓝皮书，2018（07）：99-109.

第三章　社会保障政策

社会保障制度是社会发展的减压阀和稳定器，构建起完善、规范的社会保障制度对于国家的长治久安和社会的健康和谐发展意义重大。社会保障是一个重要的社会和经济问题，完善的社会保障制度是社会主义市场经济体制的重要支柱，关系改革、发展、稳定的全局。我国社会保障由社会保险、社会救助、社会福利、慈善事业等组成。社会保障作为一项我国重要的公共政策，是实现一个国家和地区人民幸福安康和社会安全稳定的重要制度安排。党的二十大报告指出："健全覆盖全民、统筹城乡、公平统一、安全规范、可持续的多层次社会保障体系；扩大社会保险覆盖面。"

第一节　我国社会保障政策的主要方式

一、立法保障

社会保障立法是实现社会保障制度良性运行的必要保证，我国社会保障制度建设曾长期处于试点和探索阶段，"十二五"以来，伴随着各项制度逐步定性、定型、定局，社会保障立法、执法、司法并进，社会保障逐步进入法治化轨道[①]。

（一）社会保险立法

2010年我国人大常委会第十七次会议通过的《社会保险法》弥补了我国社会保障立法的空白，是中国特色社会保障体系中起支架作用的一部法律，也成为我国社会保障体系建设走向法治化的重要标志。2021年《军人保险法》的出台弥补了《社会保险法》关于军人保险规范不足的缺陷，为构建中国特色的军人保险制度提供了法律依据。上述两部法律加上其他的社会保险法规规章政策的出台，使我国基本形成了覆盖城乡居民的社会保险体系的法制框架，为我国社会保险的发展奠定了法治基础，社会保险领域"无法可依"的状态结束。

在养老保险法治方面，城乡居民基本养老保险制度实现统一，机关和事业

---

① 林嘉. 中国社会保障法治建设的成就与期待[J]. 中国社会保障，2015（2）：32-33.

单位职工的养老保险制度进行了并轨改革。由企业职工基本养老保险、居民基本养老保险和机关事业单位基本养老保险共同构成的法定养老保险体系正式形成。在补充社会保险方面，企业年金和职业年金的建立以及覆盖城乡居民的大病医疗保险制度的全面建成，为保障相应参保人员的合法权益奠定了制度基础；在医疗保险方面，随着城镇职工基本医疗保险、城乡居民医疗保险制度的发展和完善，全民医保体系已经基本形成；在工伤保险方面，《工伤保险条例》根据《社会保险法》进行了修改，工伤保险制度进一步完善；在失业保险方面，《失业保险条例》的修改已经列入议程。

2014年2月国务院颁布了《社会救助暂行办法》，将生活救助与专项救助相结合，形成了完善的社会救助模式，标志着中国社会救助制度体系的基本形成。《中华人民共和国老年人权益保障法》的修订，《家庭寄养管理办法》《养老机构设立许可办法》《养老机构管理办法》以及《"十三五"加快残疾人小康进程规划纲要》等法律政策的陆续发布，使得面向老年人、孤儿、残疾人等特殊困难群体的各项社会福利制度都得到了不同程度的发展与完善。慈善领域的基础性、综合性法律《慈善法》的颁布实施，开启了依法行善的新时代，慈善事业开始步入法治化轨道[①]。

二、医疗保险

医疗保险作为对因疾病，特别是大病而陷入经济困境的国民来说是至关重要的，它是社会保障的重要组成部分之一。截至2020年底，全国基本医疗保险覆盖超过13.6亿人，参保率稳定在95%以上，建起了世界上规模最大的基本医疗保障网。2020年，我国医疗服务能力持续提升，一批国家区域医疗中心、高水平重点专科得到扶持发展，84%的县级医院达到二级及以上医院水平，远程医疗协作网覆盖所有地级市。为进一步推进医疗保障的高质量发展，保障人民健康，促进共同富裕，国务院办公厅在2021年9月23日印发了《"十四五"全民医疗保障规划》，指出建立多层次的医疗保障制度体系，实行分类优化医保的帮扶政策，《规划》中完善灵活就业人员以合适方式参加基本医疗保险，落实困难群众分类资助参保政策，旨在能够保障更多的人参保。

（一）职工医疗保险

1998年国务院做出《关于建立城镇职工基本医疗保险制度的决定》，改变过去由国家财政和企业全部包揽职工医疗保险费的做法，实行基本医疗保险费由职工用人单位和职工共同交纳，基本医疗保险费实行社会统筹和个人账户相

---

① 杨思斌. 我国社会保障法治建设四十年：回顾、评估与前瞻[J]. 北京行政学院学报，2018，（03）：38-45.

结合。社会统筹基金的建立体现了社会医保互助共济的原则，能为参保人均衡医疗费用负担，分散医疗风险，实现社会公平；个人账户的建立则体现了个人所应承担的责任，能够增强职工的健康投资意识，并促使职工个人在医疗消费中自我约束，强化了费用支出的制约。经过 20 多年的发展，我国城镇职工基本医疗保险制度得到了不断完善和发展，为参保人提供了有力的医疗保障。

（二）城乡居民医疗保险

1998 年我国开始建立城镇职工基本医疗保险制度，之后又启动了新型农村合作医疗制度（新农合）试点，建立了城乡医疗救助制度。为实现基本建立覆盖城乡全体居民的医疗保障体系的目标，国务院决定，从 2007 年起开展城镇居民基本医疗保险试点。我国在 2016 年将城镇居民基本医疗保险和新型农村合作医疗两项制度进行整合，而后，在 2019 年城乡居民医保在全国范围内实现制度整合。城乡居民医保相比于新农合而言，通过扩大报销药品和定点医疗机构范围、增加人均基金支出、改善医疗条件的方式来帮助农民进一步减轻医疗费用负担，将有利于实现医疗公共服务均等化，使城乡居民公平享有医保权益。

三、养老保险

1995 年国务院发布《关于深化企业职工养老保险制度改革的通知》中提出："基本养老保险费用由企业和个人共同负担，实行社会统筹与个人账户相结合，建立基本养老金正常调整机制。" 1997 年国务院发布的《关于建立统一的企业职工基本养老保险制度的决定》，标志我国企业职工现代养老保障制度的初步建立。2005 年国务院发布的《关于完善企业职工基本养老保险制度的决定》对养老金发放、社会统筹与个人账户相结合进行了完善，将城镇个体工商户和灵活就业人员纳入参保范围。

为了加快建立覆盖城乡居民的社会保障体系，2009 年 9 月 1 日，国务院发布《关于开展新型农村社会养老保险试点的指导意见》，确定基础养老金最低标准为每人每月 55 元，这标志着全国新型农村社会养老保险（简称"新农保"）试点工作正式启动，尝试建立村民个人缴纳一定的保险费、村集体给予补助、政府财政适度补贴三结合的新型农保。"新农保"试点的基本原则是"保基本、广覆盖、有弹性、可持续"。2009 年试点覆盖面为全国 10%的县（市、区、旗），随后逐步扩大试点，在全国普遍实施，2020 年之前基本实现对农村适龄居民的全覆盖。2011 年，城镇居民养老保险（简称"城居保"）开始试点。2014 年国务院出台了《关于建立统一的城乡居民基本养老保险制度的意见》，将农村居民新型社会养老保险和城镇居民社会养老保险合二为一、统一实施。经国务院批准，全国城乡居民基本养老保险基础养老金最低标准提高至每人每月 70 元，即在原每人每月 55 元的基础上增加 15 元，提高幅度为 27.3%。这次上调是我国首次统一提高全国城乡居民基本养老保险基础养老金最低标准，惠及了全国超过 1.4 亿城乡老年居民和数亿城乡家庭，受益面大，受益方式直接，有利于更好地保障和改善低收入或无收入的城乡老年居民的基本生活。

2015 年颁布的《关于贯彻落实国务院统一城乡居民基本养老保险制度暨实施城乡养老保险制度衔接有关问题的通知》对城乡居民养老保险制度进行了进一步地规范和完善。为鼓励多缴多得，对个人缴费 1000 元至 2000 元之间的人员，财政每人每年补贴 60 元；个人缴费标准 2000 元及以上的每人每年补贴 90 元。从 2015 年起，新参加城乡居民养老保险的参保人，领取待遇年龄统一为 60 岁。2021 年 4 月，人社部、财政部印发《关于 2021 年调整退休人员基本养老金的通知》，总体调整水平为 2020 年退休人员月人均基本养老金的 4.5%。

四、失业保险

失业保险是指国家依法设立失业保险基金，对因失业而暂时中断生活来源的劳动者在法定期间给予失业保险金，以维持其基本生活需要的一项社会保险制度，它是国家社会保障体系的重要组成部分，对于维护失业人员基本权益有着非常重要的作用。1986 年《国营企业职工待业保险暂行规定》的颁布实施拉开了我国失业保险制度建设的序幕。而后，我国又出台实施了《国有企业职工待业保险规定》《失业保险条例》等，逐渐形成较为完善的失业保险制度体系[1]。

（一）扩大范围

我国失业保险参保人数不断增加，截至 2020 年，已达 2 亿人缴纳失业保险。失业保险覆盖面方面，从 1986 年《国营企业职工待业保险暂行规定》覆盖的"四种人"，到 1993 年《国有企业职工待业保险规定》的七类九种人员，再到 1999 年《失业保险条例》将城镇企业事业单位、城镇企业事业单位职工纳入覆盖之列，失业保险覆盖群体不断增加。各地也采取许多有效措施，进一步加大了失业保险扩面工作力度，在国有和城镇集体单位从业人员应保尽保的情况下，重点做好外资企业、私营企业以及个体工商户的参保工作，灵活就业人员参保也有了初步进展，这些因素都促使参保人数持续上升。2020 年 3 月，人社部、财政部下发《关于扩大失业保险保障范围的通知》，明确对参保缴费满 1 年、非因本人意愿中断就业、已办理失业登记并有求职要求的失业人员，应及时足额发放失业保险金等。

---

[1] 张盈华，张占力，郑秉文. 新中国失业保险 70 年：历史变迁、问题分析与完善建议[J]. 社会保障研究，2019，(06)：3-15.

（二）稳岗补贴

2015 年我国开始实施"稳岗补贴"政策，面向不裁员、少裁员、稳定就业岗位的企业（主要适用于实施兼并重组的企业、化解产能严重过剩的企业、淘汰落后产能的企业），按不少于企业上年失业保险缴费总额的 50%给予稳岗补贴，从失业保险基金中列支。2018 年人社部启动两项行动：一是失业保险援企稳岗"护航行动"，该行动扩大了援企稳岗政策覆盖范围，对符合条件的统筹地区实施政策全覆盖，对符合申领条件企业实施主体全覆盖，仅 2018 年 1－9 月，失业保险援企稳岗项目已向 32 万户企业发放稳岗补贴 96 亿元，惠及职工 2997 万人；二是失业保险支持技能提升的"展翅行动"，它针对参保企业员工给予技能提升补贴，帮助劳动者顺应经济转型升级、产业结构调整对就业技能的需要，发挥失业保险预防失业、促进就业的功能。

（三）减免费率

为减轻企业的资金压力，促进就业稳定，2015－2019 年国家先后 6 次下调了社会保险单位缴费比例，共为企业减费近万亿元，向 608 万户企业发放失业保险稳岗返还 1042 亿元，支出就业补助和专项奖补资金上千亿元。2020 年，为进一步帮助企业特别是中小微企业应对风险、渡过难关，减轻企业和低收入参保人员的缴费负担，人力资源和社会保障部、财政部、国家税务总局印发《关于阶段性减免企业社会保险费的通知》（人社部发〔2020〕11 号），自 2020 年 2 月起阶段性减免企业基本养老保险、失业保险、工伤保险单位缴费部分，有力支持了企业复工复产。2021 年 1 月 26 日，人社部召开例行新闻发布会。会上，人社部相关领导表示，考虑到新冠疫情原因，关于阶段性降低失业和工伤保险费率的政策，在 2021 年 4 月底期满后，将再延长一年至 2022 年 4 月 30 日[①]。

五、扶贫政策

党的十九大以来，精准扶贫和乡村振兴战略成为我国反贫困政策的顶层设计，扶贫工作的总体目标是"到 2020 年确保我国现行标准下农村贫困人口全部脱贫，贫困县全部摘帽，解决区域性整体贫困"。在现行农村反贫困政策体系中，以农村社会救助和农村医疗保障等政策为主要内容的社会保障制度发挥着举足轻重的作用。

---

① 人社部. 阶段性失业保险、工伤保险费率降低延长一年[EB/OL]. 2022-02-22[2022-03-01]. https://www.bbtnews.com.cn/2021/0127/384825.shtm.

（一）"新农合"政策

新型农村合作医疗是指由政府组织、引导、支持，农民自愿参加，个人、集体和政府多方筹资，以大病统筹为主的农民医疗互助共济制度。2002年和2003年中共中央、国务院分别发布了《关于进一步加强农村卫生工作的决定》和《关于进一步做好新型农村合作医疗试点工作的指导意见》，对新型农村合作医疗进行了探索，并于2008年新农合在我国实现了基本全覆盖，此后又进行了多次调整，该政策在保障农村居民获得基本医疗卫生服务、缓解农村居民因病致贫和因病返贫方面起到了重要的作用。

2012年还进一步在新农合中引入了大病保险政策，该项政策的一个重要目标是，通过降低医疗服务价格缓解"看病难、看病贵"现象，增强农村居民的医疗服务可及性，改善农村居民特别是贫困居民的健康水平。2003–2017年中国各级政府对新农合的财政补助，从每人20元提高到450元，年均增长30%，仅2017年用于新农合的财政补贴就超过了3000亿元。

（二）贫困儿童的社保政策

贫困对于处在成长阶段的儿童来说，不仅会影响儿童当下的生活，还会影响其未来的发展，而且因为儿童对家庭的依赖性，所以他们对贫困的影响只能被动地接受。考虑到儿童成长发展的特殊性和儿童贫困影响的长远性，社会保障政策对儿童贫困问题的回应和干预非常必要，如果儿童贫困问题得不到社会保障政策的有效回应，就会增加儿童在成年后继续贫困的概率，造成贫困的代际传递。我国的社会保障政策通过对贫困家庭进行"分类施保"的社会救助措施和针对贫困家庭儿童在内的困境儿童福利保障措施来给予帮助。在我国颁布的《国家贫困地区儿童发展规划（2014－2020年）》明确了贫困地区儿童的健康保障措施，涉及儿童出生健康、营养改善和医疗卫生保健，更是将帮扶对象精准设定为680个连片特困县中义务教育结束前的儿童；《关于加强困境儿童保障工作的意见》规范了包括贫困家庭子女在内的困境儿童基本医疗保障，涉及救助倾斜、资助参保和制度衔接。

此外，我国还有针对贫困家庭学生的各类教育资助措施，尤其是义务教育阶段，教育资助措施从最初的贫困地区的助学金制度发展至现今的城乡统一的"两免一补"（免书本费、免杂费、补助家庭经济困难学生的寄宿生活费），资助内容不断丰富完善，福利保障水平不断提高。

第二节　我国社会保障政策历史沿革

一、传统社会保障政策的孕育与动荡（1949—1977 年）

新中国成立之初建立的传统社会保障制度主要包括劳动保险制度、社会救济制度以及其他保障的内容，其中以劳动保险制度为主要核心内容。社会保障的实践始于中央人民政府 1949、1950 年对受灾人民和失业工人社会救济的行动。在 1951 年《中华人民共和国劳动保险条例》的颁布标志着新中国社会保障制度的正式建立，保障范围广、覆盖面宽、惠及职工家庭，为绝大多数城镇居民提供稳定的保障。几年后，面对合作医疗保险覆盖率下降的局面，毛泽东在 1965 年作出"把医疗卫生工作重点放到农村去"的指示。我国在此期间，实施城市巡回医疗队下乡政策，并在农村培养"半农半医"的"赤脚医生"，有效缓解了合作医疗保险覆盖率下降的问题①。

20 世纪 50 年代，在社会经济发展水平落后的情况下，党和国家高度重视社会保障体系建设。由于财力有限，社会保障体系以集体所有制经济为支撑，由集体成员互相救助，中央政府主要承担农村地区的救灾备荒的救助工作。

二、现代社会保障政策的转型（1978—1992 年）

随着党的十一届三中全会召开，重新确立了解放思想、实事求是的思想路线，把工作重心转移到现代化建设上来，做出改革开放的重大决策，社会保障政策也随之发生着转型，朝着适应社会主义经济的方向转变。1978 年 3 月，第五届全国人大第一次会议通过《中华人民共和国宪法》，对养老保障、医疗保障、社会福利、贫困救助以及军烈属生活保障等方面做出了原则性规定。随后的几年，企业内部退休费用存在畸轻畸重的问题，针对此问题，1984 年党的十二届三中全会，通过的《中共中央关于经济体制改革的决定》提出要让企业成为自主经营、自负盈亏的经济实体，就必须创造公平竞争的条件，有效解决各企业内部有关退休费用的问题。

改革开放之后的 16 年间，我国社会保障制度完成了恢复与重建，并开始了社会化的探索。在经济体制转型的背景下，以企业退休费用的社会统筹为起点，先后启动了养老、医疗、失业、工伤和生育费用社会统筹试点，自下而上地促

---

① 董克用，沈国权. 党指引下的我国社会保障制度百年变迁[J]. 行政管理改革，2021（05）：26-35.

进了企业保险向社会保险的转变，开启了社会保障改革的征程。

三、现代社会保障政策框架初步构建（1993—2011年）

我国在确立社会主义市场经济体制的方向后，社会保障领域在各个方面同步进行。随着党的十四届三中全会在1993年召开，通过了《中共中央关于建立社会主义市场经济体制若干问题的决定》，确立了社会保障体系的改革方向，我国社会保障政策框架初步构建，将社会保障确认为市场经济体系的五大支柱之一。为更好保障失业职工的生活，1993年，国务院颁布《国营企业职工待业保险规定》，提出通过建立下岗职工基本生活保障制度、待业保险制度、城镇居民最低生活保障制度来保障下岗、失业职工的基本生活，并将待业保险保障范围扩大至国营企业所有职工。养老保险方面也在完善失业保险的过程中不断完善，1995年，国务院下发《关于深化企业职工养老制度改革的通知》提出了"统账结合"的两种实施方案，允许各地自行选择进行试点。为实现医疗保险的全覆盖，21世纪初，发布《关于建立新型农村合作医疗制度的意见》等文件，逐步明确了建立新农合制度的目标、原则和实施细节，标志着基本医疗保险在制度层面基本实现全覆盖。

在这一阶段中，多层次、社会公平和制度可持续成为社会保障制度改革的总体目标，社会保障体系不断发展完善，各类项目日渐多元化，促进建成统筹城乡的基本养老保险制度和基本的医疗保险制度，实现了社会保障体系的更加完善。

四、新时代下社会保障政策的发展（2012年至今）

党的十八大以来，我国社会保障体系建设全面发力，覆盖范围持续扩大，待遇水平稳步提高，公共服务日趋便捷，建立起世界上覆盖人群最多的社会保障安全网，守护着百姓。为了充分发挥家庭养老等传统保障方式的积极作用，更好保障参保城乡居民的老年基本生活，在养老保险方面，2014年国务院印发《关于建立统一的城乡居民基本养老保险制度的意见》，将"新农保""城居保"合并为"城乡居民基本养老保险"充分发挥社会保险在保障人民基本生活、调节社会收入分配、促进城乡经济社会协调发展方面的重要作用。随后的2016年，国务院颁发有关完善医疗保险的文件，即《关于整合城乡居民基本医疗保险制度的意见》，认为要整合新型农村合作医疗和城镇居民基本医疗保险制度，就要建立统一的城乡居民基本医疗保险制度。为了更好地增强生育保险保障功能，同年"十三五"规划提出将生育保险和基本医疗保险进行合并。按照全覆盖、保基本、多层次、可持续的方针，逐步在全国范围内建立起统一的城乡居民医保制度，推动保障更加公平、管理服务更加规范、医疗资源利用更加有效，促进全民医保体系持续健康发展。

党的十八大以来，老有所养、病有所医，人民群众的意愿就是努力的方向。这些年以来，社会保障改革稳步推进，体制机制更加完备，基本保障稳固可靠，基金运行安全有效，管理服务高效便捷，社会保障制度日渐完善起来。

第三节 案例分析

案例一：医保立法，地方先行——浙江省医疗保障地方立法探索

一、[案例介绍]

案例背景： 疾病风险是每一个社会成员的基本风险，因而医疗保障是现代社会保障体系中的重要项目，是保障国民健康权益乃至实现国家长治久安的基础性制度安排。现代社会是法治社会，关乎全民切身利益的医疗保障更加需要有制度保障，但现行法律法规体系对医疗保障行为的规制明显缺失。在全面深化医疗保障制度改革的背景下，迫切需要加快医疗保障法制建设步伐。20多年来，根据中央的统一部署，浙江省在医疗保障领域进行了持续的改革探索，在制度建设、覆盖范围、规范管理和优质服务等方面持续努力，取得了良好的成效。近年来，在中央全面深化医疗保障制度改革的背景下，浙江省致力于探索医疗保障事业的法治化，并将其列入浙江省人大的地方立法计划。2019年，浙江省医疗保障局起草了《浙江省医疗保障条例》草案初稿；同时，浙江省人大法制工作委员会通过浙江省哲学社会科学规划办公室设立专项课题，委托浙江大学老龄和健康研究中心研究并提出《浙江省医疗保障条例》草案专家建议稿。在各方的共同努力下，2021年3月26日，浙江省第十三届人大常委会第二十八次会议通过了《浙江省医疗保障条例》，并于2021年7月1日起施行。这是我国医疗保障领域第一部综合性、创制性的地方性法规，是浙江将医疗保障事业建设成为新时代全面展示中国特色社会主义制度优越性"重要窗口"的标志性成果。浙江省的立法成果不仅为其他省区市立法提供了经验，也为制定国家医疗保障法提供了有益的参考[①]。

---

① 郑功成，申曙光. 医疗保障蓝皮书：中国医疗保障发展报告（2021）[M]. 社会科学文献出版社，2021：301-302.

案例正文：
（一）坚持三医联动，协同高效推进改革

推进医保治理现代化，需要坚持系统集成、协同高效，在医保、医疗、医药联动改革中系统推进。条例主要做了以下规定：一是将统筹推进医保、医疗、医药联动改革明确为医疗保障的工作原则；二是加强医疗保障与基本公共卫生服务在疾病预防、诊断、治疗、护理和康复等方面的衔接配合；三是完善基本医疗保险基金支付与分级诊疗制度相衔接机制，引导参保人员在基层医疗机构诊治常见病、慢性病；四是通过集中带量采购等制度，推进医保支付标准和集中采购价格协同，进一步降低药品和耗材价格，同时，建立和完善短缺药品监测预警和供应保障等机制[1]。

（二）运用数字赋能，增强改革地域特色

为落实浙江省委全面推进数字化改革的战略部署，推进医疗保障领域数字化治理水平，条例做了以下规定：一是建立统一、高效、兼容、便捷、安全的医疗保障数字化平台；二是实行部门间信息实时共享、医疗费用即时联网结算，实现基本医疗保险、大病保险、医疗救助等费用的"一站式"办理和经办事项线上办理全覆盖；三是推进互联网医疗服务，推广电子凭证、电子病历、电子处方、电子票据的应用；四是实行医疗救助对象医疗费用网上审核结算；五是加强基本医疗保险服务数据智能监管和费用智能审核；六是强化医保数字化网络安全保障，规范基本医疗保险服务数据的管理和应用。

（三）推进省级统筹，完善医保体系构建

针对浙江省长期以来存在的统筹层次低、制度政策碎片化、发展不平衡不充分等问题，根据中央和省委文件精神，条例规定，职工基本医疗保险、城乡居民基本医疗保险和大病保险分别以设区的市为统筹地区实行基金统筹，逐步推进省级统筹。为落实中央和省委文件精神，保障浙江省"到2030年，多层次医疗保障制度体系全面建成"的目标任务顺利完成，条例做了以下规定：一是建立健全以基本医疗保险为主体，大病保险为延伸，医疗救助为托底，商业健康保险、职工互助医疗和医疗慈善服务等为补充的、多层次的医疗保障体系；二是分别明确了基本医疗保险、大病保险、医疗救助的保障对象和内容；三是鼓励发展商业健康保险、职工医疗互助和慈善医疗救助，引导建立广覆盖、不设前置条件、保费与个人疾病风险脱钩的补充性商业医疗保险；四是鼓励逐步建立长期护理保险制度。此外，条例还规定，发生重大突发疫情时实行先行救

---

[1] 浙江举行《浙江省医疗保障条例》新闻发布会[EB/OL]. 2022-08-16[2022-10-28]. http://ybzx.ybj.zj.gov.cn/art/2022/8/16/art_1229636218_474.html.

治原则，统筹基本医保基金和公共卫生服务资金使用。

（四）坚持政策为民，基金筹集和医保待遇双优化

针对各地基金筹集政策差异较大以及科学性、均衡性不足问题，条例做了以下规定：一是明确收支平衡、略有结余的基本医保基金筹集和使用原则；二是明确职工基本医疗保险费的缴费基数和比例；三是城乡居民基本医疗保险基金筹集实行个人缴费和政府补贴相结合，并明确了人均筹资标准以及个人缴费与政府补贴的比例要求；四是将用人单位参保职工的退休缴费年限统一为 20 年，并对参保职工未达到缴费年限要求延续缴纳和统筹地区延长累计缴纳年限做了特别规定；五是大病保险基金由职工基本医疗保险和城乡居民基本医疗保险参保人员按照规定筹集，实行专账管理和独立核算。针对各地存在的待遇政策不统一、不平衡问题，条例做了以下规定：一是统一职工基本医疗保险待遇开始享受的时间；二是统一职工基本医疗保险中断缴费的待遇恢复享受时间；三是统一城乡居民基本医保参保人员中途参保政策；四是明确基本医疗保险基金支付的医疗费用范围；五是明确特殊病种和慢性病的特殊保险待遇；六是明确大病保险的保障范围，统一大病保险基金起付标准，并鼓励统筹地区逐步提高基金支付比例。

（五）完善相关制度，提高医保治理服务水平

为继续完善经办管理和公共服务体系，提供便捷高效的医疗保障服务，条例做了以下规定：一是实行定点医药机构协议管理制度；二是建立健全基本医疗保险基金总额预算管理下的多元复合式医保支付方式；三是建立健全医疗服务项目价格管理机制，支持医疗新技术项目进入临床使用；四是加强集中采购平台产品交易管理，建立健全集中带量采购入围企业产品质量和供应能力调查、评估、考核、监测机制，并对供应企业按照申报年供应能力和价格进行供应提出明确要求；五是注重发挥中医药优势，支持提供和利用中医药服务。基金安全、高效、合理地使用，离不开严格的监督管理。为此，条例做了以下规定：一是明确相关单位和个人在接受监督检查时的配合义务；二是明确对违反协议管理的定点医药机构可以采取的处理措施，以及定点医药机构的相关救济途径；三是规定了针对涉嫌骗取基本医疗保险基金行为的调查程序；四是加强对参保人员、参保单位、医药机构及其医保医师、药师等从业人员的信用管理。

案例来源：何文炯. 浙江省医疗保障地方立法探索[M]. 2021 年 11 月第 1 次；社会科学文献出版社，2021（11）．https://xianxiao.ssap.com.cn/catalog/ 5799735.html

浙江日报 构建具有浙江特色的共富型医保制度体系[EB/OL]. 2022-09-13. [2022-10-28]. http://zjrb.zjol.com.cn/html/2022-09/13/content_3585522.htm?div=-1

二、[案例分析]

请思考并讨论以下问题：

如何理解浙江省医疗保障立法的重要意义？

1. 适应医疗保障管理体制改革。2018年，在新一轮国家机构改革中，组建了专司医疗保障的行政部门，将原来分散在多个部门的行政职责进行整合，以解决医疗保障领域部门分治、制度政策差异、经办服务分离、资源信息分割等问题，实现医疗保障尤其是法定医疗保障制度的统一管理和统一规范。2018年10月，浙江省医疗保障局正式挂牌成立，全省医疗保障事业发展进入统筹规划、统一管理、资源整合、信息一体、统一实施的新时期，原有的诸多政策规定已难以适应新的医疗保障管理体制，急需一部系统的医疗保障地方性法规[①]。

2. 推动医疗保障事业高质量发展。经过长期努力，浙江省在医疗保障领域实现了快速发展，并在"健康浙江"建设方面发挥着重要作用。但是，医疗保障事业发展的质量还不高，基本医疗保障制度在公平性、可持续性与运行效率方面存在问题，尤其是基本医疗保障在解决重大疾病高额医疗费用支出方面所发挥的作用还不够。健全医疗保障法制，将有助于基本医疗保障制度的成熟定型，有益于保障城乡居民能够公平地享有基本医疗保障权，有益于基本医疗保险制度的长期持续健康运行，有益于补充性医疗保障的发展，也有益于提升全体社会成员的获得感、幸福感和安全感。

3. 提升医疗保障治理的水平。基本医疗保障制度是国家在民生保障领域的重大制度安排，医疗保障体系则是国家治理体系的重要组成部分。从国家层面看，目前主要通过《社会保险法》和《基本医疗卫生与健康促进法》规范基本医疗保障制度，但相关规定过于粗放，而医疗救助和基金监督的立法层次较低，其依据分别是国务院颁布的《社会救助暂行办法》和《医疗保障基金使用监督管理条例》。按照中央的要求，浙江省要"努力成为新时代全面展示中国特色社会主义制度优越性的重要窗口"，要在省域治理现代化方面走在全国前列，同时要在地方立法创新方面走在全国前列，因此，浙江省有责任通过医疗保障立法的先行先试，为国家医疗保障立法探路，为实现医疗保障治理现代化做出应有的贡献。

4. 实现医疗保障地方立法创新。基于医疗保障制度发展的紧迫需要，在国家层面有关医疗保障的法律规范缺失的情况下，发达地区先行制定地方性法规具有必要性。事实上，近几年来医疗保障治理理念革新、医疗保障制度改革、

---

① 郑功成，申曙光. 医疗保障蓝皮书：中国医疗保障发展报告（2021）[M]. 社会科学文献出版社，2021：302-304.

管理体制改革均取得了较大进展,目标已经明确,路径日益清晰,因此,医疗保障治理手段也应由人治向法治转变,需要尽快制定医疗保障专项法规,给人民群众以清晰、稳定的保障预期。为此,浙江省应当且可以通过医疗保障地方性立法的方式为国家医疗保障立法创新做出应有的贡献。

案例二:"银发一族"的困境——老人数字鸿沟

一、[案例介绍]

案例背景: 网络购物、网上预约挂号、手机移动支付……随着信息技术的快速发展,当大多数人可以享受科技创新带来的智慧生活便利之时,相当一部分老年人面对的却是数字鸿沟的尴尬。他们为"码"所困,不会甚至不敢"触网",努力追随时代的脚步显得力不从心。近年来,关于老年人在生活中遭遇"数字困难"的新闻持续引发关注,也将数字鸿沟话题拉进公众视野。

案例正文:

(一)数字时代大发展,"银发"一族陷困境

2020年11月21日,一则视频在网络传播后引起网友广泛讨论。视频中,一位老人在家人陪同下来到某银行一网点办理社保卡相关业务。因为需要进行人脸识别,家人只好将老人抱起来。人脸识别所需时间并不长,但从老人弯曲的膝盖和撑在柜机上的双手可以看出,过程体验并不舒适。第二天,涉事银行登门道歉。随之而来的网上网下的讨论,则将公众的注意力从事件本身转移到了老年人普遍遭遇的"数字困难"、数字鸿沟上。

数字鸿沟,简单地说就是在进入数字时代后,人们在信息可及性上存在的明显差距。随着智能技术的日新月异,不同人群对信息化工具、技术在拥有程度、应用程度和创新能力的差异越来越大。

老年人是数字时代明显的"弱势群体"。搭乘公共交通、进出商场超市出示健康码,对于大多数人而言轻而易举,却困住了不少老年人。他们有的因此无法搭乘公交,有的不得不奔波于社区开具健康证明。

湖北省武汉市第四医院武胜路院区门诊办负责人介绍,医院每天会遇到30多位使用老人机或不用手机的老年患者,因无法出示健康码只能由医院前台护士引导,去社区开具健康证明。

类似情况在日常生活的其他方面也时有发生。"自助缴费、自助打印检验报告……这些'自助'都不会""约车软件有点难,年轻人口中的便捷出行怎么这么难"……采访中,老人们纷纷道出面对数字鸿沟的无奈。

老年人在日常的生活中不仅存在着为"码"所困的一系列问题,更令人揪心的是老年人遭遇到的电信诈骗事件在逐年上升,当前中老年人成为电信诈骗的重灾区，一些老人存了一辈子的养老钱，甚至是生病用来救命的钱都被诈骗团伙盯上了，最后被骗得分文不剩。2016 年，深圳 78 岁独居老人被骗 1156 万的事件震惊全国；2018 年，80 余名老人被骗 100 多万元；2021 年，天津 7 旬老人被骗 70 万养老金……老年人不仅更容易遭遇电信诈骗，而且往往涉及到的诈骗金额也非常的高。

（二）老龄浪潮起，养老形势迫在眉睫

在中国，数字化浪潮兴起的同时，恰逢一场正在到来的老龄化浪潮。根据联合国标准，65 岁以上的老年人口占总人口的比例达 7%以上或 60 岁以上老年人口在总人口中的比重超过 10%的属老年型国家或地区。据国家统计局发布的数据显示，截至 2019 年底，我国 60 周岁及以上人口约 2.54 亿人，占总人口的 18.1%，其中 65 周岁及以上人口 1.76 亿人，占总人口的 12.6%。

一方面是我国老龄化进程不断加快，人口老龄化成为今后较长一段时期我国的基本国情，另一方面是数字化时代加速发展。让智能技术发展与老龄化社会相协调，让老年人共享社会治理成果，首先要找出阻碍老年人跨越数字鸿沟的障碍。

在复旦大学社会发展与公共政策学院教授任远看来，一方面老年人口拥有电脑、使用电脑、接入网络服务、拥有智能手机和更低年龄人口相比存在不平等。另一方面，由于老年人不会使用移动互联的信息化应用，不能获得基于信息化的各种服务，因而日益被信息化社会隔离[①]。

每月的最后一周，家住重庆市沙坪坝区的张大爷都要去医院开药。由于腿脚不方便，公交地铁又离得远，加上子女不在身边，亲戚都劝他打车就医。"打车花钱多不说，关键还不好打，他们说约车软件方便，可老人机没法操作，只能坐公交。"张大爷无奈地说。忽视老年人需求，也是数字时代老年人被加速边缘化的原因之一。

由于对网上操作流程不熟悉，一部分老年人无法真正获得外卖送餐到家、网购送货上门等贴近老年人生活特性的服务。为老人提供公共服务，不能盲目追求技术先进而忽视了服务对象的特质。调查发现，老年人对新技术的恐惧心理也是造成数字鸿沟的重要原因。"不愿使用手机支付，说到底是担心。"在北京市西城区 75 岁的吴大爷，虽然对手机应用给生活带来的便利感受颇深，但结账时他还是选择用现金支付。在他看来，安全是首先要考虑的问题。老人们的担忧暴露了更深层的社会问题。老年人对网络信息真伪的辨析能力以及维权能

---

① 任远，金雁，陈虹霖. 多类型和具体文化制度环境下的老年人口迁移流动：一个解释性的框架[J]. 华东师范大学学报（哲学社会科学版），2020, 52（04）：143-155+187-188.

力都相对较弱，往往会成为不法分子的首选目标。"科技以人为本"，如何让智能技术发展适应老龄化社会步伐，让老年人跨越数字鸿沟，是经济社会持续健康发展所面临的"必答题"。

（三）《方案》初施行，"适老"服务为关键

2020年11月24日国务院办公厅印发的《关于切实解决老年人运用智能技术困难的实施方案》（以下简称《实施方案》）聚焦老年人日常生活涉及的出行、就医、消费、文娱、办事等7类高频事项和服务场景，回应了许多社会关切。

坚持传统服务方式与智能化服务创新并行，《实施方案》提出了"健康码"管理便利老年人通行等20条具体举措并列出时间表，明确到2020年底前，抓紧出台实施一批解决老年人运用智能技术最迫切问题的有效措施；到2021年底前，围绕老年人出行、就医、消费、文娱、办事等高频事项和服务场景，推动老年人享受更加普遍的智能化服务；到2022年底前，解决老年人面临的"数字鸿沟"问题的长效机制基本建立。

在《实施方案》中，"适老"一词多次出现，"提供更多智能化适老产品和服务""提高文体场所服务适老化程度""开发设计适老智能应用"。中国人民大学老年学研究所所长杜鹏表示，智能化本就是为了更加便捷更加高效地提供服务，其主导权掌握在提供服务的机构手中，所以遇到问题时应更多考虑技术能不能更加人性化，更多考虑老人的需要。

《实施方案》向社会公布后，一些部门、机构迅速采取行动。中国人民银行表示将组织有关金融机构改进服务，运用移动设备延伸服务触角，主动上门或者远程为行动不便的老人办理金融业务；交通运输部要求各地在保持巡游出租汽车扬召服务，发挥95128等电召服务作用的同时，强化传统服务方式，对客运场站及高速公路服务区、收费站等场所，保留人工服务窗口，并鼓励为老年人设立优先购票、专用候车区及绿色通道，保留现金、纸质票据、凭证和证件的使用。

为解决老年人"不敢用"的问题，《实施方案》明确，一方面，政府有关部门要保障信息安全，规范智能化产品和服务中的个人信息收集、使用等活动，严厉打击电信网络诈骗等违法行为，切实保障老年人安全使用智能化产品、享受智能化服务。另一方面，各地区、各部门要加强督促落实，及时跟踪分析涉及本地区、本部门的相关政策措施实施进展及成效，确保各项工作措施做实做细、落实到位。

对于"不能用"的问题，则要服务意识做"加法"、应用操作做"减法"。要兼顾老年群体使用感受，开发操作简便的适老化智能终端，简化应用程序使用步骤及操作界面，必要时采取专门针对老年人的指导服务措施，打通信息联通的"最后一公里"。在"不会用"问题上，应发动社区、公益组织、老年大学等机构举办知识讲座和指导培训，提高老年人智能终端操作及数字信息获取能力。

案例来源：观察｜当人口老龄化遇上信息化智能化 数字鸿沟考验治理能力[EB/PL]. 2020-11-27. [2022-10-28]. http://www.zylz.gov.cn/content-7-28047-1.html.

人民资讯 老年人新"数字鸿沟"现象与思考[EB/PL]. 2021-12-21. [2022-10-28]. https://baijiahao.baidu.com/s?id=1719717032892890472&wfr=spider&for=pc

尽快弥补"数字鸿沟"别让老年人"离线"[EB/OL]. 2022-06-07. [2022-10-28]. https://baijiahao.baidu.com/s?id=1734965159387269863&wfr=spider&for=pc

国务院办公厅印发关于切实解决老年人运用智能技术困难实施方案的通知[EB/OL]. 2020-11-24. [2022-10-28]. https://www.gov.cn/zhengce/content/2020-11/24/content_5563804.htm

二、[案例分析]

《第47次中国互联网络发展状况统计报告》显示，我国非网民的主要群体是60岁及以上的老年人，在日常生活中这些非网民遭遇了各种各样的数字困境，特别是新冠疫情暴发以来老年人因为不会使用"健康码"，以及无法使用现金支付买票、挂号等社会事件屡次出现，这一方面反映出老年人在数字社会融入过程中的不适应，另一方面也传递出智能设备和服务适老化建设欠缺的信号，造成了老年群体融入数字生活过程中的参与不平等。请思考并讨论以下问题：

（一）数字时代我国的养老困境有哪些？

1. 智能设备和服务的适老化建设匮乏。当前，互联网产品、信息和服务的研发主要受年轻人的需求驱动，很少聚焦老年人，在应用程序界限设置、操作设计等方面对老年人需求特征关注不足。

2. 数字化改革过于强调技术效率偏好。数字化改革确实给人们的生活带来了极大的便利，但数字化不等同于便利化。在数字化改革过程中，一些单位过于追求技术效率，大幅甚至取消线下服务供给。如几乎所有大型医院都开通了网络平台推行线上挂号，老年人因缺少操作技巧而挂不上号看不上病的现象已多次见诸报端。除此之外，银行业务、超市收银、餐厅点餐、景区购票等不同场景的线下人工服务也普遍减少乃至取消，这为老年人平等获得社会服务带来不便。

3. 网络信息安全系数有待提高。老年人对使用互联网及智能产品的安全性普遍存在焦虑感，如担心身份盗用、网络诈骗、设备中病毒、操作失误导致财产损失等问题。同时，媒体对互联网此类事件的大量报道，也使得老年人对互联网持有偏见，或导致老年人对上网产生怀疑和恐惧，影响老年人融入数字时代的意愿，进一步加剧了老年数字鸿沟的扩大。

（二）政府及相关部门应当如何做好"适老"服务？

1. 坚持以人为本价值理念。建设"老人可享"的智能社会需要秉承技术造福于人的宗旨，将以人为本的理念贯穿于社会治理智能化的全过程，充分考虑老年人的社会、生理、认知等因素，运用先进智能技术，发挥人机协同的优势来促进社会的可持续发展。政府要鼓励市场研发注重提高智能养老产品的适老性，加快研发针对老年人隐私泄露的升级保护技术，以技术的受益群体为目标发展技术，坚持智能化和人性化并进，实现以人为本的数字包容[①]。在"老人可享"的智能社会建设中，以人为本的数字包容既是维护人的主体性地位的一部分，也代表了未来社会"智"理适老化的一个重要方向。

2. 培育积极老龄观。政府可以从社会文化、老年人意识等方面入手培育积极老龄观，坚持解放思想，理念先行，提高老年人信息知识和社会适应能力，破解老年数字鸿沟纾困的思想关。首先，政府要积极培育良善的社会文化，为老年人融入数字化社会提供友好的社会环境。政府可以通过政策制定、宣传引导的方式传播积极老龄化的理念，培育开放包容、助老敬老的社会氛围，开启老年人数字融入绿色通道；鼓励老年人学习上网、关注官网报道，给予老年群体网络发声机会，解决老年群体网络空间集体失声、失语状态。其次，政府要大力培育老年群体的乐龄意识，通过"法律赋能"补足他们的数字生存能力，强化权利保障，重塑对数字技术的认知，更新思想观念，引导老年人树立数字权利意识。

3. 强化制度保障。纾困老年数字鸿沟不只需要温度，更需要制度。制度决定人权的实现程度，制度的完善有助于人权被不断释出而趋于成熟和有效。法治的建立和完善是政府对数字鸿沟进行有效引导和规制的前提，更是实现权利、平等、发展、安全等重要价值的制度支撑。智能社会，政府也应当全力倡导构建以人为本的新生法律秩序，即构建以人的信息权、人格权的保护和数字人权的保障为核心要义的法律秩序，更好地规制当前诸多领域的失序和无序状态，解决国家治理和社会治理中的"赤字"，确保数字人权的实现。

4. 科学制定政策法规。老年数字鸿沟的纾困不可能一蹴而就，需要做好长期治理的规划，在制定政策法规时应从中短期和长期进行考虑，将中短期的政策调控与长期的法律规范完善相结合，坚持问题导向和构建长效机制相结合。中短期要以渐进式的战略推进为主，出台诸如《实施方案》一类的指导性政策

---

① 禹竹蕊，黄力丹. 纾困老年数字鸿沟的政府担当[J]. 合肥师范学院学报，2021，39（04）：34-40.

文件，在公共政策中强调和贯彻数字人权的理念；长期则以法治建设为主，在与国际接轨的同时强调结合国情制定配套法律和相应制度，加强公法与私法的二元共治，以双重规制对老年人的数字权益进行平衡保护，优化数字时代的法治秩序。

5. 促进多元共治，加强老年数字培训。数字知识鸿沟反映出老年人数字素养能力的不足。数字素养能力的习得主要依靠外界帮助，政府可以以社区为单位，联合家庭、社会组织、网络平台等开展多种模式的老年数字培训。各级政府可以根据不同模式的特点匹配不同的主体承担培训职能，充分发挥不同群体的优势。

本章参考资料

[1] 林嘉. 中国社会保障法治建设的成就与期待[J]. 中国社会保障，2015（2）：32-33.

[2] 杨思斌. 我国社会保障法治建设四十年：回顾、评估与前瞻[J]. 北京行政学院学报，2018，(03)：38-45.

[3] 张盈华，张占力，郑秉文. 新中国失业保险70年：历史变迁、问题分析与完善建议[J]. 社会保障研究，2019，(06)：3-15.

[4] 人社部：阶段性失业保险、工伤保险费率降低延长一年[EB/OL]. 2022-02-22[2022-03-01]. https://www.bbtnews.com.cn/2021/0127/384825.shtm.

[5] 董克用，沈国权. 党指引下的我国社会保障制度百年变迁[J]. 行政管理改革，2021（05）：26-35.

[6] 郑功成，申曙光. 医疗保障蓝皮书：中国医疗保障发展报告（2021）[M]. 社会科学文献出版社，2021：301-302.

[7] 浙江举行《浙江省医疗保障条例》新闻发布会[EB/OL]. 2022-08-16 [2022-10-28]. http://ybzx.ybj.zj.gov.cn/art/2022/8/16/art_1229636218_474.html.

[8] 郑功成，申曙光. 医疗保障蓝皮书：中国医疗保障发展报告（2021）[M]. 社会科学文献出版社，2021：302-304.

[9] 任远，金雁，陈虹霖. 多类型和具体文化制度环境下的老年人口迁移流动：一个解释性的框架[J]. 华东师范大学学报（哲学社会科学版），2020，52(04)：143-155+187-188.

[10] 禹竹蕊，黄力丹. 纾困老年数字鸿沟的政府担当[J]. 合肥师范学院学报，2021，39（04）：34-40.

第四章 公共卫生政策

公共卫生不仅关系个人生活方式，还是国家进行社会治理的实践，如对人口健康、出生率及死亡率等生命问题的调控[①]。公共卫生政策是指政府或权威机构以公众健康为根本利益依据，制定并实施的关于卫生事业发展的战略与策略、目标与指标、对策与措施的总称。公共卫生政策以提高人民健康水平为目的，对社会卫生资源筹集、配置、利用和评价，通过政府颁布的法令、条例、规定、计划、方案、措施和项目等形式加以确定。党的二十大报告提出"推进健康中国建设，把保障人民健康放在优先发展的战略位置，完善人民健康促进政策"，为我国卫生健康事业发展提出了明确方向。

第一节 我国公共卫生政策的主要方式

一、分级诊疗

自 2009 年新医改方案实施以来，我国居民医疗保障得到极大加强，医疗需求持续释放，释放出来的需求主要向大型医院集聚，占用大量优质资源，抬高医疗费用支出，加剧居民就医困难，闲置基层资源。为下沉三级医院门诊病人、分流三级医院住院病人，建立分级诊疗制度这项重要举措逐渐被提上日程，并不断向前推进。2015 年 9 月 8 日，国务院办公厅正式印发《国务院办公厅关于推进分级诊疗制度建设的指导意见》（国办发〔2015〕70 号），部署加快推进分级诊疗制度建设，形成科学有序就医格局，提高人民健康水平，进一步保障和改善民生。分级诊疗就是按照疾病的轻重缓急及治疗的难易程度进行分级，不同级别的医疗机构承担不同疾病的治疗，逐步实现从全科到专业化的医疗过程，其内涵即基层首诊、双向转诊、急慢分治、上下联动。习近平总书记曾在全国卫生与健康大会上明确提出，分级诊疗制度是五项基本医疗卫生制度之首，要

[①] 李洁.从"制度"到"生活"：新中国 70 年来公共卫生政策演变[J]. 中国公共卫生，2019，35（10）：1281-1284.

大力推进。2017年，开始试点建设多种形式的医疗联合体，推动形成基层首诊、双向转诊、急慢分治、上下联动的分级诊疗模式。

2016年，我国正式开始开展家庭医生签约服务，其中以需求为导向做实家庭医生签约服务是我国深化医药卫生体制改革的重点工作任务，也是推进分级诊疗制度的一个重要抓手。开展家庭医生签约服务有利于实现"人人享有基本医疗服务"的目标，促进医疗卫生资源的合理利用，对提高居民健康水平大有裨益。

> 上海市自2015年积极探索"1+1+1"分级诊疗服务模式，居民在自愿选择社区卫生服务中心家庭医生签约的基础上，再选择1家区级医疗机构、1家市级医疗机构进行签约，形成"1+1+1"的签约医疗机构组合。该模式以基层家庭医生为撬动点，通过慢性病长处方、延伸处方、支付优惠等一系列配套优惠政策，吸引居民下沉社区就诊与组合内转诊，实现签约居民在签约组合内的有序就诊。至2019年9月，上海家庭医生签约居民超700万人，分级诊疗秩序初步形成[1]。
>
> 资料来源：上海市人民政府 市政府办公厅印发《关于本市推进分级诊疗制度建设的实施意见》的通知[EB/OL]. 2017-01-01 [2021-11-13]. https://www.shanghai.gov.cn/nw39426/20200821/0001-39426_50893.html
>
> 澎湃新闻 上海家庭医生签约居民700万人，分级诊疗秩序初步形成[EB/OL]. 2019-07-22 [2021-11-13]. https://www.thepaper.cn/newsDetail_forward_3977726

经过"十三五"时期的建设和发展，分级诊疗取得了阶段性成效，截至2020年底，重点人群的家庭医生签约率从2015年的28.33%增加到2020年的75.46%，全国县域内就诊率已经达到94%，比2015年同期增长10个百分点。双向转诊更加有序，急慢分治初见成效，上下联动在不断增强，各种模式医联体目前超过1.5万个，为提供一体化、同质化的医疗服务提供了有力支撑[2]。

二、药品采购

党的十八大以来，在医药改革中推进药品集中采购和使用，成为深化"三

---

[1] 中国新闻网 上海家庭医生签约人数超700万，分级诊疗秩序初步形成[EB/OL]. 2019-07-22 [2021-10-10]. http://www.chinanews.com/jk/2019/07-22/8903444.shtml.

[2] 中国新闻网 截至2020年底，重点人群家庭医生签约率增至75.46%[EB/OL]. 2019-07-23 [2021-11-15]. https://www.chinanews.com.cn/gn/2021/07-23/9526544.shtml.

医联动"改革的重要内容。2018年11月，中央全面深化改革委员会第五次会议审议通过《国家组织药品集中采购试点方案》，决定在"4+7城市"（北京、天津、上海、重庆和沈阳、大连、厦门、广州、深圳、成都、西安11个城市）组织药品集中采购试点，并于2019年4月1日全面落地实施"4+7"试点，蹚出了一条招标、采购、使用、支付贯通的新路子。2019年12月，国家医保局印发《关于做好当前药品价格管理工作的意见》，明确深化药品集中带量采购制度改革，坚持"带量采购、量价挂钩、招采合一"的方向，促使药品价格回归合理水平。

我国在药品和医用耗材带量采购方面已经破冰，并取得了积极成效。在不断的实践和探索中，我国已建立起科学合理、可持续的带量采购常态化机制，实现了一大批优质药品价格显著下降，截至2021年6月，第五批国家组织药品集中带量采购中选结果已公示，集中带采药品累计超过了200多个品种，中选产品价格平均降幅也达到50%。推行药品集中带量采购能让人民以比较低廉的价格用上质量更高的药品，使参保人切实感受到医保制度改革的获得感，这成为解决我国长期以来存在的"看病贵"和"以药补医"问题的有效举措之一。

"腾笼换鸟"的三明医改

福建省三明市曾经伴随着全民医保的政策宣传下，医疗服务需求被不断放大，医疗费用增长飞快，在2011年形成了巨额缺口，医保基金随时可能崩盘。同期，三明市先后有8个医院院长被查出涉及严重的药品腐败。一面是捉襟见肘的财政困难，另一面是医疗腐败频发所引发的民怨，市委市政府束手无策。

2011年底，刚刚调回三明的副市长詹积富主动要求分管医改。他不仅担任医改领导小组组长，而且得到充分授权，分管与医改相关的医疗保障、卫生计生、药品行业。2012年，正在这种复杂的背景下，三明率全国之先，突破"九龙治水"困局，正式启动医药、医保、医疗"三医联动"改革，整合医保、卫健委、人社、财政、税务、食药监局等多部门力量组建医保局，统一负责推进医改和对医药卫生领域的监督保障工作。通过医药分开、"两票制"、带量采购、全员目标年薪制等方式，破除以药补医机制，斩断医药领域灰色利益链。三明医改经验为全国医改经验树立了榜样，在全国进行进一步推广福建三明医改经验成为了2021年国务院办公厅印发《深化医药卫生体制改革2021年重点工作任务》的第一条内容。

资料来源：人民网"三明医改"重点学什么？国家卫健委总结了4条精髓[EB/OL]. 2021-07-16 [2021-11-13]. http://health.people.com.cn/n1/2021/0706/c14739-32150318.html

三、医院改革

"推进公立医院改革"是 2009 年新一轮新医改方案确定的五项重点改革内容之一,首先是因为在整个医疗体制中医院是矛盾的集合点,它将政府、药品供应、医疗保障以及患者联系起来,且医疗卫生体制的改革政策大多数都要在医院实行。其次,"看病难,看病贵"一直是社会各界长期以来关注的焦点,这个问题主要就是通过公立医院体现出来的。进行公立医院改革对于提升医疗机构服务能力、统筹卫生发展、提高卫生服务体系整体效率具有重要意义。

2010 年 2 月,《关于公立医院改革试点的指导意见》提出从 9 个方面切实缓解群众"看病贵、看病难"问题,随后选定 17 个城市作为第一批国家联系指导的公立医院改革试点地区,标志着公立医院改革试点正式开始。而后,逐年分批次地增加各地级市的试点数量,再扩大到省份试点逐步向全国各省推广,截至 2017 年 9 月,全国所有公立医院全部开展综合改革,取消了实行 60 多年的药品加成政策,初步建立新的运行机制,取得重大阶段性成效。目前,全国公立医院总体运行平稳,改革成效日益显现,运行机制更加优化,服务能力和质量不断提升,群众就医负担有所减轻,医务人员收入逐年提高。公立医院综合改革是一场深刻的利益调整,仍存在取消药品加成后补偿不到位,薪酬未能体现行业特点,药品耗材价格仍然虚高等问题[①]。2021 年 6 月,国务院办公厅发布《关于推动公立医院高质量发展的意见》,为医院改革的未来进一步指明了方向。

四、防疫体系

1949 年后公共卫生防疫体系是国家治理体系的重要内容。回顾我国历年暴发的主要传染病,从 20 世纪 50 年代初期的血吸虫病、2003 年的"非典"、2005 年和 2009 年的甲型 H1N1 流感、2013 年的 H7N9 禽流感到 2019 年暴发的新冠疫情,凸显了公共卫生防疫工作的重要作用。中华人民共和国成立 70 余年来,我国公共卫生防疫体系建设已取得了巨大的成就。

(一)公共卫生防疫组织建设

公共卫生防疫组织体系的建设在卫生防疫体系中发挥着关键作用。在 1949 年后,我国就建立了卫生防疫站,并于 1953 年 1 月推广至全国范围内全面实行。1983 年在总结全国卫生防疫机构建设经验的同时,卫生部报请国务院批准,决定建立中国预防医学中心(1985 年改为预防医学科学院),从此,从国家预

---

① 马晓伟. 将公立医院综合改革进行到底[N]. 光明日报. 2019-02-02(07 版).

防医学中心到省、地（市）县及各部门卫生防疫站，基本形成了较为完善的卫生防疫组织体系。2002 年各级卫生防疫站开始改称为疾病预防控制中心（CDC），至 2004 年更名基本完成。截至 2020 年底，全国共有疾病预防控制中心 3384 个，人员 19.4 万人。

在公共卫生应急管理方面，各级政府采用不同组织体系来统一协调工作。例如 2003 年"非典"时期国务院成立了全国防治非典型肺炎指挥部；2004 年 3 月，卫生部增设了卫生应急办公室，负责突发公共卫生事件应急准备和应急处理等方面的组织协调工作；2008 年党中央、国务院成立国家处理三鹿牌婴幼儿奶粉事件领导小组应对"问题奶粉"事件；2009 年甲型 H1N1 流感大流行期间，卫生部牵头建立联防联控工作机制；2020 年中共中央根据全国防控新冠疫情的紧迫形势需要成立了中央应对新型冠状病毒感染肺炎疫情工作领导小组。

（二）公共卫生防疫科研攻关

屠呦呦从青蒿中提取出青蒿素，此举攻克世界难题，拯救了数以万计的疟疾患者，并凭此在 2015 年获得了中国首个诺贝尔科学奖。为打造临床研究转化的"高地"，2012 年启动建设国家临床医学研究中心，到 2017 年底，32 家国家临床医学研究中心联合 2100 余家医疗机构打造多种疾病领域的高水平临床研究平台，自主或参与制定诊治指南规范 151 项，促进产生更多的"中国标准""中国方案"。自 2019 年新冠疫情暴发后，我国综合多学科力量对此类新发传染病积极展开科研攻关。疫情中完成对病毒的检测和毒株鉴定，研制检测试剂并成功应用，建立符合负压过滤生物安全尸检方舱和病理研究室，及时开展了病理学研究，临床机构开展药物、疫苗临床试验研究等，截至 2021 年 2 月 25 日，中国符合条件上市的新冠疫苗已经达到 4 个（三个灭活疫苗，一个腺病毒载体疫苗）。2021 年 10 月 5 日，我国累计报告接种新冠病毒疫苗 232210.2 万剂次，新冠疫情防控将进入疫苗时代[①]。

（三）公共卫生防疫信息化建设

充分、准确的信息是采取正确举措的关键，信息的公开与及时在疫情防控面前尤为重要。2004 年，在 SARS（严重急性呼吸综合征，英文为 Severe Acute Respiratory Syndrome）疫情疫情的驱动下，我国启用了全球规模最大的传染病监测网络；国家传染病与突发公共卫生网络直报系统运行，标志着中国传染病疫情监测、报告手段和能力发生质的飞跃，逐步实现横向到边、纵向到底的疫情监测报告系统的目标。2020 年，面对来势汹汹的新冠疫情，我国迅速成立全国信息监测系统，建立了严格专业的信息发布制度，做到在第一时间发布权威

---

① 陈恩富. 疫苗时代新型冠状病毒肺炎疫情防控策略[J]. 预防医学，2021, 33（03）：221-225.

信息，有效回应了公众关切、凝聚了社会共识；大数据、云计算、互联网、人工智能等数字技术为各地政府部署疫情防控、精准施策提供了强大的技术支撑，展现出了强大的威力。我国的通信大数据行程卡、"健康码"类移动应用产品为疫情防控、社会全面复工复产提供了重要的管理支持工具和手段。截至2020年12月，全国一体化政务服务平台推出的"防疫健康码"累计申领次数为近9亿人次，使用次数超过400亿人次，已成为日常生产生活的必需应用①。

五、食品安全

民以食为天，食以安为先。食品安全关乎民生大计，关乎千家万户，习近平总书记曾指出，食品安全是重大的民生问题，加强食品安全工作，关系到我国近14亿人的身体健康和生命安全，要以最严谨的标准、最严格的监管、最严厉的处罚、最严肃的问责，确保广大人民群众"舌尖上的安全"。

（一）健全食品安全监管法律体系

国家通过相关法律条文对食品安全做出具体规定，并明确食品安全事故发生的处罚方式，能够对食品企业的食品生产起到监督约束的作用。1983年，我国颁布了《食品卫生法（试行）》，直至2015年，这一试行法律正式出台为《中华人民共和国食品卫生法》，该法律的颁布实施，对规范食品生产经营活动，防范食品安全事故发生，强化食品安全监管，落实食品安全责任，保障公众身体健康和生命安全，具有重要意义。

曾经的"三聚氰胺""苏丹红"事件以及"地沟油"案件，都表明食品安全曾面临严峻形势，食品安全法律体系仍有待补充。2019年12月1日，被称作史上最严的《中华人民共和国食品安全法实施条例》修订版正式施行。该条例首次确立了"双罚制"，落实责任到企业及个人。在婴幼儿食品监管方面，明确提出不得以食品安全国家标准规定的选择性添加物质命名婴幼儿配方食品②。当前来看，我国已经基本形成以《食品安全法》为基本法，以《食品卫生法》《食品卫生行政处罚法》《食品卫生监督程序》《消费者权益法》等为具体法的食品安全法律体系。各类具体法在食品的生产、检验、监管、消费等方面保障着食品安全，也存在交叉混合领域，但基本上朝着系统化、科学化的方向发展③。

---

① 中国互联网络信息中心 第47次《中国互联网络发展状况统计报告》[EB/OL]. 2021-02-03 [2021-11-15]. http://www.cnnic.net.cn/hlwfzyj/hlwxzbg/hlwtjbg/202102/t20210203_71361.htm.

② 新京报 史上最严食品安全法条例修订版今起实施，实行"双罚制"史上最严食品安全法条例修订版今起实施，实行"双罚制"[EB/OL]. 2019-12-01[2021-11-15]. http://www.bjnews.com.cn/feature/2019/12/01/656481.html.

③ 王威.食品安全法律控制的概括性研究[J]. 中国油脂，2021，46（08）：153-154.

(二)健全食品安全监管机构

2013年3月启动的新一轮机构改革,整合了原食品安全办公室、原食品药品监督管理部门、工商行政管理部门、质量技术监督部门的食品安全监管职能,组建了新的食品药品监督管理部门,对食品实行集中统一监管。改革完成后,食品安全监管体制改革较好地实现了转变职能和理顺职责关系的既定改革目标。在国家层面,实现了对食品生产、流通、餐饮环节的统一监管,食品安全监管"三位一体"架构初成①。2018年3月,新一轮的机构改革大幕拉开。虽然原国家食品药品监督管理总局整体并入新组建的国家市场监督管理总局,但2013年食品安全监管体制改革确立的"三位一体"的食品安全监管格局根本上并未改变。国家市场监督管理总局的组建,标志着统一权威的食品安全监管体制进一步完善。

第二节 我国公共卫生政策的历史沿革

一、卫生政策的孕育阶段(1949—1977年)

这一时期,医疗卫生事业极其落后,形成政府占据主导,建立低水平广覆盖的医疗卫生体系,主要突出政府的责任与投入。在20世纪50年代,中国人均寿命仅为35岁,许多身体疾病威胁着广大劳动人民的生命和健康。1950年8月召开全国第一次卫生工作会议,确立了"面向工农兵、预防为主、团结中西医"的卫生工作方针,逐步建立了政府主导的低水平福利性医疗保障制度,但是在卫生工作与群众运动相结合方面还有所欠缺,所以之后的全国第二届卫生工作会议增加了"卫生工作与群众运动相结合"的工作方针,奠定了全国医疗卫生服务对象、工作主要内容及手段的基础,使我国医疗卫生事业的发展有了明确的方向,在农村和城市之间初步建立了低水平广覆盖的医疗卫生服务体系。

这一阶段的政策为保障广大群众最基本的医疗卫生服务,建立契合传统福利观的卫生体系,合理布局医疗卫生体系,建立广覆盖的医疗保障机制,促进医疗卫生向着福利性、公益性、平等性方向发展。

---

① 关于国务院机构改革和职能转变方案的说明——2013年3月10日第十二届全国人民代表大会第一次会议上[EB/OL]. 2013-01-10[2021-11-15]. http://www.gov.cn/2013lh/cont-ent_2350848.htm.

二、卫生政策的改革起步阶段（1978—2002年）

改革开放后，我国医疗体制也紧跟改革开放的步伐，形成了政府简政放权，提升医疗卫生保障水平的局面。卫生部为响应改革开放的战略决策，在改革开放初期，提出"要用经济手段管理卫生事业"，卫生事业逐步具有商品属性，在《关于加强医院经济管理试点工作的通知》中，将经济手段运用到医院管理中。随后的1985年，国务院审批《关于允许个体医生开业行医问题请示报告》标志着医疗改革正式拉开序幕，强调要扩大医院的自主经营权，促进医院管理形式多样化，由集体、国有医疗机构垄断卫生事业的局面被打破[1]。计划经济与市场经济过渡时期如何完善医疗卫生体系成为当时的一大难题，于是在1992年出台的《关于深化卫生改革的几点意见》，强调了市场化导向，提出建立与社会主义市场经济相适应的医疗卫生体制的目标。就这样，计划经济与市场经济过渡时期的医疗改革使得医疗卫生事业出现了良好的发展势头。

该时期的医疗卫生政策呈现着效率优先、经济利益、趋利性、社会公平和民生严重滞后于经济发展的价值取向，为激发活力、提高效率，强调引入经济手段转变医院管理方式，市场化商业化成为主流。

三、卫生政策的改革发展阶段（2003—2011年）

进入21世纪以来，国家以保障和改善民生为主要目标，加强应对突发状况的能力建设，促进了卫生与健康事业的迅速发展，初级医疗卫生保健体系得到不断深化，人民日益增长的卫生健康服务需求得到满足。2003年，一场疫情突然降临，"非典疫情"暴发，政府开始意识到效率和市场导向的弊端。"病有所医"的问题再次得到关注，市场化进程受到抑制。国家出台《关于突发公共卫生事件医疗救助体系建设规划的通知》，加大对公共卫生事业的财政拨款和对公共卫生体系的建设力度，不断提高面对突发事件、应对公共危机的能力，将"应急"放在首位。面对看病难、看病贵的问题，2006年全国人大十届四次会议提出着眼于逐步解决群众看病难、看病贵的问题，在随后的全国人大十一届一次会议提出深化医疗卫生体制改革的基本目标："坚持公共医疗卫生的公益性质，建立基本医疗卫生制度，为群众提供安全、有效、方便、价廉的基本医疗卫生服务。"加强应对突发状况的能力，促进了卫生与健康事业的迅速发展，初级医疗卫生保健体系得到不断深化，人民日益增长的卫生健康服务需求得到

---

[1] 王家合，赵喆，和经纬.中国医疗卫生政策变迁的过程、逻辑与走向——基于1949～2019年政策文本的分析[J].经济社会体制比较，2020（05）：110-120.

满足。

该时期形成改善民生、公平的价值取向,将保障和改善民生成为主要目标,同时提出人人享有、全民覆盖的小目标,不断加强公共卫生体系建设,提高突发事件应急能力、重视农村医疗卫生工作、建立覆盖城乡的医疗保障制度。

四、卫生政策的全面深化阶段(2012年至今)

党的十八大以来,经过实践的不断证明,过度的市场化造成医疗卫生资源分配不均等一系列问题,医疗领域市场化、商业化道路是行不通的,逐步走向政府主导、市场调节、社会参与的格局。2016年召开全国卫生与健康大会提出了全民健康的目标,同年颁布《"健康中国2030"规划纲要》,将人民的健康放在优先位置,提高人民健康水平,不断提升与创新。随着信息时代的来临,大数据、云计算、物联网信息化技术也在医疗卫生政策中体现,对我国医疗卫生服务的管理模式产生了深刻的影响。近年来,我国对药物的品质要求不断提高,在药品采购和使用以及国家医保药品目录进行调整等方面进行探索。2019年第十三届全国人民代表大会常务委员会第十二次会议通过了药品管理法第二次修订,反映了人民对药品需求的变化,以及对药品质量要求的提升,在创新药研制方面不断鼓励,重新定义了假药劣药的范畴。同时为了利用好中医药,将符合条件的中医诊所纳入医联体建设,在2021年国务院办公厅发布了《印发关于加快中医药特色发展若干政策措施的通知》,鼓励街道社区为提供家庭医生服务的中医诊所无偿提供诊疗场所,将会看病、看好病作为中医医师的主要评价内容,中医药人才迎来了发展机遇。

在这一阶段"没有全民健康,就没有全面小康"观念深入人心。实践证明中国特色卫生与健康发展道路是历史和人民的选择,是我国实现卫生与健康事业大发展的必由之路。

第三节 案例分析

案例一:量体裁"医"——个性化家庭医生服务路在何方?

一、[案例介绍]

案例背景:2016年原国家卫生和计划生育委员会、国务院医改办等七部门联合颁布印发《关于推进家庭医生签约服务的指导意见》,天津市积极响应并实施。双桥河镇社区卫生服务中心位于天津市津南区,是当地的基层医疗服务机构,负责为其周边居民提供基本医疗服务、基本公共卫生服务以及个性化健康管理服务。杨院长作为该院负责人,已从事基层医疗卫生服务工作多年,负责院里日常工作的开展。自从2017年天津市逐步开始实施家庭医生政策以来,杨院长带领双桥河镇社区卫生服务中心的优秀医生组建起家庭医生服务团队,开始了家庭医生签约服务工作,大家信心满满地投入这项意义非凡的基层卫生事业之中,干劲十足。几位医生带领团队定期向杨院长汇报工作进展,捷报频频传来,杨院长听着一个又一个好消息心里说不出的高兴,脑海中也开始构想家庭医生后续工作的发展蓝图。但随着工作的深入,家庭医生的工作似乎并不像开始时进展得那么顺利了,曾经信心满满的医生团队逐渐失去了往日的热情,家庭医生的工作陷入了困难……

案例正文:

(一)基层人力露短板,家医团队受压力

满怀热情投基层,工作强度日渐增。早晨7:00,随着一声熟悉的地铁语音响起,人们纷纷从国瑞路地铁站下车。在人群中,一位年轻女孩时不时看一眼手机上的时间,急匆匆地向出站口走去。

她叫晏青,是双桥河镇社区卫生服务中心医生团队中最年轻的一名门诊大夫,刚刚大学毕业的她于2015年加入这个大家庭,在杨院长领导下,与洛敏医生、王超医生一起,负责双桥河镇社区居民就医诊疗工作。

2017年,随着家庭医生政策的实施,她与团队成员一起顺利完成了1800名社区居民的家庭医生签约工作。她也因此拥有了一个特殊的身份——社区居民的健康"守门人"。而今天是她为幸福家园居民做健康检查的日子,这是她工作以来第一次带队深入基层服务,晏青格外重视,计划提前去医院做好准备工作。

幸福家园有2万名左右的社区居民,主要是附近几个村庄的回迁户。由于村民未养成健康的生活习惯,加上健康意识薄弱,村民患有不同种类的慢性病,其中个别村民未及时治疗,出现了病情较为严重的患者。晏青负责幸福家园西南片区共1800多名居民,王超则负责着幸福家园西北片区共2000多名居民,其他居民片区由另外几支队伍负责。两位队长除了日常医院的门诊工作外,还要定期为各自的签约居民提供基本医疗卫生服务。按照院里安排,每个家庭医生团队需每季度对签约居民提供定期入户健康指导。

晏青与团队成员来到了幸福家园,挨家挨户地为签约居民做基本健康检查。有时遇到病情较为严重的居民,会多留心一些,并叮嘱健康饮食,注意按时吃药。其中李奶奶是一位独居老人,患有心脏病,去年刚刚做完支架手术,随着李奶奶年龄增大,行动逐渐不便,记性也越来越不好,这一情况使得晏青对她格外关注。每遇到像李奶奶这样的特殊患者,晏青都会掏出工作日记本,记录下他们的信息。在一天的入户走访中，晏青发现像李奶奶这种情况的老年群体不在少数，极个别的老年人还患有重大疾病。一天工作下来，也仅仅完成了部分居民的健康检查，还剩很大一部分工作没有完成，晏青看着名单上一大串还需要入户的名字，不禁发起了愁。

在下班的路上，晏青碰见了王超，两人就今天的工作交谈了起来。晏青有些疲倦地说道："我没有想到入户健康检查工作的强度这么大，团队成员忙活了一天，也仅完成了部分工作。"王超听后回答道："我们家医团队成员是4个人，比你们多1人，照样也没有完成全部签约居民的健康检查工作。"晏青听后，脸上透露出一丝的惊讶。她没有想到基层工作经验丰富的王超也没有完成。晏青好奇地问道："工作量这么大，那为什么每个家庭医生团队要求固定的签约数，像李奶奶这样的老年人，他们病情严重需要我们花费更多时间和精力。医院一方面要求达到标准的数量，另一方面又要求兼顾服务质量，这团队压力未免也太大了，鱼和熊掌难道可以兼得吗？"王超听后，无奈地摇了摇头，深深叹了一口气。

虽然工作量超出了团队的承受能力，但是晏青与王超的团队并没有气馁。第二天，两人一起商讨出对策，将队伍分为两小队进行，晏青作为全科医生自己一组，团队中的护士与公卫医师为另一组分头进行入户健康检查。这样一来，效率得到了显著的提升。经过一天的努力，晏青的家医团队终于顺利完成了全部居民的健康检查工作。团队成员一起走在下班的路上，在闲聊中团队中的王护士告诉晏青，今天有位病情较为特殊的签约居民——赵大妈。赵大妈的凝血功能存在障碍，入户健康检查时大妈问起了一些专业性较强的问题，由于护士与公卫医师对此都不是很了解，也未能及时给赵大妈回复，最后只能说让大妈以后来社区医院做个检查看看。这一问题让晏青意识到：虽然队伍分为两队进行，效率得到了提升，但是团队内部出现职能分工混乱的问题。加上晏青一时间内难以适应如此庞大的工作量，作为团队带头人的晏青越想越觉得心烦，在纠结了几天后，还是决定去向杨院长反映这个问题。来到院长办公室里，晏青满面愁容地诉说着最近几天家医工作的困扰，面对这些问题，杨院长说道："在签约工作进行的初期，无论是你还是王超，作为队长带领队员，都顺利完成了自己所负责区域的家庭医生签约工作，院里对你们的工作感到十分满意。在你来之前，王超已经来找过我了。王超说自己既要在门诊上班，又要兼顾家庭医生的工作，负责着1900多名居民的健康。自己的团队有些忙不过来，工作量超负荷，问问我能不能增派一些人手。针对这个情况，院里也很想帮助大家，但是人手不足的情况大家是知道的，此次家庭医生签约工作把能分配的人手全部安排下去了，现在是一点人都没有了，后续院里会积极协调帮助大家，还请大家多多坚持。"

晏青经过与杨院长交谈了解到，工作量的问题是普遍存在于各个家医团队的，暂时无法得到缓解了，只能继续干下去了。

（二）家庭服务遇波澜，心理需求浮水面

一天，晏青看见王超在隔壁诊疗室内走来走去。便好奇走上前去和他聊了几句，问是什么事情让他如此心急。原来是王超的签约患者中有一位特殊的患者—宋大爷，今年63岁了，患有糖尿病已经十年了，儿女不在身边，一直是患有高血压的老伴照看着。多年来，宋大爷一直病魔缠身，屋漏偏逢连夜雨，糖尿病导致了并发症，宋大爷足部发生坏疽，经过王超转诊后，去往市区的"三甲"医院就诊。由于病情严重，"三甲"医院的专家为宋大爷进行了截肢手术。宋大爷从市区医院出院后，一直回家静养，王超心中放心不下，昨天一有空就带着医疗器械，赶到宋大爷家里看看他的术后恢复情况。"咚咚咚咚"王超敲开了宋大爷家的门，开门迎接的是宋大爷的老伴，王超注意到她愁容满面，关切地说道："大妈，我来看看大爷身体情况怎么样了。"大妈说："快进来吧，你大爷在屋里呢。"推开房门，王超走进了宋大爷的卧室，只见他躺在床上发呆，宋大妈见状走到床边提醒老伴："王医生来看你了。"王超来到床前，开始准备做一些基本检查，并问道："大爷，您最近感觉怎么样？"宋大爷开口说道："哎，我这把年纪了，捡回一条命就不错了，以前的状态是永远回不去啦。"说完宋大爷闭上眼睛，摇着头长叹一声，轻微地挪动了一下身体，将那被截肢了的腿完全藏进了被褥里。做完检查后，大妈悄悄告诉王超，最近宋大爷一直在抱怨，后悔自己以前没有听从医生的建议按时服药，控制血糖，结果导致现在自己成为了一个残疾，拖累了家人……刚刚做完手术，现在正是恢复的关键时期，但是他现在因为心情低落，有时候连饭都吃不下……这情况让大妈很是担心！大妈希望王超帮忙劝劝宋大爷，减轻他的心理负担。王超随后在屋里与宋大爷耐心交谈了会儿，待宋大爷的情绪冷静下来后才准备离开，临走前王超告诉宋大妈："大妈，您放心。我以后会多来看望大爷，帮助大爷他早日康复。"王超把去看望宋大爷的经过讲述给了晏青。晏青了解事情大体经过后，叹了一口气说道："家家有本难念的经，没想到你问题比我那还严重。"紧接着对王超说道："这种突然的、严重的变故一般都会让患者心理遭受很大的打击，咱们应该通过加强心理疏导帮助他们度过心理危机，帮助他们重新找回生活的希望。你说能不能在家庭医生签约服务包内容的基础上进行适当延伸，像宋大爷这一类的患者增加一些特殊服务个性包会不会更好呢？除了身体方面的保健，心理方面的疏导是不是也可以适当补充呢？"王超回答道："你这个点子是不错，可就算提供心理服务，那由谁来做呢？咱们可不是这方面的专家呀！"说着王超无奈地摇了摇头,看来宋大爷那边自己需要多跑几趟,多留意一下他老人家的心理状况了。

(三)续约工作遇难关,科技助力要实现

转眼间,一年的时间过去了,去年签约家庭医生的居民即将到期。院里安排王超、晏青团队需要提前一个月开始进行新一轮的家庭医生续约工作。王超的家庭医生团队一共四人,其中团队中的小刘与小邹一起负责为团队签约的2000名居民办理家庭医生续约服务。

两人计划一人一上午续约250名的居民,这样下来两天就可以完成全部续约工作。早晨8:00,两人开始了续约工作。一上午的时间里,二人马不停蹄地一直在拨打电话。中午下班去食堂的路上,刘护士问道:"姐,你那边续约成功了几个呀?"邹护士回答道:"我一上午打了快200多个电话,人家一看是陌生号码,有的直接就不接,有的接起来电话,以为我是诈骗的,还没等我说明意图,直接就挂断了。现在我的手指按电话号码按得都快摁断了。你呢,妹妹?"刘护士苦笑一下说道:"姐,我这边也没好到哪去,一上午了,电话的另一头传来的大部分都是—对不起,您拨打的电话暂时无人接听……"刘护士与邹护士花费了一上午的时间拨打电话,而续约成功的居民寥寥无几,这让二人有些灰心丧气,一上午的时间全白费了。两人打算下午向队长王超反映一下,这样下去两天是完不成全部工作的,要等到猴年马月才能完成所有的续约工作啊?续约工作中居民难联系的情况反映到王超这里,同样让王超为难不已。"长此以往下去怎么得了?护士们天天打电话快成了推销员了,护理的工作谁去干!家庭医生工作每年需要进行续签,导致每年都要花费很多的时间和精力用于续约工作上。与其这样年复一年地做无用功,为什么不长期签约呢?为什么不能让居民自己选择签哪位医生?为什么不能让居民自己选择相应的签约年限呢?"一连串的疑问在王超脑海里反复回荡着……

而另一边晏青的团队也遇到了相同的问题,于是便和王超一起向另外一支团队的队长洛敏医生请教。在简单了解事情原委后,洛敏笑着说道:"其实在其他社区卫生中心也存在类似的情况,不过他们已经通过一个'神秘道具'给解决了。"这勾起了王超与晏青的好奇心,在两人的追问下,洛敏说:"有一个软件具有'一键呼出'的功能,护士可以通过这个软件省去拨打电话号码的工夫,这样一来岂不是方便了很多。"听完洛敏的话,王超与晏青被这个软件所吸引。晏青忽然想到了什么,说道:"即便是这样,团队里面的护士也仅仅是省去了拨打电话的工夫,我们使用那个智能软件后,需要续约的居民就是不接,那又该怎么办呢?"

经过商量后,三人还是打算一起去院长办公室问问院长,希望争取院里的

帮助和支持。大家来到院长办公室，说明来意后，杨院长知道了大家在续约工作中的难处，说道："大家所说的情况，我前一段时间也听说过。附近区的卫生服务中心与技术公司达成了合作，引进了这个智能软件，效果还不错。这样能帮助你们节省一部分时间，至于居民不接电话的问题，院里会与社区进行协调，提前告知签约居民最近做好接听电话的准备，希望大家不要着急，院里也会召开会议进行讨论，早日实现技术引进，帮助大家化解难题。"

一星期后，洛敏给大家带来了好消息，院里已经与技术公司达成合作，续约难题即将得到解决。但是洛敏还告诉大家："由于院里资金短缺，只与技术公司签订了两年的合同，只能帮助大家解决燃眉之急。医院与服务公司签约一旦到期，'一键呼出'的软件将无法再使用。"家庭医生续约的工作量还是会变得十分艰巨，到时候护士还是要每天像推销员一样持续不断的打电话，有时需要加班加点，甚至有时节假日仍需工作，身体和心理都面临着巨大的考验。王超说："也只能先这样了，合同到期后再说吧，实在不行再向院长反映吧，看看能不能再续约几年。"

二、[案例分析]

家庭医生签约服务是我国推进分级诊疗，落实基本公共卫生服务公平性的关键一环，目前，我国全科医师的需求缺口高达18万人，不仅家庭医生力量薄弱，护士、防保医生、公卫人员的数量、专业程度、技术力量、职业素质都有很大的欠缺；家庭医生制服务应涵盖基本医疗服务和基本公共卫生服务，基本医疗服务包括门诊诊疗、家庭病床、上门诊疗、疾病筛查及转诊服务等；公共卫生服务包括健康档案建立维系管理、传染病防治、慢性病分级管理、儿童计划免疫、孕产妇保健、残疾人康复保健、意外伤害报告及健康教育等，目前来看与目标还有较大的差距。请思考并讨论以下问题：

（一）通过案例请简要分析家庭医生工作存在哪些难题？

1. 家庭医生服务管理体系不健全。在服务流程上，家庭医生作为一种契约式服务，尚未改变以往门诊坐诊的观念，较少的主动上门问诊、上门服务，主动去了解签约对象的健康情况；家庭病床上门服务等也因为一些条件不足等受到服务实施的限制；病案管理由于信息化的不全而造成重复建档、效率低下等问题，在便捷性上也没有很大的突破。

2. 配套政策不完善。家庭医生的准入标准、管理办法、激励政策均在探索性阶段。医疗保险政策、对签约家庭医生制服务的倾斜政策等，均未切实落实；支付机制在社区医院的调整没有实现，居民承受的医疗费用高，药品制度不完善等都制约了家庭医生制服务的发展。政府支持力度小，而家庭医生制服务是一项系统工程，必须需要贯彻政府主导。

3. 家庭医生制激励机制尚不健全。我国在非完全型服务模式下，相对于国外主要实行完全型，这种模式管理成本与工作效率不对等，服务团队工作积极性低，难以形成有效的激励和约束机制。家庭医生绩效工资管理机制不因事制宜，激励机制尚不健全，其只负责提供服务，不能参与到医疗经费的管理，也没有可划分的卫生经费结余给予相应的激励，使得家庭医生待遇偏低，付出与收入不成正比，以工作量、居民签约率和居民满意度为考核指标，导致人才流失严重，也难以吸引优秀人才。

（二）请为提高家庭医生签约工作提出几点建议

1. 选择适宜的服务模式。明确服务内容，扩大服务范围。家庭医生制的特点是签约服务，提供家庭医生制服务需要建立在家庭医生与社区居民相互信任的基础上，以居民的服务需求为中心，根据不同的对象在签约中进行明确合适的定位，明确权利义务，保障服务利益。组团式服务和网格化管理模式，以政府民政网格为基础，社区卫生中心为组成部分，合理组建社区责任医生团队，从而使资源得以优化、服务管理更加精细化。

2. 重视家庭医生制服务团队建设。家庭医生的引进需要保证服务团队的质与量同步加强，提升家庭医生准入门槛，根据不同的服务对象、不同的培训对象，制订适合工作要求的科学实用的教学内容，培养合格的家庭医生团队，并制订既统一又有特色的团队服务管理。在岗位设置、教育培训、职称晋升、经费保障等方面向家庭医生团队有所倾斜。加强团队内部分工，明确职责，对服务项目进行细化分工，明确界定医师、护士、公卫人员工作职责，制定、调整并完善家庭医生制服务的工作规范、标准、流程等。

3. 落实配套政策。改革服务支付机制，完善医疗保险制度、基本药物制度，由制度引导，提升居民就诊观念落实社区首诊制，给予医疗保险政策倾斜，以便捷和实惠吸引居民签约家庭医生制服务；推进分级诊疗制，确定有效的双向转诊制度和监督机制，明确转诊标准、程序及规章制度，突出家庭医生制服务、社区首诊、双向就诊的好处；出台家庭诊疗规范，为家庭服务入户巡诊、家庭病床、家庭护理等服务提供保障，减少医患纠纷。健全对家庭医生的激励机制，政府应增加对家庭医生制服务的专项投入，健全家庭医生职业发展路径，落实薪酬、社会保障、职称评定、岗位编制等方面的优惠政策，从而健全激励体制，从基本工资、绩效工资、福利待遇等突破，提高家庭医生薪酬水平和职业自豪感，提升岗位吸引力。

案例二：分久必合——紧密型医联（共）体建设的"安徽样板"

一、[案例介绍]

案例背景：医药卫生体制改革关系亿万人民的健康，关系千家万户的幸福，是重大的民生工程。2009年，中共中央、国务院出台了《关于深化医药卫生体制改革的意见》，国务院印发《2009－2011年深化医药卫生体制改革实施方案》，明确提出我国新医改的总目标是建立覆盖城乡居民的基本医疗卫生制度，为群众提供安全、有效、方便、价廉的医疗卫生服务。各试点地区积极展开探索，取得了一定的进展和成效。

安徽省位于中东部地区，总面积14.01万平方千米，辖16个地级市、61个县（市）、44个县级区和1500个乡镇、街道办事处。截至2018年末，安徽省户籍人口7082.9万人，其中常住人口6323.6万人，人均GDP为4.77万元；全省医疗卫生机构24926个，其中医院1140个、基层医疗卫生机构23076个、专业公共卫生机构605个、其他卫生机构105个。安徽省是人口大省，也是卫生资源小省，存在着卫生资源总量不足、服务体系不完善、结构布局不合理、服务能力不足、卫生人才匮乏等问题。2018年，安徽省全省每千人口床位、执业（助理）医生、注册护士数分别为5.19张（全国6.03张）、2.01人（全国2.59人）、2.37人（全国2.94人），分别位居全国第26、30、29位；省级缺少独立规划设置的妇幼、肿瘤、精神、传染病、口腔、康复等专科医院；地市缺少独立规划设置的儿童、妇产、肿瘤、传染病、康复等专科医院；区域间卫生资源配置不平衡，皖北地区每千常住人口卫生资源拥有量总体低于皖中和皖南地区；从各级医疗卫生机构服务能力看，省级偏弱、市级不优、县级不强、基层不稳，每百万人拥有三级医院数量仅为1.07所（2017年全国为1.68所）；全省卫生技术人员本科以上学历仅占24.96%，比全国平均水平低4.2%[①]。

在新医改背景下，安徽省积极开展医药卫生体制改革，努力探索一条符合安徽实际的医改之路。2009年，安徽省以实施基本药物制度、实行药品零差率为切入点，开展了基层医药卫生体制综合改革的实践探索；2015年，安徽省基于基层综合改革的经验，创新性提出县域医疗服务共同体制度设计，并于2018年实现全省75个县市和农业区全覆盖；与此同时，2018年，安徽省铜陵市率先探索了"一体化、全方位、全周期"的城市医疗服务联合体建设；2019年，在对前期县域医疗服务共同体和城市医疗服务联合体建设成效、问题和经验总

---

① 安徽省统计局. 安徽省统计年鉴（2019）[EB/OL]. 2019[2021-12-11]. http://tjj.ah.gov.cn/oldfiles/tjj/tjjweb/tjnj/2019/cn.html.

结评估基础上，根据国家相关文件精神，安徽省人民政府办公厅下发《关于推进紧密型县域医共体建设意见》（皖政办〔2019〕15号），安徽省卫健委、省财政厅、省医保局联合下发《关于推进紧密型城市医疗联合体建设试点的指导意见》（皖卫体改发〔2019〕14号），明确了下一步综合医改的主方向：推进城乡紧密型医疗服务联合体建设，着力打造覆盖城乡、科学整合、职责清晰、以人为本、优质高效的医疗卫生服务新体系。

目前，安徽省县域医共体基本实现改革目标。县级医院Ⅲ类以上手术占比达到46.7%，20余所县级医院达到三级综合医院水平；95%以上乡镇卫生院按照"两个允许"要求，落实"公益一类保障二类绩效管理"政策，70%的乡镇卫生院可以开展Ⅰ、Ⅱ类手术，87%乡镇卫生院可以完成"50+N"病种诊疗；基层稳，全面消除村医"空白村"，村医收入稳步提升；信息通，紧密型县域医共体中45%的乡镇卫生院实现与县级医院互联互通。安徽省天长、濉溪、阜南、太和、界首、蒙城、霍山、金寨、宁国等十余个县（市），近90%患者可以在县域内得到合理诊疗；阑尾切除等Ⅰ、Ⅱ类手术在乡镇卫生院得以开展，总费用仅为县级医院的50%、市级医院的30%、省级医院的15%，实际补偿比达90%。铜陵市城市医疗服务联合体内签约率达38%，有偿履约率达89%，续约率达93%，初步实现了居民、基层卫生服务者及政府"三满意"。安徽省通过构建紧密型县域医疗服务共同体和城市紧密型医疗服务联合体，在合理整合医疗卫生资源，发挥基层机构首诊作用，提高基层医疗服务水平，改善基本医疗服务便利性与可及性在解决"看病难、看病贵"等问题上发挥了重要作用。安徽省紧密型县域医共体和紧密型城市医联体建设实践经验，尤其是在整合区域卫生资源、创新"一体化"管理模式、创新医保支付与基本公共卫生服务经费管理、构建医防融合管理机制和创新服务方式等方面，为其他地区的综合医改提供了一条可选择的路径[①]。

案例正文：

（一）加强基层首诊，推进分级诊疗

安徽省紧密型医疗服务联合体基于分工协作和上下联动的制度设计，凸显了基层医疗卫生机构常见病、多发病的诊治功能，促进上级医院将主要精力放在危急重症、疑难杂症的诊疗服务上[②]。根据安徽省第六次家庭卫生服务调查结果，全省城乡居民基层首诊率达到90.5%（社区服务站/村卫生室、社区服务中

---

① 梁万年，王辰，吴沛新. 医改蓝皮书：中国医改发展报告（2020）[M]. 社会科学文献出版社，2020：274-276.

② 王文婷，陈任，马颖，等. 分级医疗背景下的安徽县域医疗服务共同体实施路径[J]. 中国卫生资源，2016，19（06）：470-474.

心/乡镇卫生院、县区医院首诊率分别为 55.9%、18.3%和 16.3%)。县域内医共体通过实施人财物统一管理,促使牵头医院、乡镇卫生院、村卫生室之间的协作关系更加密切,资源上下流动顺畅,使县乡之间分级诊疗和双向转诊机制初见成效,通过建立"绿色通道",保障了县域内危急重患者得到及时治疗。2018年安徽省县外住院人次同比下降 4.88%,新农合省外转诊人次减少 8%,同比减少基金支出 12%。铜陵市通过建立双向转诊信息化平台,初步实现居民上转和下转通道做到无缝衔接,2018 年,通过双向转诊信息化平台上转病人同比增长60%,下转病人同比增长 160%。

(二)改革支付方式,预付制成效显著

按人头总额付费的制度设计是安徽省紧密型医疗服务联合体取得成效的关键要素。通过把基本医保基金和基本公共卫生经费包干给紧密型医疗服务联合体管理使用,完善医保资金结余留用的激励机制,夯实了基本公共卫生服务的主体责任,促进了服务联合体更加注重医防融合和健康管理。医保部门不仅仅是医疗服务的购买方和监管方,同时也是引导医疗机构服务行为、实现新医改目标的重要突破口。安徽省实行的按人头总额预付的支付方式改革,促进了医保支付体系与卫生服务体系改革的联动,发挥了医保支付方式改革的杠杆作用,转变医疗机构利益主要来源,引导医疗机构转变服务供给行为,从而提升了医保基金的使用效率与公平性,真正以保护居民健康为目标,实现各方目标协同[①]。

(三)坚持基层帮扶,提升服务能力

以紧密关系为纽带,以医保基金为杠杆,以绩效考核为抓手,安徽省将紧密型医疗服务联合体的牵头医院帮扶基层发展的责任固化、细化、常态化,畅通资源下沉渠道,推动牵头医院专家、学科和管理"三下沉",带动基层服务机构能力、质量和效率"三提升";通过构建起下得去、沉得住、都得利的专家资源下沉利益机制,建立起责任明确、帮扶精准、高效共赢的牵头医院帮扶发展长效机制,显著提升了基层医疗机构对常见病、多发病的诊疗能力和急诊急救处置能力,部分基层医疗机构的重点专科和特色专科服务水平达到二级医院水平,基层医疗机构收治患者数量呈上升趋势。统计报表资料显示,2018 年,安徽省门诊服务量基层医疗卫生机构占比达到 57.9%,位居全国第六。天长市县级公立医院药占比、检查化验收入占比逐年下降,医务性收入占比逐年增长。基层医疗机构服务能力逐年提升。2017 年,天长市乡镇卫生院住院门急诊人次、

---

① 陈迎春,李浩淼,高红霞,等. 安徽省县域医改模式探讨及成效分析[J]. 中华医院管理杂志,2017,33(07):481-485.

住院人次分别为 84.26 万人次、1.1 万人次，较 2016 年分别增长 47.54%和 15.13%。铜陵市 2018 年老年人规范管理率达 76%，高血压规范管理率达 64%，控制率达 51%，糖尿病规范管理率达 58%，控制率达 46%。

（四）降低就医成本，减轻就医负担

安徽省紧密型医疗服务联合体通过推进双向转诊，促进优质资源下沉，辅以医保政策引导，逐步向"小病不出村，大病不出县"的目标迈进，从而降低了就医成本，有效缓解了居民就医负担[①]。2017 年，安徽省天长市新农合基金县域内实际补偿比为 70.48%，市外住院基金使用 5069.88 万元，占天长市全市基金使用率的 21.29%。2018 年，天长市公立医院医疗费用同比增长 9.03%、药占比 29.86%，均低于 2017 年同期水平，有效缓解居民就医负担，居民个人卫生支出占卫生总费用比例下降到 27.9%。天长市紧密型县域医共体改革经验被誉为天长模式，在全国推广，定远县家庭医生签约服务模式为国家推广的五种家庭医生签约服务模式之一。

（五）探索供给机制，节约医疗资源

毫无疑问，医疗服务供方（机构和医生）的行为能极大地影响医疗资源的使用效率。由此，从供给侧入手，最大限度地改变医疗服务供方的行为，有助于遏制医药费用的不合理上涨，降低医保基金风险，提高医疗资源的使用效率。当然，城乡居民对医疗服务的过度需求或许会对医保基金安全产生影响，但这一影响远不及供方道德风险产生的影响。安徽省从供给侧结构性改革出发，转变医疗服务供方的利益来源，从供方原本追求医疗服务收入而获得利益，转向通过主动节约医疗成本获取合理利益，从而主动转变行为，提升服务质量，优化资源配置，体现了供给侧结构性改革的理念。安徽省紧密型医疗服务联合体建设实践中，供给侧结构性改革重要的一点是，通过建立不同层级医疗机构之间的协作机制，在按人头总额预付的支付方式制度下使联合体各级成员单位主动培养节约成本意识，促进患者有序流动，实现成员单位的协同发展。

（六）优化就医流程，提高就医满意度

随着紧密型医疗服务联合体的不断推进，基层医疗服务机构的能力得到整体提升，居民就诊更安全、更便捷，医疗费用更低，社会满意度不断提高。2016 年，安徽省共有 108 家乡镇卫生院被原国家卫生计生委认定为群众满意的乡镇卫生院。根据 2018 年安徽省第六次家庭卫生服务调查结果，80.6%的城乡患病就诊者对门诊服务总体满意度评价为"满意"，74.9%的住院患者对住院服务总

[①] 安徽新医改辉煌十年路新医改解决看病就医难题[EB/OL]. 2018-12-20[2022-10-28]. http://wjw.ah.gov.cn/public/7001/52096431.html.

体满意度评价为"满意"。另据安徽省卫生健康委监测数据，紧密型县域医共体内住院患者满意度在持续提高，2019年达到94.3%，初步实现了住院患者费用不增逐减、医院和医务人员收入不减逐增目标。

案例来源：人民资讯 安医大二附院：打造紧密型城市医联体建设的"合肥样板"[EB/OL]. 2021-08-10. [2022-10-28]. https://baijiahao.baidu.com/s?id=1707696668709341685&wfr=spider&for=pc

安徽新医改辉煌十年路新医改解决看病就医难题[EB/OL]. 2018-12-20 [2022-10-28]. http://wjw.ah.gov.cn/public/7001/52096431.html.

安徽全面推进紧密型城市医联体建设 推广开设夜间中医门诊[EB/OL]. 2022-01-07. [2022-10-28]. https://baijiahao.baidu.com/s?id=1721251580552946463 &wfr=spider&for=pc

二、[案例分析]

请思考并讨论以下问题：

（一）安徽省紧密型医联（共）体建设实践的主要经验是什么？

1. 满足需求是目的，推动医改新发展。实行以人为本的一体化服务模式，满足居民的医疗卫生需求是开展紧密型医疗服务联合体建设的根本目的。安徽省在建立紧密型医疗服务联合体实践过程中，通过组建全科医生团队，开展重点人群签约服务，为居民提供常见病、多发病诊疗和双向转诊服务、基本公共卫生服务以及健康管理等一体化全科服务。卫生服务模式的转变促进了各级医疗卫生机构的角色和职能的转变，从而满足了居民的基本医疗卫生服务需求，提高了居民对基层卫生服务的信任度，促进了居民就医行为的改变。

2. 政府重视是保障，形成医改新格局。医改是政府责任，是利民惠民的"民心工程"，没有政府强有力支持，医改就难以取得成功。医改也是一个触动多方利益、牵一发而动全身的大事，仅仅依靠卫生健康部门的努力还不够，需要政府以及多部门协同合作。安徽省推进紧密型医疗服务联合体建设过程中，充分认识到党和政府领导、多部门合作的重要性，在合肥、蚌埠、滁州等市调整成立了新的专门负责医改决策机构——深化医药卫生体制改革委员会（以下简称"医改委"）。医改委统筹综合医改决策，推动"三医联动"改革，由市长任医改委主任，常务副市长、分管副市长任副主任，分管副市长负责市医改委常务工作。同时，医改委下设医改办，设在市政府办公室，市发改、民政、财政、人力资源社会保障、卫生健康等部门分管负责同志兼任副主任。在政府领导下通过多部门合作形成合力，推动紧密型医疗服务联合体建设，各部门齐抓共管，相互衔接，整体实施，确保了改革的各项任务稳妥推进。

3. 利益分配是基础，探索共赢新机制。利益分配问题是紧密型医疗服务联合体可持续发展的基础，建立能够实现各成员共赢的利益分配机制是关键环节。安徽省对紧密型医疗服务联合体实行"按人头总额预付费，结余留用，合理超支分担"的政策，并通过预算基金结余的再分配，对紧密型医疗服务联合体成员单位的经济利益进行调配，为成员单位之间的合作提供持续有力的经济激励，激发联合体成员单位主动控费的积极性，引导成员单位从注重"治病挣钱"转向"防病省钱"，引导防治结合；通过对各级成员单位的功能定位，即牵头医院主要负责疑难杂症等重大疾病诊治，控制大病患者往外流出，从而减少域外医保基金的过度使用，基层医疗卫生机构主要负责常见病、慢性病的诊治，一方面控制医疗费用的增长，另一方面也能增加基层医疗卫生机构的医疗收入，提高基层医务人员的积极性。

4. 改革创新是关键，追寻医改新模式。医改被视为世界性难题，没有可以复制的现成模式。安徽省作为国家首批综合医改试点省，在省委省政府的领导和重视下，充分调动了全省广大党政干部和医务工作者的积极性，发扬"敢闯、敢拼、敢做"的改革精神。安徽省天长市在紧密型县域医共体实践探索过程中扮演了重要角色，成为县域综合医改先锋。天长市综合医改的主要经验：党政主要领导担任医改领导组长，解决了领导重视问题；以"双组长制"解决了部门合力不足问题；以紧密型县域医联（共）体解决了利益均衡问题；以医保"蛋糕"切分术撬动三医联动难题。天长市的种种举措以问题为导向，精准定位、靶向施策，为县级公立医院改革提供了范本。此外，像安徽省以县为单位率先进行改革突破，并将改革成果和经验放大到全省范围内的省份不多，安徽省紧密型县域医共体改革经验为全国其他地区综合医改提供了可借鉴的宝贵经验。

5. 信息平台是支撑，支持服务新形式。信息化平台建设是紧密型医疗服务联合体内部实现双向转诊、推进分级诊疗体系建设的重要支撑条件，也是紧密型医疗服务联合体成员单位精细化管理、人员绩效考核以及医保结算等业务管理的重要保障。安徽省紧密型医疗服务联合体通过建立五大信息中心，即区域信息系统、影像中心、检验中心、心电中心与病理中心，初步实现优质医疗资源共享，紧密型医疗服务联合体内部信息互通，医学检查结果互认，部分地区借助远程系统，使紧密型医疗服务联合体牵头医院的专家可以第一时间为基层医疗卫生机构提供技术指导，并促进成员单位内部学习与交流。

6. 基层医改是突破，带来就医新感受。以基层医改为突破口，把整个医改引向深入是安徽省综合医改在统筹考虑各方面因素后做出的战略选择。实践证明，安徽省基层综合医改的制度创新和机制创新，切实提升了广大人民群众的获得感，带给人民群众看病就医的新感受，同时也为安徽省紧密型医疗服务联合体取得突破奠定了坚实的基础。安徽省从基层综合医改开始,到目前推进紧密型医疗服务联合体建设。从结果来看,安徽省综合医改实现了对人民群众的承诺。药品价格水分被充分挤除,医保报销比例逐步提升,县域内就诊率逐步提高,居民就医可及性显著提升。对于广大人民群众而言,"大病不出县"已经基本实现,"小病不出户、人人享有家庭医生"将不再遥远,改革成效让群众切实享受到医改带来的实惠。

(二)"十四五"期间应该如何促进我国紧密型医联(共)体建设?

1. 优化紧密型县域医共体的管理体制与机制。毫无疑问,县域医共体建设是新时代提升基层服务能力的有力抓手,是推动分级诊疗制度建设的重要举措。在安徽省紧密型县域医共体的建设实践中,通过政府的行政力量对县域三级医疗卫生资源进行整合是主要的手段。然而,鉴于医共体内各成员单位的层次、功能定位及技术水平差异,成员单位内部规章制度和组织文化差异等,设计好一套统一的管理和服务的标准和流程,在紧密型县域医共体内获得充分的讨论和认可,并执行到位,真正实现紧密型医共体内服务的同质化,是推动紧密型县域医共体健康发展和服务获得群众认可的关键路径之一。

2. 密切医疗卫生服务体系和医保支付体系建设的合力。医疗医保医药"三医联动"是县域医共体和城市医联体建设的"牛鼻子"。特别是县域医共体,基本医保基金是紧密型县域医共体收入的主要来源。基本医保基金按人头总额预付制度,建立风险共担、利益共享机制是安徽省紧密型县域医共体建设的重要支撑。然而,鉴于医保管理体制的变革,围绕"整合县域医疗卫生资源,构建有序、高效的服务体系"和"推进支付方式改革,化解医保基金支付风险"的目标,政府医保管理部门和卫生健康管理部门需要在制度设计上密切合作,进一步相向而行、相向发力,共同推进紧密型县域医共体健康发展。同时,进一步促使医保管理体现"以人为本"的大健康理念,从"医疗保险"向"健康保险"转型,从"被动报销医疗费用"向"主动购买健康结果"转型。

3. 提升医共(联)体内下级机构的服务能力。提升基层医疗卫生机构的服务能力是紧密型县域医共体和城市医联体建设的重要目标之一,是实现"基层首诊、双向转诊、急慢分治、上下联动"分级诊疗模式的基础。安徽省在改革实践中需要持续关注以下方面:一是切实做到体内优质资源下沉,帮扶乡镇卫生院具备开展I、II类手术,平产助产服务能力和常见疾病诊疗能力,帮扶村卫生室拓展中医药适宜技术,解决村民常见的颈肩腰腿痛问题;二是针对县域居民健康需求,有计划推广适宜技术;三是落实牵头医院、基层医疗卫生机构和专业公共卫生机构三方共建;四是严格执行医共体内人员统一招聘,落实"县管乡用,乡聘村用"政策,并基于下级卫生技术人员需求,采取适宜的方式加强人员培训。

4. 无缝衔接，织密整合型服务网络。城市医联体牵头医院一般均为区域医疗服务中心，理论上讲其服务范围辐射到周边县（区），并具有引领区域县级医院发展的责任。目前，在紧密型县域医共体和紧密型城市医联体的建设实践中，需要探索在城乡接合部等地区实现两者之间的有机衔接，形成覆盖城乡、无缝对接的整合型医疗卫生服务网络；县域医共体和城市医联体需要嫁接"天线"，实现区域外的有序转诊。由此，要在一个更大的区域内，发挥国家和省区域医疗中心的辐射带动作用，统筹城乡医疗卫生资源布局，以"专科专病联盟"为纽带，以远程医疗协作网为桥梁，促进牵头医院服务能力的提升，形成分级诊疗就医新格局。

5. 促进医防融合，推进公共卫生机构改革。面对老龄化、慢性病上升的新形势，县域医共体和城市医联体内部医疗卫生服务要进一步体现居民健康管理新理念。安徽省已经探索将基本公共卫生服务资金打包预付医共体，下一步要创新推进资金统筹，发挥资金效益，牵引医防融合。要积极推进妇幼、疾控等专业公共卫生机构改革，围绕社会健康新需求，转变职能，急慢并重，激发活力。医疗、妇幼和疾控机构要围绕病人健康、诊疗需求进行分工协作、信息传递，共同做好慢性病早期预防、临床治疗，实现慢性病医防无缝对接，打造持续性健康服务管理新模式，有力助推"健康中国"建设目标的实现。

本章参考资料

[1] 李洁. 从"制度"到"生活"：新中国 70 年来公共卫生政策演变[J]. 中国公共卫生，2019，35（10）：1281-1284.

[2] 中国新闻网 上海家庭医生签约人数超 700 万，分级诊疗秩序初步形成[EB/OL]. 2019-07-22[2021-10-10]. http://www.chinanews.com/jk/2019/07-22/8903444.shtml.

[3] 中国新闻网 截至 2020 年底，重点人群家庭医生签约率增至 75.46%[EB/OL]. 2019-07-23 [2021-11-15]. https://www.chinanews.com.cn/gn/2021/07-23/9526544.shtml.

[4] 马晓伟. 将公立医院综合改革进行到底[N]. 光明日报.2019-02-02（07 版）.

[5] 陈恩富. 疫苗时代新型冠状病毒肺炎疫情防控策略[J]. 预防医学，2021，33（03）：221-225.

[6] 中国互联网络信息中心 第 47 次《中国互联网络发展状况统计报告》[EB/OL]. 2021-02-03 [2021-11-15]. http://www.cnnic.net.cn/hlwfzyj/hlwxzbg/hlwtjbg/202102/t20210203_71361.htm.

[7] 新京报. 史上最严食品安全法条例修订版今起实施，实行"双罚制"史上最严食品安全法条例修订版今起实施，实行"双罚制"[EB/OL]. 2019-12-01 [2021-11-15]. http://www.bjnews.com.cn/feature/2019/12/01/656481.html.

[8] 王威. 食品安全法律控制的概括性研究[J]. 中国油脂，2021，46（08）：153-154.

[9] 关于国务院机构改革和职能转变方案的说明——2013 年 3 月 10 日第十二届全国人民代表大会第一次会议上[EB/OL]. 2013-01-10 [2021-11-15]. http://www.gov.cn/2013lh/cont-ent_2350848.htm.

[10] 王家合，赵喆，和经纬. 中国医疗卫生政策变迁的过程、逻辑与走向——基于1949～2019年政策文本的分析[J]. 经济社会体制比较，2020（05）：110-120.

[11] 安徽省统计局.《安徽省统计年鉴（2019）》[EB/OL]. 2019.[2021-12-11]. http://tjj.ah.gov.cn/oldfiles/tjj/tjjweb/tjnj/2019/cn.html.

[12] 梁万年，王辰，吴沛新. 医改蓝皮书：中国医改发展报告（2020）[M]. 社会科学文献出版社，2020：274-276.

[13] 王文婷，陈任，马颖，等. 分级医疗背景下的安徽县域医疗服务共同体实施路径[J]. 中国卫生资源，2016，19（06）：470-474.

[14] 陈迎春，李浩淼，高红霞，等. 安徽省县域医改模式探讨及成效分析[J]. 中华医院管理杂志，2017，33（07）：481-485.

[15] 安徽新医改辉煌十年路新医改解决看病就医难题[EB/OL]. 2018-12-20 [2022-10-28]. http://wjw.ah.gov.cn/public/7001/52096431.html.

第五章　环境政策

环境问题是社会经济发展的产物，环境保护政策是解决环境问题的关键，保护环境是当代中国的基本国策。改革开放40年来，中国经济一直维持着快速发展的势头，然而随着工业化、现代化、城市化进程的加快，大气污染、水质污染、固体废弃物污染等各种环境问题显现，危及我国经济、社会、政治、健康和生态的安全。我国将生态文明建设纳入中国特色社会主义建设"五位一体"总体布局，促进了中国环境政策的快速发展，使得中国环境政策目标更加清晰、体系更加健全、内容更加细密。中国环境政策注重改善环境质量，重视最严格的制度建设，积极促进环境共治，强化环境保护问责机制，持续加大环境保护投入，并以环境保护为契机推动发展战略转型，迈向绿色发展新目标。党的二十大报告将"人与自然和谐共生的现代化"上升到"中国式现代化"的内涵之一，再次明确了新时代中国生态文明建设的战略任务，总基调是推动绿色发展，促进人与自然和谐共生。

第一节　我国环境政策的主要方式

一、法律保障

法治建设对我国环境保护事业具有里程碑的意义，1978年第五届全国人民代表大会将"保护环境和自然资源，防治污染和其他公害"写入《宪法》。1979年《中华人民共和国环境保护法（试行）》颁布实施，以此为肇始，环境立法蓬勃发展，迄今已初步形成一个以《中华人民共和国环境保护法》为基本法，以《环境污染防治法》《自然资源保护法》《生态保护法》《资源循环利用法》《节能减排法》《防灾减灾法》等多个门类的法律为主干，由法律、行政法规规章、地方性法规等多层次、体系组成的较为完整的环境法律体系。目前，我国环境法律体系已经成为中国特色社会主义法律体系中一个门类相对齐全、结构较为完整的法律部门。

《环境保护法》是我国第一部较完善的环境保护基本法，开创了环境立法的新局面。随着环境保护基本法的确立，各项环境保护专门法以及环保法规、部门规章才得以在此基础上逐步推出。《环境保护法》是我国环境保护法律法规体系建设的开端。它的颁布实施对于加强环境保护、促进人口资源环境的可持续发展，构建社会主义和谐社会具有重大的意义。

环境保护专门法针对特定的环境保护对象而制定，在每一部法律中都规定了立法主体、立法客体、利益相关方、实施机构、奖励和惩罚措施等。环境保护专门法是为了在不同环保领域贯彻环境保护基本法而制定的详细法律规定，也是对《环境保护法》的有益和必要补充。

环境保护行政法规即是指国务院制定颁布，以国务院令的形式批准公布的为实施环境保护法律或规范环境监督管理制度而颁布的条例、办法、实施细则、规定等。环境保护部门规章是指国务院各部门根据法律和行政法规的规定和国务院的决定，在本部门的权限范围内制定和发布的调整本部门范围内的行政管理关系的并不得与宪法、法律和行政法规相抵触的环境保护规范性文件。

二、环境经济

（一）环境财政政策

以 1972 年中国参加联合国第一次环境会议为开端，以 1973 年中国召开第一次全国环境保护大会为标志，我国开始意识到环境治理的重要性并于 1981 年开始征收排污费，这些举措标志着中国的环境财政政策开始进入萌芽阶段。而后，我国曾采取环境污染治理投资、环保专项基金、环境补贴等方式开展环境财政政策。

我国环境保护投资范围包括城市环境基础设施建设投资、工业污染源治理投资和建设项目"三同时"（指建设项目与环境保护设备同时设计、同时建设、同时投入使用）环保投资三个部分。这些年来，环境污染治理投资总额不断增加，从 2010 年 5579 亿元增加到 2019 年的 6633 亿元，但占国内生产总值（GDP）的比重依然过低[①]，投入总量与治理需求存在较大差距。

2004 年以来，我国相继设立了十余种中央层面环保专项资金，对引导地方财政一般公共预算环保支出发挥了重要作用。2019 年，现有水污染防治资金、大气污染防治资金、土壤污染防治专项资金、农村环境整治资金、重点生态保护修复治理专项资金、城市管网及污水治理补助资金，共支出 856.06 亿元[②]。

---

① 郝春旭, 董战峰, 葛察忠, 程翠云, 龙凤, 李晓亮. 国家环境经济政策进展评估报告 2020[J]. 中国环境管理, 2021, 13（02）: 10-15.

② 程亮, 陈鹏, 刘双柳, 高军, 焦阔, 徐顺青. 中国环境保护投资进展与展望[J]. 中国环境管理, 2021, 13（05）: 119-126.

在 2020 年度，中央财政生态环境保护专项资金共安排 525 亿元用于水、大气、土壤及农村环境治理。其中，水、大气、土壤污染防治专项资金分别安排 197 亿元、250 亿元、36.2 亿元，农村环境综合整治专项资金安排 41.8 亿元，支持北方地区冬季清洁取暖、工业污染深度治理、移动源污染防治等重点工作，支持重点省份开展重点流域水污染防治、集中式饮用水水源地保护等生态环境保护工作，以及开展 7 个土壤污染综合防治先行区建设，开展土壤污染状况详查等工作。

（二）环境税收政策

中国第一部《环境保护税法》于 2018 年 1 月 1 日开始实行，随之排污费停征，标志着中国财政税收体系中环保直接税费完成了从排污费向环境保护税的转变。从本质上来说，环保税致力于构建绿色的财税体制，倒逼企业调节排污和治污行为，引领经济社会绿色转型。

通过实施环境保护税法等一系列改革举措，我国逐步构建起以环保税为主体，以企业所得税、增值税等其他税种为补充的绿色税制体系。国家税务总局公布的数据显示，自 2018 年至 2020 年，环境保护税开征这三年收入合计 618.7 亿元，每年基本上稳定在 200 亿元左右，没有大的起伏，原因就是企业采取了减排措施。超标排放的企业也在减少，2020 年企业超标排放率已经下降到 9.7%。这意味着环保税带来了明显的减排效应。同时，纳税人户数从 26.7 万户上升为 46.2 万户，全国纳税人因低标排放累计享受减税优惠 102.6 亿元，因集中处理污水享受免税红利 152.2 亿元，因综合利用固体废物享受免税红利 39.9 亿元。纳税人申报的二氧化硫、氮氧化物排放量年均下降 3.5%、3.1%。每万元 GDP 的污染当量从 1.16 下降到 0.86，降幅 25.8%，生态环境治理效果显著①。

（三）生态补偿政策

生态保护补偿是指在综合考虑生态保护成本、发展机会成本和生态服务价值的基础上，采取财政转移支付或市场交易等方式，由生态保护受益者通过向生态保护者以支付金钱、物质或提供其他非物质利益等方式，弥补其成本支出以及其他相关损失的行为。随着我国生态文明建设的进程不断加快，生态保护补偿机制的作用也日益凸显。党的十八大报告、党的十九大报告、《中共中央、国务院关于加快推进生态文明建设的意见》以及《生态文明体制改革总体方案》等一系列重要文件，都明确将建立完善生态保护补偿机制作为促进我国生态文明建设的重要保障措施。

---

① 华夏时报网. 环保税开征三周年之后：低标排放累计减税 102.6 亿，多地空气质量好转[EB/OL]. 2021-08-27 [2022-04-10]. https://www.chinatimes.net.cn/article/110282.html.

目前我国全国层面的项目包括天然林保护工程、退耕还林工程、森林生态效益补偿等项目由来已久，并在原有基础上进行了适当调整。与此同时，中央财政根据我国生态文明建设的要求设立了许多大型的生态保护补偿项目，例如：2011年在"生态优先"的牧区发展战略指导下，国家开始在全国各大草原牧区及半牧区实施"草原生态保护补助奖励"机制；2016年国家在13省（区）继续推动实施新一轮草原补助奖励项目；为实现耕地休养生息，促进农业可持续发展，在内蒙古、河北、黑龙江等省（区）推动开展土地轮作休耕试点工作。

（四）绿色金融

作为现代经济的重要一环，金融对促进经济的绿色增长有重要作用，是推动经济可持续发展，兼顾经济、社会和环境协调进步的有力保障。绿色金融是以促进经济、资源、环境协调发展为目的而进行的信贷、保险、证券、产业基金等金融活动，一方面实现金融业自身营运的绿色特性，从金融和环境的关系入手，重新审视金融，将生态观念引入金融，促使金融业的可持续发展，并以此改造金融体系和金融系统；另一方面，作为现代市场经济的"血液"和"发动机"，依靠金融手段和金融创新影响企业的投资取向，为绿色产业发展提供相应的金融支持，促进传统产业的生态化和新型绿色生态产业的发展[①]。

1995年2月，中国人民银行颁布《关于贯彻信贷政策与加强环境保护工作有关问题的通知》，要求各级金融部门在信贷工作中落实国家环境保护政策，国内部分商业银行开始发放绿色信贷，中国的绿色金融制度正式诞生。而后，在不懈地探索与实践中，中国逐步建立起覆盖绿色信贷、绿色债券、环境污染责任险在内的相对完整的绿色金融政策体系。2016年8月，中国人民银行、银监会等七部委联合发布《关于构建绿色金融体系的指导意见》对绿色金融的发展做出了顶层设计，提出大力发展绿色信贷。2017年6月，国务院决定在浙江、江西、广东、贵州和新疆五省（区）建设各有侧重、各具特色的绿色金融改革创新试验区。这一举措，是我国政府推动绿色金融发展的又一重大国家行为，标志着地方绿色金融体系建设进入实践阶段[②]。

三、污染防治

（一）大气污染防治政策

大气污染严重危害人体健康，并会对生态环境、气候变化等造成不利影响，

[①] 西南财经大学发展研究院，环保部环境与经济政策研究中心课题组，李晓西，夏光，蔡宁. 绿色金融与可持续发展[J]. 金融论坛，2015，20（10）：30-40.

[②] 陈凯. 绿色金融政策的变迁分析与对策建议[J]. 中国特色社会主义研究，2017，（05）：93-97+112.

已引起各国政府的高度重视。自 1982 年我国首部《环境空气质量标准》发布以来，历经三次修订并覆盖全国。2013 年 9 月，国务院正式发布"中国有史以来最为严格的大气治理行动计划"——《大气污染防治行动计划》（简称《大气十条》），为全国大气污染防治工作指明了方向。具体目标为，到 2017 年，全国地级及以上城市可吸入颗粒物浓度比 2012 年下降 10%以上，优良天数逐年提高；京津冀、长三角、珠三角等区域细颗粒物浓度分别下降 25%、20%、15%左右，其中北京市细颗粒物年均浓度控制在 60 微克/立方米左右。而后，中国工程院组织开展了《大气十条》实施效果终期评估工作，证实《大气十条》方向正确、执行有力、成效显著，对于我国制订下一步清洁空气政策、实现空气质量持续改善具有重要指导意义[①]。

2014 年，国务院办公厅发布《大气污染防治行动计划实施情况考核办法（试行）》，首次提出空气质量改善目标完成情况考核指标和终期考核实施质量改善绩效"一票否决"，标志着我国最严格大气环境管理责任与考核制度的正式确立。

（二）水污染防治政策

2015 年 4 月 16 日，国务院印发《水污染防治行动计划》（简称《水十条》），其最大亮点是系统推进水污染防治、水生态保护和水资源管理，即"三水"统筹的水环境管理体系。这是当前和今后各个时期我国水污染防治工作的行动指南，标志着我国水污染治理进入新阶段。

近年来，我国根据《全国农村环境综合整治"十三五"规划》和《"十三五"全国城镇污水处理及再生利用设施建设规划》，对农村和城市进行水污染防治。2015 年底，中央财政累计安排农村环保专项基金 315 亿元，支持全国 7.8 万个建制村开展环境综合整治。同时，规划也明确表示，在未来要加大财政资金投入，加大涉农资金整合力度，集中投入农村环境综合整治项目中。"十三五"期间全国城市黑臭水体整治数量为 2032 个，长度 5882 千米，截至 2019 年 3 月，城市黑臭水体认定个数已达到 2100 个，水利用率进一步提高。

（三）固体废物污染防治政策

固体废物污染防治是打赢污染防治攻坚战的重要内容，事关人民群众身体健康和无废城市建设。特别是随着网购电商井喷式发展，大量塑料、纸类、填充物等一次性包装物数量陡增，为城乡环境带来巨大压力，固体废物污染已成

---

① 北京日报客户端 《大气十条》实施多年效果几何？清华课题组的回答来了[EB/OL]. 2019-11-19 [2022-04-11]. https://ie.bjd.com.cn/5b165687a010550e5ddc0e6a/contentApp/5b16573ae4b02a9fe2d558f9/AP5dd3e5abe4b0ab28c83be275.html?isshare=1.

为百姓关心、社会关切、政府关注的热点、焦点。《中华人民共和国固体废物污染环境防治法》于 2020 年 9 月 1 日起施行，明确了新形势下国家推行绿色发展方式、促进清洁生产和发展循环经济新要求。

全国地级及以上城市生活垃圾分类工作已全面启动。到 2020 年底，46 个试点城市垃圾分类居民小区覆盖率达到 94.6%，回收利用率平均达到 36.2%。2020 年中央预算内投资 73.7 亿元支持地方城镇垃圾处理设施建设。2020 年全国城市生活垃圾清运量 2.35 亿吨，无害化处理率达 99.7%；农村生活垃圾收运处理的行政村比例达 90%以上，2.4 万个非正规垃圾堆放点得到整治。

四、碳减排

在全球应对气候变化的合作中，中国始终积极参与并承担责任，党的十九大报告指出，中国引导应对气候变化国际合作，成为全球生态文明建设的重要参与者、贡献者、引领者。2020 年，习近平主席在第 75 届联合国大会一般性辩论上提出了中国碳达峰和碳中和的目标与愿景：二氧化碳排放力争于 2030 年前达到峰值，努力争取 2060 年前实现碳中和。2021 年，习近平总书记在中央财经委员会第九次会议上再次强调，实现碳达峰、碳中和是一场广泛而深刻的经济社会系统性变革，要把碳达峰、碳中和纳入生态文明建设整体布局，拿出抓铁有痕的劲头。

（一）节约能源资源

中共中央、国务院印发《关于完整准确全面贯彻新发展理念做好碳达峰碳中和工作的意见》（以下简称《意见》），国务院印发《2030 年前碳达峰行动方案》（以下简称《方案》）。《意见》作为碳达峰碳中和"1+N"政策体系的框架性、指导性文件，对碳达峰、碳中和工作进行了全面系统部署，把"坚持节约优先"作为重要基本原则，强调要"把节约能源资源放在首位，实行全面节约战略"。《方案》把"节能降碳增效行动"作为"碳达峰十大行动"之一，并在工业、城乡建设、交通运输等重点领域进行了全面部署，凸显了节能对实现碳达峰、碳中和目标的重要作用。把节约能源资源放在首位，实行全面节约战略，持续降低单位产出能源资源消耗和碳排放，提高投入产出效率，倡导简约适度、绿色低碳生活方式，从源头和入口形成有效的碳排放控制阀门。

（二）建立碳交易市场

碳交易市场通过设定碳排放价格，用利益调节机制促使企业增强低碳减排的内在动力，同时推动投资者向清洁低碳产业进行投资倾斜，最终实现控制碳排放总量的目的。与行政指令、经济补贴等减排手段相比，碳排放权交易机制是低成本、可持续的碳减排政策工具①。我国自 2011 年起在深圳、广东、北京、上海、天津、湖北、重庆、福建等地进行了碳交易试点，十年来，各试点碳交易市场取得重要进展。碳交易覆盖主体不断拓展，囊括了电力、钢铁、水泥、建筑、交通运输、有色、造纸、石油化工等行业的重点排放企业；碳交易规模逐年上升，截至 2020 年底，各试点碳市场的配额现货交易累计成交 4.45 亿吨二氧化碳当量，成交额 104.31 亿元；重点排放企业形成自我约束，履约率达 90%以上；初步形成了遵循市场规律的碳交易价格形成机制，区域碳交易价格差别逐步缩小。碳交易试点推动了重点排放企业节能减排，强化了这些企业低碳发展的意识，重点排放企业碳排放总量和强度均呈现下降势头，各试点地区绿色低碳高质量发展能力不断提升。

2021 年 7 月 16 日，中国碳排放权交易市场启动上线交易，这是我国利用市场机制控制和减少温室气体排放、推进绿色低碳发展的一项重大制度创新。发电行业成为首个纳入中国碳市场的行业，纳入重点排放单位超过 2000 家。中国碳市场将成为全球覆盖温室气体排放量规模最大的市场。

（三）推进碳普惠

开展碳普惠机制建设是地方政府主动对接国家战略的一项重要创新。当前，我国已有多地开展了碳普惠机制建设的先行先试。碳普惠是对个人、小微企业的绿色低碳行为以碳减排量的形式进行具体量化，并通过商业激励、政策鼓励或与减排量交易相结合等方式，对绿色低碳行为产生的碳减排量赋予一定价值，遵循"谁减排、谁受益"原则，通过创建节约型政府、绿色家庭、绿色学校等示范点，创建碳中和示范企业、示范园区、示范村镇等，形成绿色低碳发展正向引导的机制，不断推广绿色建筑、低碳交通、绿色消费习惯等方式构筑绿色低碳生活。

目前广东省首批的碳普惠制工作试点为广州、东莞、中山、河源、惠州、韶关六个地市。鼓励公众自愿践行低碳，对资源占用少或为低碳社会创建做出贡献的公众和企业予以激励，利用市场配置作用达到公众积极参与节能减排的目的。同时通过消费端带动生产端低碳，通过需求侧促进供给侧技术创新。依托碳普惠平台，与公共机构数据对接，量化公众的低碳行为减碳量，给予其相应的碳币。公众用碳币可在碳普惠平台上换取商业优惠、兑换公共服务，也可进行碳抵消或进入碳交易市场抵消控排企业碳排放配额。

---

① 黄昱森. 碳达峰、碳中和：一场广泛而深刻的经济社会系统性变革[J]. 国际人才交流，2021（08）：18-19.

第二节 我国环境政策的历史沿革

一、环境政策的准备阶段（1949—1972年）

1956年三大改造的完成，为我国的社会主义工业化建设开辟了道路，同时工业发展带来的环境问题也开始显现，1956年国家卫生部与相关部门联合发布《工业企业设计暂行卫生标准》《关于城市规划和城市建设中有关卫生监督工作的联合指示》，20世纪60年代提出"变废为宝"的口号，在这一时期，工业排放是污染的主要来源，因此国家重点强调对工业污染的防治。除此之外，我国在此期间建立了综合性自然保护区，倡导节约资源、保护环境、植树造林、兴修水利，出台了《中华人民共和国水土保持暂行纲要》《矿产资源保护试行条例》等政策文件。一系列措施对工业污染的防治和资源的保护起到了重要作用，但在这一时期，环保政策较为片面单一，未从法律层面对环境保护进行相关规定，同时由于对工业化带来的污染重视程度不够，环保政策的治理力度较弱，且零星分散于其他政策之中，未形成系统综合的政策体系。

二、环境政策的起步阶段（1973—1977年）

1973年8月，第一次全国环境保护会议在北京召开，揭开了中国环保事业的序幕[1]，会议确定了"全面规划、合理布局、综合利用、化害为利、依靠群众、大家动手、保护环境、造福人民"的32字环境保护工作方针，通过了《关于保护和改善环境的若干规定（试行草案）》，该文件中提出的"三同时"原则，是我国第一项环境管理制度。此外会议还制定了《关于加强全国环境监测工作意见》和《自然保护区暂行条例》。在这一阶段，我国进一步加深了对环境问题的认识，具体表现为对"三废"污染等的认识从危害公民身体健康的卫生问题转变为与环境保护相联的"环境问题"[2]，对环境进行更深入的治理被提上日程。同时环境保护不再是中央的宏观性规定，其具体化程度提高，各级地方政府的职能范围中囊括了环境保护的相关内容，32字方针则成为地方在开展环境治理工作时所围绕的指导思想。

---

[1] 曲格平，彭近新. 环境觉醒——人类环境会议和中国第一次环境保护会议[M]. 北京：中国环境科学出版社，2010：221-264.

[2] 郑少华，王慧. 中国环境法治四十年：法律文本、法律实施与未来走向[J]. 法学，2018（11）：17-29.

三、环境政策的确立阶段（1978—1991年）

1978年党的十一届三中全会的召开标志着中国进入了改革开放和社会主义现代化建设的新阶段，全国工作重心已从阶级斗争转向经济建设[①]。非公有制经济快速发展，民营企业在经营过程中对环境的破坏力度逐渐增加，但相比于现在，当时的环境问题还未大规模显现，由于缺乏对环境保护的有关领域做出法律性规定，且环保机构设置还有待进一步完善，导致多数企业注重经济效益的提升而环境保护意识比较淡薄、污染处理能力较弱，因此在该时期我国的环境污染蔓延开来。1979年《环境保护法》正式颁布，标志着我国的环境保护向法治化方向发展，在此期间，环境保护作为一项基本国策被逐步确立，中国环境保护的理论体系、制度政策体系、法律法规体系和管理体制开始形成，初步确立了中国特色的环境保护道路[②]。具体表现为《水污染防治法》《大气污染防治法》《海洋环境保护法》《森林法》《草原法》《水法》《水土保持法》《野生动物保护法》等污染防治、资源保护相关的法律相继颁布。

四、环境政策的快速发展阶段（1992—2001年）

1992年10月，党的十四大第一次明确提出改革的目标是：建立社会主义市场经济体制。随着经济建设蓬勃开展，我国的水资源、土地资源、生物资源以及气候资源消耗巨大，环境的恶化一度影响居民的正常生活和身体健康。面对污染加剧，国家环保部门开始了对工业污染、流域污染以及重点城市的规模化治理。在《中国21世纪人口、资源、环境与发展白皮书》中，首次把可持续发展战略纳入我国经济和社会发展的长远规划。1996年第四次全国环境保护会议将污染防治和生态保护提到了同等重要的位置。同时，加快了相关的法律和政策的制定进程，除对法律条文进行修订之外，还发布了《建设项目环境保护管理条例》（1998年）和《全国生态环境保护纲要》等政策文件。这一阶段的环境政策建设速度明显加快，但是在经济和生态的选择上，该阶段的整体发展思路依然倾向于经济建设，对环境保护在资金上的投入力度比较欠缺。

五、环境政策的转型发展阶段（2002—2011年）

进入新世纪，历经改革开放20多年的发展，我国的经济水平有了质的飞

[①] 张占斌，杜庆昊. 我国经济体制改革的历程、影响与新时代改革的新方位[J]. 行政管理改革，2018（11）：30-36.

[②] 曲格平. 中国环境保护四十年回顾及思考（回顾篇）[J]. 环境保护，2013，41（10）：10-17.

跃,但与此同时也付出了生态破坏的代价,2003年党的十七大提出了科学发展观的重要思想,统筹人与自然和谐发展。这一阶段我国加强了对环境治理的财税支持政策,包括全面推行特许经营制度、实行有利于环境的价格政策、税收政策、投资政策、融资政策等,为我国的环境治理事业提供经济保障。除此之外,环境保护法治建设持续推进,出台《放射性污染防治法》《可再生能源法》等,在保证生态效益的同时更好地适应市场经济体制发展。在政策理念方面也发生了重大变化,由过去的经济发展优先于环境保护转变为经济与环境同等重要,这一理念的转变体现了我国发展思路和格局的巨大进步,也让我国的环境政策发展迈向更高的平台。

六、环境政策的完善提升阶段(2012年至今)

2012年党的十八大提出全面落实经济建设、政治建设、文化建设、社会建设、生态文明建设五位一体总体布局,不断开拓生产发展、生活富裕、生态良好的文明发展道路[①]。2013年党的十八届三中全会进一步提出建立系统完整的生态文明制度体系,资源产权、生态红线等概念出台[②]。党的十九大提出坚持人与自然和谐共生。我国在这一阶段的环保法律建设持续发力,2014年新《环保法》修订通过,对政府、企业以及公民的环保责任进行了更为明确的规定,对于非法排污行为加大处罚力度。除此之外颁布《党政领导干部生态环境损害责任追究办法(试行)》等政策对地方环境治理责任进行细化。在财税支持政策方面,2016年颁布的《环境保护税法》是我国首部专门体现"绿色税制"的单行税法。经过多年的探索,这一时期我国逐步发展并完善了涵盖法律、行政法规、部门规章、环境标准、批准和签署的国际条约的生态环境保护体系,大力推进生态文明,实现了从"污染防治观"向"生态文明观"深刻转变,融合经济发展和环境保护的关系[③],政策理念更加成熟,治理格局更加开阔。

---

① 蒋金荷,马露露. 我国环境治理70年回顾和展望:生态文明的视角[J]. 重庆理工大学学报(社会科学),2019,33(12):27-36.
② 张萍,农麟,韩静宇. 迈向复合型环境治理——我国环境政策的演变、发展与转型分析[J]. 中国地质大学学报(社会科学版),2017,17(06):105-116.
③ 解振华. 中国改革开放40年生态环境保护的历史变革——从"三废"治理走向生态文明建设[J]. 中国环境管理,2019,11(04):5-10+16.

第三节 案例分析

案例一:"史上最严"垃圾分类政策

一、[案例介绍]

案例背景:自 1978 年改革开放以来,随着国民经济的快速增长,我国城市化进程明显的加快。20 世纪 90 年代以后,中国城市化已从沿海向内地全面展开,城市化进入全面推进阶段,以城市建设、小城镇发展和普遍建立经济开发区为主要动力。特别是 2001 年我国成功加入世贸组织以后,我国的经济贸易活动更加活跃,城市化的进程进一步加快,截至目前,我国的城镇化率高达 63.89%,比发达国家 80%的平均水平低了 16.11%,我国正处于高速发展时期,与发达国家之间的距离越来越近。随着城镇化的发展,一系列的城市问题也暴露在公众的视野中,尤其是城市垃圾问题,更是严重威胁到了城市居民的生活质量,据国家统计局的统计数字显示我国 668 座城市,2/3 已经被垃圾包围,很多大城市都处于垃圾带的包围中,居民的生活工作深受影响。

案例正文:

(一)垃圾围城,"土著"欲搬家

家住上海市闵行区江川路街道景谷小区的王虹是一个地地道道的上海"土著",从小就生活在景谷小区,见证了小区多年来的历史变化。但是最近几年王虹却在想着搬离小区,换一个居住环境,因为景谷小区是典型的老旧小区,建于 20 世纪 80 年代,基础设施差,小区里的垃圾桶是分散放置的没有一点规律。而且随着城镇化的发展,大量外来务工人员涌入到上海,王虹居住的景谷小区也多了很多的外来流动人口。随着外来人口的增加,与之伴生的是小区周围各种小餐馆的出现,甚至小区里有些一楼的居民将房屋也改造成小餐馆,各种垃圾随处排放,再加上小区基础设施本来就很落后,垃圾清理不及时,小区里的垃圾桶旁边都堆成了一座小的垃圾山,散发着令人恶心的恶臭。王虹说道,"每天上下班看着这一堆堆垃圾心情就不好了,甚至在夏天的时候孩子中午睡觉都被臭醒了,要不是现在房价太高了早就想搬走了"。与王虹有着同样想法的不在少数,小区的原住民都纷纷表示虽然小区是比较老旧,基础设施差了点,但是以前的垃圾桶都够用,也没有产生这么多的生活垃圾,但是随着外来人口的涌入,小区原本的基础设施就不够用了,人多垃圾也就越多,尤其是 2010 年以来各种外卖行业兴起以后,小区里的生活垃圾更是急剧增加。小区的居民也向居委会多次反映过，但是整治起到的作用并不大，隔一段时间垃圾又开始增加，无法根治。

(二) 史上最严，垃圾分类立法

景谷小区的情况是上海市各个社区的缩影，据相关数据统计，上海市2015年全年清运生活垃圾789万吨，2016年全年清运生活垃圾879.86万吨，2017年全年清运生活垃圾899.50万吨，2020年全市清运生活垃圾约867.34万吨（干垃圾+湿垃圾），从2015～2018年上海市生活垃圾一直处于一个增长的状态，2019年开始逐渐下降。2018年的数据显示，上海每年的垃圾总产量约为900多万吨，除以2400万常住人口，得出人均垃圾总产量约为400千克，即人均每日垃圾产出约为1.1千克。这一峰值还在继续攀升。未来，上海年生活垃圾总量可能会达到1000万吨。一般来说，1千克的尺度常被用来判断人均日垃圾产量的高低。人均每日垃圾产出高于1千克是高垃圾排放，低于1千克是低垃圾排放。按照这样的参照标准，上海无疑是一个高垃圾排放城市，这与上海将要建设成为一个低废无害城市的发展理念是相冲突的。所以2019年7月1日，上海市颁布了号称"史上最严"的生活垃圾管理条例《上海市生活垃圾管理条例》，成为国内第一个经由人大立法而强制实行垃圾分类的城市。并且早在2018年2月上海市就发布了《关于建立完善本市生活垃圾全程分类体系的实施方案》，提出在2020年建成生活垃圾全程分类体系，并在居住区普遍推行生活垃圾分类制度。同年3月，上海绿化市容局发布了《上海市生活垃圾全程分类体系建设行动计划（2018—2020年）》（简称"三年行动计划"），"三年行动计划"是对《实施方案》的细化落实。"三年行动计划"提出，到2020年，上海所有区要实现生活垃圾分类全覆盖，90%以上的居住区垃圾分类实际效果要达标，要用三年减少15%的干垃圾。王虹所在的景谷小区为了响应上海市委垃圾分类的号召，把原来分散放置的垃圾桶全撤了，选址建了垃圾箱房，设5个集中投放点。刚开始，居民们还不习惯，抱怨的、反对的都有，甚至有一位阿姨扬言垃圾箱房建在她楼下就跳楼。"把老百姓的气理顺，赶上垃圾分类新时尚，可不容易啊！"居委会干部介绍说，解决这些困难的诀窍就是做到"五个发挥"：发挥居民区党组织作用，遇到大事、难事，党组织一班人都挺在最前面，碰到闹着要跳楼的居民，几十次上门耐心细致做沟通，最终才赢得了居民的理解，还动员她一起加入了志愿者队伍；发挥居委会、物业、业委会作用，大家有劲一起使，"红色物业"更是一呼百应；发挥党员作用，工作越难做，党员更要先行，志愿者团队中社区党员就有近40人；发挥志愿者作用，穿着统一的"绿马甲"，分为五组管理单元，每组分别管理一个垃圾投放点；发挥楼组长作用，由楼组长负责管理自己楼道，对年老体弱的、行动不便的、残疾的居民，楼组长主动上门代扔垃圾,还召开了优秀楼组长经验分享会。现在居民们慢慢习惯了每天早晚两次,定点定时"倒垃圾"。小区的垃圾排放规范了很多,垃圾散发的恶臭也消散了,小区的卫生环境又变好了。

(三)成效显著,小区焕然一新

景谷小区自 2019 年 7 月上海市发布《上海市生活垃圾管理条例》以来,积极开展垃圾分类的各项措施,全面撤桶,实行垃圾定时定点管理,并且在实施强制分类前,党员、楼组长等志愿者多次上门发放宣传手册,入户宣传率达 100%,并通过微信公众号、签名墙、小喇叭等工作,让居民清楚了解到生活垃圾分类的必要性、"四分法"要求等。并根据大家对"破袋"后,厨余等湿垃圾容易弄脏手的问题,增设了洗手池。垃圾减量、资源增量、社区扮靓、环保添绿已逐步成为小区居民共同追求的环保理念,居民自觉进行垃圾分类的意识也有了显著的提高,小区的环境也是焕然一新。

(四)对比强烈,垃圾分类路在何方?

然而,与景谷小区垃圾分类取得显著成效形成强烈对比的小区大有存在,甚至有的小区经过两年的垃圾分类,小区的环境变得更加恶劣了,垃圾随处可见,各种垃圾投放点的垃圾堆积如山。知乎网曾有网友爆料自己所在的小区位于上海中山公园旁,以前一直是文明小区。住了几十年了,2019 年前一直是干干净净的小区,2019 年开始设立垃圾露天堆放点,说是堆放所谓建筑垃圾,后来把标牌改成装修垃圾,什么是装修垃圾?相关人员自己也解释不清楚,很多居民图方便,生活垃圾直接往里丢,里面什么都有,死老鼠、破衣服、啤酒瓶、破鞋子、猫狗屎……两三天就堆成小山,像城市牛皮癣一样,一堆一堆地怎么也弄不干净。根据其在知乎上爆料得知不仅仅是他所在的小区存在着垃圾堆积如山的状况,周边好几个小区都存在垃圾乱扔的现象。甚至在浦东新区的一些道路的垃圾箱旁都堆满了垃圾,这样的景象让外界对上海实行垃圾分类所取得的实际效果产生了怀疑,是否真如新闻媒体报道中的那样,上海垃圾分类成效显著。纵观上海市垃圾分类实行现状,主要存在以下问题:第一,垃圾桶设置太少,100 幢楼 3000 户居民的大型小区只有 8 个投放点,原本的垃圾桶全部被撤走,新的垃圾桶也太小完全不够扔。而很多老小区又有停车难的问题,很多路面全被车占据,因此也没有空间来放很多垃圾桶。很多小区也因为低廉的物业费而无法很好地支持回收活动。第二,定时定点,早晚各 2 个小时才能扔,过时不候。早出晚归的上班族会比较麻烦。第三,分类过于复杂,而其中吐槽最多的是,湿垃圾必须破袋倒出,因为垃圾袋本身属于干垃圾,这就直接导致了湿垃圾的箱子发出恶臭,下雨天或者高温天不堪设想,这也是吐槽最多的一点。以上种种反而加剧了垃圾乱扔的情况,比分类前还更脏的情况比比皆是,甚至出现了环卫工人下岗、高空抛物、马桶堵塞（很多人直接往马桶冲湿垃圾下去了）和马路边垃圾桶的爆满等本末倒置的情形。

（五）东京模式，上海垃圾分类新出路

放眼世界，很多国家都在进行垃圾分类，日本东京垃圾分类模式是最成功也是与上海垃圾分类非常相似的。放宽历史的视角，日本自江户时代就颁布了生活垃圾处理的法令。明治维新，特别是"二战"结束后，城市化和工业化进程带来生活垃圾剧增，日本政府急于复苏经济，因而对垃圾的处理掉以轻心，简单的混合收集填埋焚烧，处理能力远远赶不上与日俱增的垃圾排放量，垃圾围城让市民苦不堪言。而人口千万的东京地少人多，大部分生活垃圾运往郊区的垃圾处理场和海边填埋、焚烧或者干脆一倒了之；每日大量粪便排入东京湾，臭气熏天，引发沿岸的环境问题。垃圾处理厂成为蚊蝇滋生地，东京民众深受其害。在此情况下，东京政府痛定思痛通过电视严正宣布："我声明发生了垃圾战，要坚决采取应对措施。这是一场无论如何也不能输的战争。"以此表明东京都政府的决心。东京政府下令让各区分担垃圾处理工作，并且加紧建设垃圾处理场，同时通过电视和报纸向全日本民众传达了杉并区垃圾大量滞积，恶臭满天的景象，带给了民众前所未有的震撼教育。

1973年，世界石油危机爆发，日本人开始认识到资源的有限性和有效利用资源的必要性。在此背景下，日本提出"混则垃圾，分则资源"的口号，大力提倡垃圾分类。1991年和1995年相继颁布《再生资源利用促进法》和《容器包装循环利用法》，这两部法律奠定了日本社会垃圾分类处理与循环利用模式的基础，垃圾分类和资源化走上法治化道路。经过几十年的努力，东京垃圾分类取得了举世瞩目的效果，并一举成为了全球垃圾分类第一城。东京垃圾分类的东京模式更是被世界上大多数国家或城市借鉴，其主要特点如下：（1）细致的垃圾分类，（2）民众参与度高，（3）法律体系完备，（4）垃圾处理付费。

案例来源：光明日报 破解"垃圾围城"的上海实践[EB/OL]. 2018-05-17. [2022-09-08]. https://news.gmw.cn/2018-05/17/content_28829293.htm

垃圾分类把上海人搞崩溃了吗？[EB/OL]. 2021-05-09. [2022-09-08]. https://www.zhihu.com/question/333459303/answer/1876464340?utm_id=0

东京如何变成全球垃圾分类第一城 [EB/OL]. 2019-07-10. [2022-09-08]. https://www.sohu.com/a/325892844_99923264

二、[案例分析]

垃圾分类是习近平总书记高度重视、亲自部署、着力推动的"关键小事"。

实行垃圾分类，关系广大人民群众生活环境，关系节约使用资源，也是社会文明水平的一个重要体现。总体而言，我国垃圾分类工作仍处于探索阶段，源头分类、收集、运输、处置的许多环节需要打通。上海市作为率先实行垃圾分类强制化的城市，在垃圾分类的实施过程中不能盲目激进，要充分认识到垃圾分类是久久为功的事业，不可能一蹴而就，需要以钉钉子的精神投身其中，效仿日本将垃圾分类的观念融入居民日常生活意识，并通过完善的法律法规体制进行保障，持之以恒加以推动，让垃圾分类工作成为一种新时尚。请思考并讨论以下问题：

（一）简析上海市垃圾分类政策实施存在的困境

1. 居民垃圾分类意识较为薄弱。当前很多居民并没有认识到垃圾分类的重要性，认为垃圾分类是件麻烦事，普遍存在随手往垃圾桶扔垃圾的现象，缺乏垃圾分类的积极性和主动性。部分社会群体对于城市环境改善和生活垃圾资源化利用受益体验不充分，对垃圾分类缓解环境压力和资源压力的感受不深刻，对于人人都是垃圾的产生者和制造者的感触不明显，产生了认为"垃圾分类是政府的责任，自身是基于政府要我分"的"被迫参与"感。

2. 垃圾分类行为约束机制缺乏长效性。完善相关法规制度，明确垃圾分类投放、分类收集、分类运输、分类处置各个环节的责任、义务和处罚机制，可促进垃圾分类治理有法可依、违法必究。需要上海市执法检查系统加大督查与处罚力度，进行垃圾分类的普法宣传，建立起法治的刚性约束机制[1]。

3. 缺乏明确的垃圾分类职责。现阶段，物业对垃圾分类职责不明确是城市生活垃圾分类最显著的一个问题，物业只是在小区宣传栏宣传垃圾分类知识，没有认真向小区业主解答垃圾分类方面的知识，监督他们进行垃圾分类，自然而言，小区生活垃圾分类工作便不尽如人意[2]。

4. 可回收物资源化利用的难点凸显。从现有的回收模式来看，纸、金属等高附加值可回收物基本上采用"散兵作战"的模式，塑料等低附加值可回收物的回收率仍然处于较低水平。企业对低价值废弃物的循环利用难以盈利，需要通过按量补贴等政策加以调节，目前尚无系统化、差别化的支持政策。一部分废塑料、废玻璃、废木材等低价值废弃物往往因为回收成本高，再利用利润低而被混入干垃圾焚烧，影响后端的资源化利用[3]。

---

[1] 杜欢政，聂雨晴，陆莎，樊亚男. 上海垃圾分类资源化利用的现状、问题与实践路径[J]. 中国环境管理，2022，14（02）：13-18.
[2] 马济飞. 城市生活垃圾分类问题研究[J]. 环境与展，2020，32（09）：31+34.
[3] 杜欢政. 上海生活垃圾治理现状、难点及对策[J]. 科学发展，2019（08）：77-85.

（二）对比"东京模式"，上海贯彻垃圾分类有何优势？

1. 从对象上看，具有"综合"的优势。东京的垃圾分类是分步走过来的，上海作为追赶者可以在起步的时候就综合集成。上海目前将垃圾分为"有害垃圾、可回收物、湿垃圾、干垃圾"四类，就有这样的意义：一开始就把资源回收利用、堆肥、焚烧、填埋等处理方式集成起来，综合推进。虽然在推进中，主导部分会有先后之别，但总体上是综合地进行变革。这是上海垃圾四分类承载的后发优势。

2. 从过程上看，具有"倒逼"的优势。上海原来的垃圾处理方式是，前端不解决垃圾产生的问题，有多少产生量，末端就建多少处理设施、处理掉多少。这种后端处理模式是被动的。而现在采取的战略是，假定人均一千克垃圾是最高值，那么就要以此为界限，设定填埋、焚烧设施的最大容量，通过框定容量不扩张，倒逼前端的分类收集和资源化利用，在源头上减量和分类。

3. 从主体上看，是"治理"导向的后发优势。东京在垃圾革命中非常重要的经验，是形成政府、企业、社会的铁三角。上海1996年以来就试验垃圾分类，主导的方式是部门管理而不是社会治理。现在的垃圾治理是全社会的动员和参与。在政府层面，从原来环卫部门的部门主管变成各部门的联动；在社会层面，是市民社会的自下而上参与和草根创新；在企业层面，是加强市场化的变革。这样的治理结构，将垃圾分类从部门的行动变成了全社会的大合唱，有助于加快垃圾革命的进程，缩短垃圾革命的时间。

案例二：碳市场开张，谁才是主角？——"双碳"政策下的新能源汽车发展

一、[案例介绍]

案例背景： 全球变暖，碳金融市场应运而生。随着世界各国经济的发展，由发展带来的环境问题日益严重，"温室效应"在19世纪末首次被提出，全球气候变暖现象日益凸显。世界各国开始广泛关注气候变暖带来的一系列影响，20世纪90年代以来，各国政府开始介入气候相关问题的协作应对。二氧化碳的排放作为温室效应的主要来源，对碳排放的控制可以缓解温室效应的问题，1992年由150多个国家以及欧洲共同体共同签署的《联合国气候变化框架公约》，标志着碳排放权交易体系的开端；随后，1997年签订的《京都议定书》，首次以法规的形式限制温室气体的排放，构建了应对气候变化的国际制度框架。以温室气体排放权为交易标的碳金融市场就是在《京都议定书》的指导下发展起来的，温室气体排放企业根据自身的发展需要，在交易市场上对碳排放权进

行自由买卖。

我国碳排放市场的建立较晚，2011 年，国家发改委同意北京、天津、上海、重庆、湖北、广东以及深圳 7 个省市开启碳排放交易试点，我国碳排放市场陆续开启。2017 年 12 月 19 日，发改委就全国碳排放交易体系启动工作召开的发布会上提出的《全国碳排放交易市场建设方案（发电行业）》得到国务院批准，标志着我国全国碳市场即将拉开帷幕。

案例正文：

（一）势不可挡，新能源汽车异军突起

作为我国实现"双碳"目标的重要抓手，中国新能源汽车产业始于 21 世纪初。2001 年，新能源汽车研究项目被列入国家"十五"期间的"863"重大科技课题，并规划了以汽油车为起点，向氢动力车目标挺进的战略。"十一五"以来，我国提出"节能和新能源汽车"战略，政府高度关注新能源汽车的研发和产业化。2008 年，新能源汽车在国内已呈全面出击之势。2008 年成为我国"新能源汽车元年"。2009 年财政部、科技部发出《关于开展节能与新能源汽车示范推广工作试点工作的通知》，决定在北京、上海、重庆、长春、大连、杭州、济南、武汉、深圳、合肥、长沙、昆明、南昌 13 座城市开展节能与新能源汽车示范推广试点工作；鼓励试点城市率先在公交、出租、公务、环卫和邮政等公共服务领域推广使用节能与新能源汽车。

在汽车行业打拼了十多年的高恒敏锐地嗅到了新能源汽车行业的商机，毅然决定将公司转型，转投新能源汽车行业，成立了恒鑫能源汽车有限公司。凭借着自己对国家政策的敏感度，高恒意识到国家开始大力倡导新能源汽车的推广使用，首先肯定得从政府部门以及相关事业单位的公用车开始，如果自己能与政府部门达成合作为他们提供新能源汽车的话，不仅打开了销售渠道而且还能免费打一波广告，可谓一举两得。在政府各部门来回跑了一个多月后，高恒的新能源汽车公司终于与政府部门签订了合同，整个政府部门的公用车辆全部在恒鑫能源汽车有限公司采购，公司也因此赚了第一桶金，再加上《通知》明确指出，中央财政重点对试点城市购置混合动力汽车、纯电动汽车和燃料电池等节能与新能源汽车给予一次性定额补助。同时要求地方财政安排一定资金，对节能与新能源汽车配套设施建设及维护保养等相关支出给予适当补助，保证试点工作顺利进行。恒鑫能源汽车有限公司在领导决策以及当地政策的支持下很快就占据了当地汽车市场份额的 60%，成为了当地的汽车龙头企业，每年纳税高达上亿，不仅带动了当地的经济发展，提供了更多的工作岗位，而且还增加了当地政府的财政收入。

（二）势头强劲，新能源汽车发展引来高潮

2014 年 5 月，习近平总书记在上汽集团考察时指出，发展新能源汽车是我国从汽车大国迈向汽车强国的必由之路。要加大研发力度，认真研究市场，用好用活政策，开发适应各种需求的产品，使之成为一个强劲的增长点。这对新能源汽车行业而言无疑是一剂"兴奋剂"，新能源汽车行业迎来了一场大爆发，各种新能源汽车公司纷纷成立，都想着能分一杯羹。除此之外，国家仅在 2015 年上半年就发布了近 10 项新能源汽车的支持鼓励政策，包括减免新能源车船购置税、开放电动乘用车准入等。下半年，政策支持持续给力：10 月，《国务院办公厅关于加快电动汽车充电基础设施建设的指导意见》出台；在 11 月 3 日发布的《中共中央关于制定国民经济和社会发展第十三个五年规划的建议》中更是提出，实施新能源汽车推广计划，提高电动车产业化水平。新能源汽车行业的发展势头更加强劲，迎来了发展的高潮期。恒鑫能源汽车有限公司得益于公司早期正确的战略决策，后来更是碰上了新能源汽车行业在全国发展的大好环境，公司的营业额翻了好几番，在 2018 年底公司的总资产突破了 30 亿，并且计划在 2019 年在上海挂牌上市。

（三）矛盾凸显，新老汽车行业对抗激烈

随着新能源汽车的迅速发展，传统燃油汽车行业收到了极大的冲击，新能源汽车对传统汽车行业造成的冲击主要集中在以下几个方面：首先就是对于传统汽车的市场份额来说，新能源汽车的迅猛发展挤占了很大一部分传统燃油汽车的市场份额，使得传统燃油汽车的销量大减，也就导致了传统燃油汽车车企的利润下滑，进而造成了传统燃油汽车车企产品的积压。根据中国汽车工业协会对外发布数据显示，2017 年新能源汽车累计生产 79.4 万辆，同比增长 53.8%，累计销售 77.7 万辆，同比增长 55.3%，截至 2020 年底，全国新能源汽车保有量达 492 万辆，占汽车总量的 1.75%，比 2019 年增加 111 万辆，增长 29.18%。其中，纯电动汽车保有量 400 万辆，占新能源汽车总量的 81.32%。其次就是在人们的品牌认知方面，随着新能源汽车的蓬勃发展，并且在新能源汽车上所搭载的技术配置和科技含量功能越来越高，给人们带来的认知是新能源汽车有更高的科技含量，从而大大增加了新能源汽车的品牌影响力，这样的话也使得传统燃油汽车的品牌效应越来越衰弱。如现在新能源汽车企业小鹏汽车、理想、蔚来等新能源汽车品牌深受当下年轻人的喜欢。最后就是在售后维修方面，因为新能源汽车的自身构造，所以使得新能源汽车的故障率非常的低，也就意味着在售后维修方面根本不需要投入太多的资源，而且随着传统燃油汽车的销量逐渐走低，所以在售后维修方面也是大大降低了生存的能力。总体而言新能源汽车的发展对传统汽车企业的影响还是非常大的，而且国家也大力倡导支持新

能源汽车能够代替传统燃油汽车，以降低我国二氧化碳等温室气体的排放，早日实现"双碳"目标。在此情景下，传统车企自然不会坐以待毙，各大企业纷纷转型升级，不断更新车辆并且通过降价以及补贴等手段吸引消费者，而且针对新能源汽车出台的相关政策也采取相应的措施。高恒的恒鑫能源汽车有限公司在发展的初期就遭受过当地几家老牌汽车公司的联合打压。新老汽车行业之间的竞争无处不在。

（四）市场饱和，碳金融市场出现新机

随着政策的逐渐温和，新能源车补贴逐渐下降，国内新能源车市场趋向饱和这是不争的事实，新能源车逐渐从政策导向转化为市场导向。在市场导向的指引下，国内新能源汽车企业如雨后春笋般冒出，据不完全统计目前我国共有新能源汽车相关企业 23.2 万家，2020 年全年新注册企业 7.86 万家，同比增长 70.8%，其中四季度新增企业 2.7 万家。在如此多家新能源汽车企业的相互竞争下，新能源汽车市场很快将会变得无利可图，市场越发饱和，甚至会出现产能过剩的现象。伴随着新能源汽车市场趋于饱和的同时我国碳金融市场却呈现出一片生机盎然的景象，据世界银行预测，碳金融额成交量可达到 260 亿吨以上，以 7 个试点交易市场和上海最新碳价平均的 50 元/吨计算，中国碳金融交易基数将在万亿人民币以上；再以当前欧盟碳价预判我国碳价上涨趋势和空间，2030 年中国碳市场交易额在 3 万亿元左右。碳金融市场所表现出来的巨大潜力对于所有的行业来说都具有很大的吸引力，而且我国政府近年来多次出台相关政策支持碳金融市场的发展，更是提出了"双碳"目标，即中国力争 2030 年前实现碳达峰，2060 年前实现碳中和。并且财政部正牵头起草《关于财政支持做好碳达峰碳中和工作的指导意见》，拟充实完善一系列财税支持政策，积极构建有力促进绿色低碳发展的财税政策体系，充分发挥财政在国家治理中的基础和重要支柱作用，引导和带动更多政策和社会资金支持绿色低碳发展。碳金融市场的广阔前景以及国家政策的大力支持，令恒新能源汽车有限公司的老总高恒有了新的打算，一个新的想法在其心底慢慢萌芽……

（五）市场"开张"，谁才是主角？

2021 年 7 月 16 日上午，全国统一的碳排放权交易市场正式启动，这意味着全国性的碳排放权交易拉开了序幕。碳排放权交易是我们国家正在推进的碳达峰、碳中和行动的一个重要的政策工具，是国家推进经济社会全面绿色转型的一个重要组成部分。碳排放权交易市场正式启动后，第一笔成交发生在开盘后的第二分钟，成交额为 52.78 元每吨，最新价较开盘价上涨 8.54%。这次碳交易的主要参与方是首批 2225 家电力行业高耗能企业以及节能减排企业，新能源发电、环保等相关企业，没有纳入新能源汽车企业。欧洲在 2005 年建立了全球最早的碳交易市场，美国碳交易市场如今也形成稳定市场和定价，这两个碳交易市场中，除了环保和发电企业，新能源汽车公司特斯拉更是重要参与者。虽然首批交易的主要参与方是电力行业高耗能企业以及节能减排企业，但对于国内的新能源汽车企业而言，美国新能源汽车企业特斯拉参与碳交易市场的做法是很值得借鉴的。同时也有理由相信在不久的将来，新能源汽车企业必定是碳交易市场中的重要一环。

案例来源：推动汽车产业低碳发展是实现"双碳"目标的重要抓手[EB/OL]. 2021-08-25. [2021-12-20]. https://baijiahao.baidu.com/s?id=1709042920391333473 &wfr=spider&for=pc

2017 新能源汽车产销量突破 70 万 公共充电桩总量达到 21 万[EB/OL]. 2018-01-17. [2021-12-20]. https://baijiahao.baidu.com/s?id=1589828075942383583 &wfr=spider&for=pc

央视网 全国统一碳排放权交易市场正式启动 [EB/OL]. 2021-07-16. [2021-12-20]. http://news.cctv.com/2021/07/16/ARTIkELdzmQP85z4SxHNqWWg210716.shtml

二、[案例分析]

实现 2030 年前碳达峰、2060 年前碳中和（简称"双碳"目标）是党中央经过深思熟虑作出的重大战略部署，也是有世界意义的应对气候变化的庄严承诺。实现碳达峰、碳中和，需要对现行社会经济体系进行一场广泛而深刻的系统性变革。不仅在中央层面把碳达峰、碳中和纳入生态文明建设整体布局，各地方各部门更要以抓铁有痕的劲头，明确时间表和路线图。"双碳"目标的提出将把我国的绿色发展之路提升到新的高度，成为我国未来数十年内社会经济发展的主基调之一[①]。从长远看，实现"双碳"目标有利于实现经济高质量发展和促进生态环境改善。请思考并讨论以下问题：

（一）简要解读我国"双碳"政策的主要内容

1. 倒逼产业转型升级，提高经济增长质量。"双碳"目标将推动我国工业制造业尤其是初级制造业向绿色低碳转型升级，并将大大增加绿色发展相关新技术的研发投资，巩固我国在此领域的优势地位。

2. 加速我国能源转型和能源革命进程。通过大幅提升能源利用效率和大力发展非化石能源，逐步摆脱对化石能源的依赖，以更低的能源消耗和更清洁的能源，支撑我国经济社会发展和居民生活水平提高，在倒逼能源清洁转型的同时保障我国能源安全供应。

3. 加快高耗能、重化工业等产业去产能和重组整合步伐。钢铁、石化、建材、水泥、有色金属等高能耗、高排放产业，产能扩张力度将受到较为严格的

---

① 庄贵阳. 我国实现"双碳"目标面临的挑战及对策[J]. 人民论坛，2021（18）：50-53.

碳排放限制，产能退出和压减速度加快。而且，产业内技术、设施更为先进的龙头企业有望进一步占据竞争优势，兼并重组整合趋势加强。

4. 新增大量绿色投资需求，改善投资结构。为实现"双碳"目标将新增三大投资需求：新增大量风电、光伏等非化石能源投资；高耗能、高排放产业为降低排放，需要新增大量清洁能源设备、低碳排放设备等技术改造投资；为实现快速降低碳排放，需要新增大量绿色、低碳、零碳等技术投资。这三大新增投资需求分布在能源、工业、建筑、交通等众多行业领域。

5. 有利于打破"碳壁垒"，推动产品出口。未来，在碳减排倒逼下，为满足本国环保团体要求并保护本国产业，部分国家或将碳减排与贸易联系在一起，动用"碳壁垒"、严格审查发展中国家基础设施投资的可能性增大。我国提出"双碳"目标，可打破"贸易壁垒"，消除出口产品被征收碳税的潜在风险。

（二）试述"双碳"政策之下新能源汽车发展存在怎样的挑战？

1. 市场环境竞争激烈，潜在行业竞争者数量庞大。全球新能源汽车市场报告数据显示，2021年全球总共销售新能源汽车近650万辆，相比2020年增长了108%。在全球市场范围内，不仅有众多大牌汽车制造商宣布了从传统燃油车向新能源汽车转型的计划，而且在非汽车制造领域，目前国际上有谷歌、苹果等互联网科技公司以及国内阿里巴巴和百度等行业巨头公司都已率先公布了各自的新能源造车计划，市场竞争尤为激烈。

2. "后补贴时代"来临，新能源汽车初期普及接近阈值。目前在汽车销售市场上，由于"双碳"政策的逐步落地与完善，新能源汽车的产销量虽然在2021年有了短暂的爆发式增长，但需要注意的是，新能源汽车产销短期的爆发增长，一方面是由于政策带来的价格补贴优势吸引了一批消费者，另一方面则是近年国家机关、事业单位和团体组织类公共机构自身积极响应"双碳"政策，带头使用新能源汽车，提供了相当程度的购买力，而后续则很难在已有库存的基础上再提出额外的新能源汽车需求。考虑到2022年12月31日后上牌的车辆不再给予补贴，国内新能源汽车行业将整体进入"后补贴时代"。同时近期大量动力电池的核心原材料例如锂矿资源的价格持续攀升，因此后续新能源汽车产业将迎来一次整体的涨价潮，这对于处于观望阶段的消费者来说无疑是一种购车阻碍，可以预见新能源汽车目前在其初期的普及将逐步达到一个相对的阈值。

3. 新能源汽车芯片等高精领域开发相对落后。根据近几年整个汽车制造业的现实情况，同时结合国际贸易与技术封锁的政治因素考量，我国新能源汽车芯片可能仍会长期处于短缺且无法依靠自主进行创新与批量化生产的市场阶段。新能源汽车芯片产业如果进行开发投资，不仅开发周期极其漫长，高级人才需求量和总投资额也会巨大，这些都是普通新能源汽车企业难以涉足的因素，可以预见芯片上的限制会使我国新能源汽车企业在创新引领发展最终走向国际市场的道路上，受到相对严重的技术阻碍①。

本章参考资料

[1] 郝春旭，董战峰，葛察忠，程翠云，龙凤，李晓亮. 国家环境经济政策进展评估报告 2020[J]. 中国环境管理，2021，13（02）：10-15.

[2] 程亮，陈鹏，刘双柳，高军，焦阔，徐顺青. 中国环境保护投资进展与展望[J]. 中国环境管理，2021，13（05）：119-126.

[3] 华夏时报网 环保税开征三周年之后：低标排放累计减税 102.6 亿，多地空气质量好转[EB/OL]. 2021-08-27 [2022-04-10]. https://www.chinatimes.net.cn/article/110282.html.

[4] 西南财经大学发展研究院，环保部环境与经济政策研究中心课题组，李晓西，夏光，蔡宁. 绿色金融与可持续发展[J]. 金融论坛，2015，20（10）：30-40.

[5] 陈凯. 绿色金融政策的变迁分析与对策建议[J]. 中国特色社会主义研究，2017，（05）：93-97+112.

[6] 北京日报客户端 《大气十条》实施多年效果几何？清华课题组的回答来了[EB/OL]. 2019-11-19[2022-04-11]. https://ie.bjd.com.cn/5b165687a010550e5ddc0e6a/contentApp/5b16573ae4b02a9fe2d558f9/AP5dd3e5abe4b0ab28c83be275.html?isshare=1.

[7] 黄昱森. 碳达峰、碳中和：一场广泛而深刻的经济社会系统性变革[J]. 国际人才交流，2021，（08）：18-19.

[8] 曲格平，彭近新. 《环境觉醒——人类环境会议和中国第一次环境保护会议》[M]. 中国环境科学出版社，第 221－264 页.

[9] 郑少华，王慧. 中国环境法治四十年：法律文本、法律实施与未来走向[J]. 法学，2018（11）：17-29.

[10] 张占斌，杜庆昊. 我国经济体制改革的历程、影响与新时代改革的新方位[J]. 行政管理改革，2018（11）：30-36.

[11] 曲格平. 中国环境保护四十年回顾及思考（回顾篇）[J]. 环境保护，

---

① 冯浩，熊兆钦. "双碳"背景下新能源汽车产业机遇及发展战略思考[J]. 决策与信息，2022（05）：68-76.

2013，41（10）：10-17.

[12] 蒋金荷，马露露. 我国环境治理 70 年回顾和展望：生态文明的视角[J]. 重庆理工大学学报（社会科学），2019，33（12）：27-36.

[13] 张萍，农麟，韩静宇. 迈向复合型环境治理——我国环境政策的演变、发展与转型分析[J]. 中国地质大学学报（社会科学版），2017，17（06）：105-116.

[14] 解振华. 中国改革开放 40 年生态环境保护的历史变革——从"三废"治理走向生态文明建设[J]. 中国环境管理，2019，11（04）：5-10+16.

[15] 杜欢政，聂雨晴，陆莎，樊亚男. 上海垃圾分类资源化利用的现状、问题与实践路径[J]. 中国环境管理，2022，14（02）：13-18.

[16] 马济飞. 城市生活垃圾分类问题研究[J]. 环境与展，2020，32（09）：31+34.

[17] 杜欢政. 上海生活垃圾治理现状、难点及对策[J]. 科学发展，2019（08）：77-85.

[18] 庄贵阳. 我国实现"双碳"目标面临的挑战及对策[J]. 人民论坛，2021（18）：50-53.

[19] 冯浩，熊兆钦. "双碳"背景下新能源汽车产业机遇及发展战略思考[J]. 决策与信息，2022（05）：68-76.

第六章　农业政策

农业政策是针对农业发展的重要维度及环节，是党和国家及相关部门所制定的一系列具有计划的行动、措施、方案的总称。与其他公共政策相比，农业政策有一定的特殊性。农业的弱质性特征决定了政策行为主体必须制定符合整体利益的农业政策来支持农业生产的稳定发展，进而保证这个作为国民经济基础的农业政策目标实现，巩固整个国家经济社会的稳定发展。党的二十大报告提出，"全面推进乡村振兴，坚持农业农村优先发展，巩固拓展脱贫攻坚成果，加快建设农业强国，扎实推动乡村产业、人才、文化、生态、组织振兴，全方位夯实粮食安全根基，牢牢守住上亿公顷耕地红线，确保中国人的饭碗牢牢端在自己手中"。党的二十大报告将农业强国提到前所未有的高度，明确了新时代新征程农业农村现代化的主攻方向，提出了全面推进乡村振兴的重大任务。

第一节　我国农业政策的主要方式

一、土地政策

土地政策指的是国家根据一定时期内的政治和经济任务，在土地资源开发、利用、治理、保护和管理方面规定的行动准则，它是处理土地关系中各种矛盾的重要调节手段。在中国共产党百年伟大征程和历史叙事中，农村土地政策的变革占据着十分重要的地位，它不仅展现了党百年来践行初心使命的奋斗征程，而且诠释了党为民执政的本质[①]。农村土地政策的核心在于产权。

2013年党的十八届三中全会明确提出"赋予农民对承包地占有、使用、收益、流转及承包经营权抵押、担保权能，允许农民以承包经营权入股发展农业

[①] 易振龙. 中国共产党农村土地政策的百年发展历程及其经验启示[J]. 湖北大学学报（哲学社会科学版），2022，49（03）：31-40.

产业化经营"①。2014 年中央一号文件《关于全面深化农村改革加快推进农业现代化的若干意见》中明确提出"在落实农村土地集体所有权的基础上，稳定农户承包权、放活土地经营权，允许承包土地的经营权向金融机构抵押融资"②。农村土地"三权"（土地所有权、土地承包权、土地经营权）分置改革的框架基本形成。

此后，中共中央从政策和法律层面进一步推动了农村土地政策的创新。2014 年 12 月中央全面深化改革领导小组第七次会议审议了《关于农村土地征收、集体经营性建设用地入市、宅基地制度改革试点工作的意见》，意见允许农村集体经营性建设用地出让、租赁、入股实行与国有土地同等入市、同权同价。该政策以建立城乡统一的建设用地市场为目标，实际上赋予了农村土地某种程度的金融功能。2017 年 10 月第十二届全国人民代表大会常务委员会第三十次会议初次审议了农村土地承包法修正案草案，这标志着中国已经开始从法律角度吸纳农村土地所有权、承包权和经营权。2021 年中央一号文件强调在乡村振兴中积极探索实施农村集体经营性建设用地入市制度。2022 年的中央一号文件对乡村振兴的重点工作进行了安排。这一系列政策的出台开启了农村土地政策的新一轮改革。

伴随着土地政策的不断完善，2014－2020 年，全国已有 2838 个县（市、区）、3.4 万个乡镇、55 万多个行政村完成了共 1 亿公顷承包地的确权登记颁证工作，给 2 亿多农户颁发了土地承包经营权证书，全国承包地颁证率超过了96%③。与此同时，农村土地制度改革还突破了农村集体经营性建设用地不能入市的法律障碍，赋予了农民集体出让、出租集体经营性建设用地的流转权，平衡了城乡建设用地权益，显化了集体经营性建设用地使用权价值。

二、农民收入政策

农业收入政策是为一定的农业发展目标而确立的指导原则及其相应的措施，其目标在于对各种农业投入主体的投资行为加以引导和调控。近年来，党和政府坚持把增加农民收入作为农业农村工作的中心任务，不断加大强农惠农富农政策力度，充分挖掘农业内部增收潜力，大力拓展农村非农产业增收渠道，积极开辟外出就业增收空间，推动农民收入持续较快增长。具体体现为以下几个方面。

---

① 中共中央文献研究室编. 十八大以来重要文献选编（上）[M]. 北京：中央文献出版社，2014：523.
② 中共中央文献研究室编. 十八大以来重要文献选编（上）[M]. 北京：中央文献出版社，2014：709.
③ 中央农办、农业农村部. 全国农村承包地颁证率已超 96%[EB/OL]. 2020-11-02[2022-04-20]. http://country.people.com.cn/n1/2020/1102/c419842-31916034.html.

（一）增加农民工资性收入

增加农民工资性收入是我国促进农民增收和缩小城乡收入差距的主要着力点，一直以来我国通过多形式、多层次、多领域促进农民就业增收，保障农民工资性收入持续较快增长，使得工资性收入贡献占据重要地位。国家关于促进工资性收入增长的政策主要体现为加快发展乡村工业、农村服务业等农村非农产业，积极引导二三产业向内地、小城市和小城镇转移，着力培育县域特色支柱产业，发展壮大县域经济，使更多农民就地就近转移就业。不断强化农民工劳动权益保护、职业技能培训、劳动就业服务，下大力气帮助农民工解决在城镇遇到的劳动报酬、子女入学、公共卫生、住房租购、社会保障、职业安全等实际困难，有序推进在城镇稳定就业和居住的农民工转变为城镇居民，促进农村劳动力外出就业。在贷款发放、税费减免、工商登记、信息咨询等方面加大优惠力度，支持农民工返乡创业，以创业带动就业[①]。2021年，工资性收入占农民收入的比重已超过42%，成为农民增收的主渠道[②]。

（二）增加农民家庭经营纯收入

通过大力推动增产增收、优质增收、提价增收，促进农民家庭经营纯收入平稳较快增长。在加快推进现代农业建设，转变农业生产方式，推动农业增产增效增收的同时，国家根据成本收益、供求状况、市场价格等因素，在2013年曾实现连续五年甚至一年多次提高小麦、稻谷等重要粮食品种最低收购价，先后多次对玉米、大豆、油菜籽、棉花等重要农产品适时启动临时收储政策，及时运用农产品关税和配额等措施防止过度进口冲击，努力保持农产品价格合理水平。

（三）增加农民转移性收入与财产性收入

在促进农民转移性收入快速增长和财产性收入的增长上，国家不断加大农业"四补贴"的力度，增加森林生态效益补偿资金，实行草原生态保护补助奖励政策，大幅提高新型农村合作医疗、最低生活保障等财政补助标准，建立起覆盖全国的新型农村社会养老保险制度，使农民的转移性收入大幅增加，对农民增收的贡献越来越大。

三、农产品市场政策

在实行市场经济的国家中，农产品市场政策是整个农业政策的重要部分。

[①] 这五年实现农民增收采取了哪些政策措施?[EB/OL]. 2013-03-29[2022-04-20]. http://www.gov.cn/2013zfbgjjd/content_2365320.htm.

[②] 国家发改委：2021年工资性收入占农民收入比重超42%[EB/OL]. 2022-09-28[2022-10-02]. http://www.chinanews.com.cn/cj/2022/09-28/9862370.shtml.

按照市场经济的运行准则,农民作为市场主体,在组织安排农业生产经营活动过程中应享有充分自主权,政府通过制定和执行农产品流通政策等手段来引导农业生产、调节农产品流通与贸易,具体表现分为以下几个方面。

(一)最低收购价政策

最低收购价政策由 2004 年 5 月国务院颁布的《粮食流通管理条例》提出,即指承担最低收购价收购任务的收储库点向农民直接收购的到库价。自 2004 年我国实施粮食生产的补贴政策以来,粮食连年增产。随着粮食产量的提升,粮食价格下行,"卖粮难"现象一再发生,一度抑制了农民的种粮积极性。为保护农民利益,防止"谷贱伤农",2004 年起我国开始在吉林、黑龙江等地对稻谷试行最低收购价政策,并于 2006 年在河北、江苏等地对小麦实行最低收购价政策。十多年来,"价补合一"的最低收购价政策对市场形成较大的干预,引致粮食供求关系失衡等诸多问题。2014—2019 年,多个中央"一号文件"都明确提出要推进粮食价格形成机制和收储制度改革。2017 年我国连续下调三种稻谷和小麦的最低收购价格,向市场释放了强烈的改革信号。《乡村振兴战略规划(2018—2022 年)》提出要进一步深化重要农产品收储制度改革,建立以市场定价为基础的粮食价格形成机制,让市场在配置农业资源中发挥决定性作用。

(二)临时收储政策

我国的临时收储政策主要针对玉米。2007 年,为鼓励主产区的玉米种植,我国实施了玉米临时收储政策。自 2013 年 7 月开始,国内外玉米价格开始出现"倒挂"。随后,国内外玉米每吨的差价高达 1000 元,导致进口玉米及其替代品大量增加,而国内玉米库存堆积,出现了严重的供给过剩。为此,2016 年东北三省和内蒙古自治区将玉米临时收储政策调整为"市场化收购"加"生产者补贴"的机制,实行"市场定价、价补分离"的改革。改革后的玉米价格基本回归到合理水平,国内外价格逐渐统一,改革效果明显。为了进一步补贴玉米生产者,《乡村振兴战略规划(2018—2022 年)》和 2019 年的中央"一号文件"均提出要进一步深化玉米收储制度改革,完善玉米的生产者补贴政策。

(三)目标价格政策

我国的目标价格政策主要针对棉花、大豆、油菜籽。该政策本质上是一种差价补贴,即在市场形成价格基础上,当市场价格低于目标价格时,国家根据价差和种植面积、产量、销售量等因素对生产者给予补贴;当市场价格高于目标价格时,不发放补贴。多年来我国实施的托市收购政策扭曲了玉米和大豆的比较关系,导致大豆种植收益远低于玉米,东北地区大豆和玉米的种植结构严重失衡。为扭转这一局面,2014 年,我国开始对大豆、新疆棉花实行目标价格补贴试点,探索农产品价格形成机制与政府补贴脱钩的改革,实行市场化收购加补贴的运行机制。目前,新疆的棉花已经按照目标价格方向进行改革,大豆的价格机制仍将继续调整,长江流域的油菜籽也进行了相应的价格竞争机制改革。

四、农村劳动力政策

改革开放后,随着工业化、城镇化进程不断推进,大量外资开始涌入东南沿海地区,城市对劳动力的需求越来越大。2003年政府颁布了《做好农民进城务工就业管理与服务工作的通知》,明确提出农村富余劳动力向城市转移,是工业化和现代化发展的必然趋势。农民开始具有兼业化的倾向,务农不再是农民唯一的收入来源,大量农民就近在乡镇企业打工,或者到其他地区务工经商。新型城镇化过程让大量农村劳动力流向城市,市民化政策的不断完善让大批"候鸟式"农民工在城市安家。近3000万人的建筑大军活跃在城乡之间,以农民购销员为主体的农产品市场、工业小商品市场遍布中国的大中小城市,近2000万农村劳动力在城市从事着保洁、保安、保姆等低端服务业工作;部分农民工进入了国际劳动力市场。然而,大量农村劳动力外流的同时,农村日趋空心化,农村人才匮乏,严重制约了农村经济社会发展。为了振兴乡村,一方面提升留守农民的综合素质,实现务农职业化,另一方面通过"引凤回巢",引导各类人才向农村集聚。

党的十八大以后,农村劳动力相关政策得到进一步完善。2015年国家印发了《国务院办公厅关于支持农民工等人员返乡创业的意见》,指出要通过促进产业转移、推动输出地产业升级、鼓励输出地资源嫁接输入地市场、引导一二三产业融合发展、支持新型农业经营主体发展等方式吸引返乡人员就地就近创业。与此同时,国家开始将创业培植和扶贫政策相结合,引导农民以创业带动脱贫。比如2016年《关于切实做好就业扶贫工作的指导意见》中就明确提出鼓励农民工返乡创业、当地能人就地创业、贫困劳动力自主创业,优先支持农村新产业、新业态、新模式。2017年党的十九大报告中提出乡村振兴战略。人才振兴是乡村五大振兴之一,是战略实施的关键要素。有关农村劳动力就业扶持政策开始集中在两个方面:一方面要继续加强农民能力培养,比如《"十三五"全国新型职业农民培育发展规划》提出要实现务农农民职业化程度明显提高,推动新型职业农民培育工作覆盖所有农业县市区;另一方面要促进小农户与大市场的有效对接,如2019年中共中央办公厅、国务院办公厅印发的《关于促进小农户和现代农业发展有机衔接的意见》中就提出支持新型经营主体通过各种方式带动小农户就业,鼓励小农户结合自身优势和特长在农村创业就业、就近就业。

> **"淘宝村"——农村劳动力的回流之路**
>
> 淘宝村的蓬勃发展,成为乡村振兴先行者,电子商务促进产业兴旺、支持创业、带动就业,用信息化带动农村经济的发展。湖北宜昌农村拥有丰富的果蔬产品,是我国3大柑橘产业带之一,全市柑橘面积达11万公顷,年产量超过177万吨。宜昌农村具备淘宝村发展的天然优势,宜昌市有5个淘宝村,分别是远安县鸣凤镇凤山社区、枝江市董市镇平湖村和姚家港村、问安镇龙泉堂村、仙女镇仙女村。在农村电商发展及其带动其他产业发展的形势下,农村劳动力岗位增加,仅仅是农村网店带动的农村劳动力就业人员便不计其数。据统计,宜昌市农村劳动力回流人口呈上升趋势,2016年上半年宜昌市农村实际从业人员合计165.4万人,外出从业人员66.5万人,外出从业人员比上年同期减少2万人,减少2.9%。近年来,宜昌农村劳动力外出呈下降趋势,农村劳动力回流人数不断增加。
>
> 资料来源:澎湃新闻 宜昌5个中国"淘宝村",4个来自这里!Ta因长江自此分支而得名[EB/OL]. 2018-11-01 [2022-04-20]. https://www.thepaper.cn/news Detail_forward_2588761

第二节 我国农业政策的历史沿革

一个国家在制定农业政策时的着眼点在于农业对国家利益的贡献。伴随着国家发展战略的调整和经济制度的转型,农业对国家利益的主要贡献也在发生变化,这种变化直接决定了农业政策的演进逻辑。1949年以来农业政策文本演进可分为集体化时期、家庭联产承包责任制时期、税费改革时期、乡村治理现代化时期四个阶段①。

一、集体化阶段(1949—1977年)

1949至1952年间,农业作为国民经济恢复的重点领域,相关的政策主要围绕农业生产力的恢复和提高展开,以便为工业化发展提供积累,于1950年颁布了《中华人民共和国土地改革法》,从根本上废除中国农村长期存在的封建土地制度。随着土改的完成,国家的战略目标从恢复农业生产转向社会主义工业

---

① 颜杰峰. 中国共产党土地政策的历史回顾及其启示[J]. 思想理论教育导刊, 2022(02): 99-109.

化建设，但由于很多农民在分散经营中存在诸多困难，中央认为个体经济的经营限制了农业生产力的发展，这与工业化存在冲突，因此，要克服弊端逐步实现农业社会主义改造，在广大农村全面展开了农业合作化运动并掀起高潮。期间先后颁布了《关于农业生产合作社若干问题的解决办法》(1953)、《关于农业生产互助合作的决议》(1953)等。到1956年底已基本上实现了农业社会主义改造，实现了生产关系的重大变革。

这一阶段农业政策的特点主要体现为：第一，集体化时期的农业政策是适应工业化发展的需要的；第二，以农业增产为主要目标；第三，城乡二元结构形成。

二、家庭联产承包责任制阶段（1978—2002年）

随着党的十一届三中全会的召开通过的《中共中央关于加快农业发展若干问题的决定（草案）》，提倡保障农民的权利成为农业政策制定的重要指导思想。1982年，第一个中央"一号文件"《中共中央批转全国农村工作会议纪要》首次明确规定包产到户、到组等都是社会主义集体经济的生产责任制[①]，标志着家庭联产承包责任制正式确立。农业政策的重点开始转向农产品生产、流通领域，实行了一系列农产品改革政策，至1992年底，农产品统购统销政策彻底退出历史舞台，农业市场化在此阶段开始起步。随着社会主义市场经济体制目标的确立，在1996年颁发的《关于"九五"时期和今年农村工作的主要任务和政策措施》明确指出"农村改革的总目标是逐步建立起与社会主义市场经济相适应的农村经济体制和运行机制"[②]，此时农业政策也相应进入深化阶段，逐步建立与之对应的农业社会化服务体系，推动了农业产业结构的调整和优化。

这一阶段的农业政策重视与社会主义市场经济相适应，农业市场化在此阶段逐步开始起步。

三、税费改革阶段（2003—2011年）

农民税费负担过重是"三农"问题长期以来关注的重要焦点，也是导致城乡差距拉大的重要因素。2003年3月，国务院颁发《关于全面推进农村税费改革试点工作的意见》，农业税费改革正式在全国范围全部推开，2004年农业税费改革内容进一步深化，在部分省份免征或者取消农业税。与此同时，中央的农业政策开始进一步加大对农业的支持力度，并出台了一系列惠农政策，坚持

---

① 中共中央文献研究室编. 改革开放三十年重要文献选编（上）[M]. 北京：中央文献出版社，2008：232.
② 中共中央文献研究室编. 十四大以来重要文献选编（中）[M]. 北京：人民出版社，1997：606.

"工业反哺农业",自 2004 年起,连续出台涉农问题的中央"一号文件",均是为了促进农业稳定发展、农民持续增收。另外,农业政策进一步关注农业服务体系建设,强调通过加强农业基础设施建设促进农业发展,2007 年、2008 年、2009 年、2010 年分别下发的"一号文件"对农业公共服务体系、现代农业等政策进行了详细的阐述。

此阶段的农业政策主要有以下四个特征。第一,逐步以行政法规形式确立家庭联产承包责任制的法律地位;第二,政策目标由集体化时期单一的农业增长目标转为农业增长、解决农民收入的双重目标;第三,农业政策逐步走向市场化。第四,城乡差距总体依然不断扩大。

四、乡村治理现代化阶段（2021 年至今）

党的十八大以来,党和国家从顶层设计出发,积极探索中国特色社会主义农业农村现代化道路。为加快发展农业现代化,2013 年中央"一号文件"《关于加快发展现代农业进一步增强农村发展活力的若干意见》明确提出"促进工业化、信息化、城镇化、农业现代化同步发展,着力强化现代农业基础支撑"的"四化"目标[1]。为了提高农业供给质量,2017 年中央"一号文件"《关于深入推进农业供给侧结构性改革加快培育农业农村发展新动能的若干意见》专门以农业供给侧结构性改革为主题,在提高农业供给质量、体制改革和机制创新等方面提出了一系列意见和措施。在乡村振兴战略的大背景下,2018 年中央"一号文件"《关于实施乡村振兴战略的意见》以及《乡村振兴战略规划（2018－2022 年）》做出了详细规划,并将农业、农村现代化共同推进,同时把乡村振兴战略的实施作为实现农业农村现代化的重要途径。在重视现代化发展的过程中,生态文明建设也是十分重要的一方面,党的十八大提出农业"生态文明建设扎实展开,资源节约和环境保护全面推进[2]"近年来,中央"一号文件"分别提出"绿色生产方式、增强农业可持续发展能力""绿色兴农""农业农村绿色发展""增加优质绿色农产品供给",这些政策的出台为农业绿色发展提供了重要的基础支撑。

这一阶段,农业政策具有以下四个特征:第一,着力点加快发展农业现代化;第二,深化农业供给侧改革,提高农产品供给能力;第三,重视乡村振兴战略的伟大决策部署,将其作为新时代"三农"问题的总抓手;第四,更加关注绿色农业发展,强调生态文明建设。

---

[1] 中共中央文献研究室编. 十八大以来重要文献选编（上）[M]. 北京:中央文献出版社,2014:93.
[2] 中共中央文献研究室编. 十八大以来重要文献选编（上）[M]. 北京:中央文献出版社,2014:2.

第三节 案例分析

案例一：打开"窗户"——让农产品直播带货成为新时尚

一、[案例介绍]

案例背景： 为释放消费潜力，推进复工复产，各地利用网络直播创新销售农产品，"直播带货"风生水起，因其无接触、可视化、互动性强，成为农产品销售的新潮流、新亮点。习近平总书记在陕西省考察时指出，电商作为新兴业态，既可以推销农副产品、帮助群众脱贫致富，又可以推动乡村振兴，是大有可为的。大力发展"直播带货"等农村电商新业态，须坚持市场导向，转变营销理念，完善配套服务，规范行业监管，让农产品"直播带货"成为农民的新时尚。但同时也要意识到，直播是一个"窗口"，打开了一条把"好酒"搬到巷口的捷径，至于市场是否认可，消费者是否买账，还要取决于"酒"是不是"真香"。围绕着锻造"酒"的品质做文章，才能长久享受到直播经济这杯羹。

案例正文：

（一）石榴"红"了，农民富了

云南丽江的"石榴哥"金国伟，本职是一名英语老师，因为家庭经济条件不是很好，他开始到丽江忠义市场摆摊，用一口流利的普通话，以及英语、日语、粤语、纳西语和白族语，流利地向来自世界各地的旅友们推销着石榴。没想到，外形憨厚可掬、语言风趣幽默的金国伟，因为偶然被游客拍了短视频发上抖音，意外走红，网友都叫他"石榴哥"。走红后的"石榴哥"并没有迷失在流量的红利中，反而化身家乡的代言人，开始在抖音等短视频平台上向广大的网民介绍和推广自己家乡的特产，并开始带领着家乡的农民通过网络直播卖货的形式推销农产品。得益于抖音等短视频平台直播带货的快速兴起和发展，"石榴哥"的石榴花开团队从2020年8月15日起开始预售，并且在丽江2020年9月5日石榴节启动仪式暨农优特产丰收节上，借助线上线下销售平台优势，携丽江永胜石榴供应链代表及广大种植户，与圆通集团等物流企业密切合作，仅半个多月，就创下1000多吨、1500万元的销售佳绩，不仅帮助当地果农解决了农产品滞销的问题，还让每一个果农都赚到了钱，能快快乐乐地过个好年。石榴哥团队在线上售卖之前，整个团队花了一个多月的时间，深入到永胜、华坪的每个乡镇去实地走访果园。在丽江政府的关怀下，在石榴花开团队的共同努力下，以"凝聚力量，红动中国"为主题的2020年石榴节，重新刷新纪录，再次创造"三农"产品抖音直播销售的传奇!

　　网络直播带货的新形式开创了农产品销售的新渠道。云南省政府全面有力地推动农村电商持续优化升级、健康发展。2020年6月云南发布了《推进农村电子商务提质增效促进农产品上行三年行动方案(2020—2022年)》,从打造电商发展新平台、补齐城乡物流短板、强化特色品牌培育等6个方面,提出了18条具体举措。《方案》明确,到2022年底,全省农产品网络交易额占农产品产值50%以上。与此同时一些企业也积极承担起自己的社会责任,积极推进"电商+直播+创业"的电商发展新模式,线上活动结合线下实地直播增强体验效果,着力打造云南当地农特产品牌,持续为乡村振兴贡献力量。

　　(二)蝴蝶效应,直播带货遍地横生

　　云南丽江依托网络电商直播销售农副产品助推农民脱贫的成功案例引来全国各地的积极效仿。山东德州"90后村支书"上网带货,日销苹果200多千克,带领村民脱贫致富;河北90后小伙"农村阿凯"为家乡拍视频带货,一年卖3万多千克农产品,吸引上万名游客到当地打卡,为老乡创收;贵州赤水市副市长变身带货达人,推销当地春笋,3小时卖出4.7万单,销售额达到196万余元;贵州长顺县美女县长网上代言促销鸡蛋,引爆线上购买热潮……得益于网络直播带货的红利,2020年一季度,全国832个国家级贫困县网络零售额达277.5亿元,同比增长13.3%[①]。目前,田间地头成为最大直播间,市长、县长、乡镇长、网红等纷纷参与直播带货。据商务部数据,一季度全国电商直播超400万场,100多位县长、市长带货特产。

　　网络直播带货高速发展的同时也带来了很多的问题,首先最主要的就是农产品的质量问题,农产品网络直播的门槛低,增加了农户在内的市场主体参与度,但也加大了市场监管的难度。很多农产品在没有通过检验检疫的情况下大量流入市场,质量安全得不到根本保障,存在较大的食品安全隐患。此外,目前大部分农民通过网络直播自主发货的农产品缺乏专业分类和分级,产品质量差异大,再加上物流运输损耗,或多或少会使消费者拿到的产品实物与直播展示中的样品不符,降低了消费者的满意度。在2020年5月,浙江某市某副区长开展直播销售帮助当地农民和企业销售滞销农产品,由于直播销售的农产品质量差,以及商家在宣传预热时夸大产品质量,许多消费者收到货后存在落差,纷纷投诉并要求退货,农产品的质量差不仅会降低消费者的信任度,而且某些地区由政府领导直播带货的行为一旦翻车,将使得当地政府的公信力降低。

---

① 谭砚文,李丛希.当前农产品网络直播存在的问题与对策[EB/OL].2020-05-20 [2022-04-10]. https://rprc.scau.edu.cn/2020/0606/c3620a238509/page.htm.

其次，直播行业的配套基础设施和服务亟待完善。当前我国农产品网络直播行业正处于快速发展时期，但配套基础设施和服务明显滞后。一方面，农产品供应链是一个复杂系统，包括生产、包装、保鲜、运输、售后等一系列过程，需要农业生产经营者、物流企业、电商平台的广泛参与；另一方面，我国农村电商区域发展不平衡问题突出，农村电商覆盖率有待进一步提高。网络直播在增加农产品销量的同时，也在考验供货方的运营能力、物流方的运输能力和电商平台的售后服务与危机处理能力。尽管京东、拼多多等电商平台的物流运营能力不断提升，但对于边远山区特色农产品的运输，仍鞭长莫及。

最后，农产品网络直播行业发展不规范。目前直播平台对农产品直播内容的审核不严，缺乏有效的监管。农产品网络直播的内容同质化严重，"网红带货"存在虚假宣传，数据造假等现象。从交易端来看，部分直播平台的交易方式不规范，质量安全问题难以追溯，消费者权益极易受到损害，降低了农产品网络直播行业发展的整体质量。

（三）政策助力，直播助农前景大好

受制于疫情的侵扰，全国各地线上直播带货三农产品正在如火如荼地开展着，国家商务部于2020年2月份发布了《关于进一步做好疫情防控期间农产品产销对接工作的通知》，鼓励电商企业要通过扶贫频道、专区、直播带货等多种渠道提供流量支持，开通农户入驻绿色通道，拓宽滞销农产品销路。国务院也做出了相关决定，通过四种主要的方式来开展消费扶贫。第一，预算单位采购贫困地区农副产品，这叫政府采购的模式；第二，东西部扶贫协作的模式，这是由政府主导，建立消费扶贫的交易市场和扶贫专柜；第三，市场主体参与的模式，由各类企业主动销售扶贫产品；第四，通过中国扶贫网销售的模式。

案例来源：凤凰网 石榴哥石榴节破千万销售额，再次缔造三农电商传奇[EB/OL]. 2020-09-02. [2022-04-10]. https://finance.ifeng.com/c/7zRO3Pmimd6.

谭砚文，李丛希. 当前农产品网络直播存在的问题与对策[EB/OL]. 2020-05-20 [2022-04-10]. https://rprc.scau.edu.cn/2020/0606/c3620a238509/page.htm.

商务部办公厅关于进一步做好疫情防控期间农产品产销对接工作的通知[EB/OL]. 2020-02-17. [2022-04-10]. https://www.creditchina.gov.cn/zhengcefagui/zhengcefagui/zhongyangzhengcefagui1/202002/t20200217_184983.html.

二、[案例分析]

顺势而为、长短结合、科学应对，就能让一根根网线连接城乡、对接产销，让更多农产品飞出大山，丰富千家万户的餐桌，鼓起亿万农民的口袋。请思考并讨论以下问题：

（一）简析网络直播带货有哪些优势？

1. 为商家提供更广阔的选择空间。整体网络直播带货领域中，其成本从金牌主播到大众主播被分为多个层次，这让无论是大型商家还是中小型商家都较容易选择属于自己的带货渠道。并且由于直播带货机构平台也存在流量，这让主播在选择产品合作时，如果一件好的商品确实物美价廉，即使品牌力较弱也能得到迅速曝光，这为不少用心提供商品的中小商家提供了良好的渠道。

2. 为社会提供大量廉价优质产品。在新经济背景下，网络直播带货行业的快速发展，使其为社会公众提供了越来越多的廉价优质的商品，这有利于整个社会的可持续发展。由于带货主播的成功通常都是建立其特定的人设，通过信用与粉丝创建联系纽带的，所以产品质量和价格就显得十分重要。产品质量一般都需要通过选品来保障，而产品价值则需要通过直播带货的议价权来实现让利于民，最终将大量优质廉价的产品推向社会当中。主播也可以在一定程度上引导粉丝购物，建立个人文创知识产权（IP），从而实现稳定的收入。

3. 为人们提供了新型就业岗位。从就业方面来看，直播带货能够有效带动主播及其主播背后的运营团队等一大批新型就业岗位的产生。对于新型创业公司而言，创建一个直播团队可以带来至少五个就业岗位。但相对于专业网络直播团队来说，个人主播尝试带货更多的是一种灵活就业的工作形式，在兼顾主业的状况下能够利用直播带货为自己带来额外的收入。

（二）如何治理网络直播带货中的乱象？

1. 强化媒体责任感。新媒体快速推进，不仅大大改变了新媒体这一个格局，同时也深刻改变着舆论生态新时代，传统媒体应该如何肩负起新的使命和责任。首先，传统媒体要对自身的身份有充足清晰的认知，包括大众媒介的强大影响力。新媒体时代的到来，意味着传统媒体的任何动作都是可以在网络上被无限放大的，这种放大既是一种机遇，也是一种挑战。一方面，它能够扩大媒体的传播力、影响力，受到更多的关注。另一方面，媒体工作中的失误也会被无限放大，使媒体处于一个被动的局面。因此，认识到新媒体时代传播特点也是强化媒体责任的关键。其次，媒体从业人员应该具有良好的个人素养和职业道德，媒介的素养"士不可以不弘毅，任重而道远"能够充分概括媒体从业人员身上的责任使命。

2. 打造品牌效应。譬如央视主播带货获得的成功，很大部分其实都是因为主播自身具有强大的影响力。这也就意味着央视主播康辉、朱广权、撒贝宁等都是具有符号或者标志性的人物，他们的形象已经刻印在观众心中，他们的形象就是代表了国家及媒体，所以消费者对其带货的商品就会自然而然充满了信任感。网购毕竟不能感受到商品的实物，感受不到商品价值。想要消费者买单就必须让消费者放心体验到商品的价值和优惠，而央视和央视主播就是令消费者信任放心的根本源泉。

3. 符合各地区发展。传统媒体"四级办台"体制下，各级行政区域都具有广播电视媒体和地方媒体，更应充分立足于本地区进行内容直播。央视主持进行多场农副产品带货直播，通过主持人微博联合淘宝直播，向全国观众推荐某一个地区的特色农副产品，带动当地经济，取得良好的成绩。但是直播资源毕竟有限，推荐产品又少之又少，所以这就要求了当地媒体可以发挥各自的作用进行资源整合，对本地区企业产品进行有力的宣传，这不仅可以推动地方品牌，而且可以推荐当地城市名片，促进当地城市的经济快速发展。

案例二：惠农补贴门类多，农业产权引争议

一、[案例介绍]

案例背景：惠农政策齐"亮相"，各类补贴欢呼高。重庆梁平县，巴渝第一大平坝——梁平坝子，沃野千里、碧田万顷。四面青山下，蜀东鱼米乡；千家竹叶翠，百里柚花香。得益于其亚热带季风性湿润气候的冬暖春早、秋短夏长、初夏多雨、无霜期长的特点，该地的农业发展成为大部分当地居民的直接收入。自从2003年国家推行种粮大户补贴后，2009年重庆也实施种粮大户补贴。并且随着农业备受国家重视，农资综合补贴、粮食直补政策、农机补贴、农民合作社补贴等各类农业补贴、政策扶持也越来越多，重庆种粮农民也打心眼里欢迎。

案例正文：

（一）补贴分配现难题，利益博弈引矛盾

流转16公顷土地种粮的大户胡大哥也是很有信心、干劲十足，盘算着按每公顷均7500千克稻谷产量、每千克2.6元市场价计算，种粮一年毛收入有30多万元。刨去每公顷18000多元租地、种植成本，再加每公顷3450元的大户补贴，一年下来纯收入能超过6万元。这个收入比外出务工高，自己还能就近照顾老人、小孩，也算有吸引力，兴冲冲地把好消息告诉了家里。按理说粮食种的越多，收入就越多，还能拿到额外补贴应该高兴才是，可梁平县的种粮大户胡大哥却闷闷不乐，甚至产生了不想做下去的想法。"刘同志，补贴是按承包面积，补给土地承包者，并非我们这些实际耕作人。"胡大哥站在地间盯着土地有些无奈地说，"你说村里农民把土地转包给我们，除了能收取租金外，补贴款还要切一块返还给农民。他们不种粮的能得到150元，我们这些种粮的只有150元/公顷，我每公顷补贴实际到手仅1200元，一年到头忙下来，拢共赚不到2.5

万元,平均月收入 2000 元,不如外出打工挣得多,这对我们这些坚持务农的人的积极性能没挫伤吗?""别的地区啥样我不知道,我们周边几个地区的种粮大户,看到丰收都是高兴得很,但是面对大户补贴我们心里是既高兴又不平衡。"对于胡大哥而言,目前种地就面临"进退两难":不能足额拿到大户补贴,继续种无利可图;如果放弃,此前耗资 10 多万元购买旋耕机、抽水机等设备,就相当于打了水漂,损失很大。

事实也正如胡大哥所说,走访中发现重庆农区 30 多个种粮大户,近七成大户土地流转面积在 3—7 公顷,政府补贴扣除散户分利后,大户实际到手的补贴款一般只有四五千元,有的地方甚至出现"散户拿补贴大头,大户所剩无几"的情况。各地种粮大户反映,现在不少农民将补贴资金看作是政府普惠性福利,而不是国家鼓励粮食生产的专项资金,觉得补贴款就应该有自己的一份。再加上一些地方土地流转不规范,有的是口头协议,有的没签正式合同,转出土地的农民相对强势,如果不返还补贴,就要收回土地。

(二)附属设施难归属,资金投入难保障

然而农业新业态的经济问题除了体现在补贴上,在经济政策上也十分显著。在河南走访中,不远处的西瓜地里几位农民正凑在一起商量着什么,走近一看原来是在为瓜棚设施争论。"我流转了 600 多公顷土地种西瓜,每 2 公顷地就打一口深机井,配套修建的灌排沟渠,装的变压器,全都是自费,基础设施一次性投入 40 多万元。土地流转期限一到,地就得给农民,这东西咋能证明是谁的。"于大哥看见我们颇为激动地说,"而且西瓜每种植 3 年就要换一次地,建在土地上的配套设施没有产权,我也不可能卖给农民,每次换地就等于资产'白送'一次。我这一年到头都挣不了几个钱。"事实上,对于这一问题的反应于大哥并非个案,随着农业发展体系化、现代化、机械化,这些"沉淀"在土地上的资产,已引起农业大户的普遍担忧。

(三)新型农业初发展,产权不明被拒贷

产权带来的除了上述问题之外还有艰难的贷款之路。在重庆某农业园区,从 2008 年建设以来,已入驻农业龙头企业超过 50 家,形成了优质粮油、晚熟柑橘、花卉苗木等特色产业。这样的成果让无数农村企业羡慕,但是就是特色的产业,管理者却为其发展苦恼,原因就是因为资金。"一方面农业发展缺资金,另一方面即便有资金投入,也难以获得保障,无法融资循环,成了'死资产'。"谈到农业项目的融资瓶颈,园区管委会主任说,为解决这个问题,政府也想了不少"土办法",例如根据乡村道路、水利设施、林木、农业生产配套设施等不同投资项目,区级涉农部门可以给企业出具投资证明,以降低银行贷款门槛。即便有这些措施,金融机构仍不认可农业投资形成的固定资产是有效抵押物,融资依然困难。最近6年以来，园区农业企业投资累计超过40多亿元，但每年贷款也仅有2000多万元。

同在重庆的蒙来利特农业发展公司流转10多公顷土地，投入了1000多万元发展观光农业，他所面临的是和农业园区几近相同的问题，公司董事长秦利刚说："项目发展遭遇资金难题时，准备向银行贷款，但银行工作人员说农业生产用房、道路附属设施等固定资产投入，产权不明，无法价值评估，也不能抵押，一分钱都贷不了。最后没办法，我只得用城里房产做抵押，还要别的企业担保，才能贷出来钱。"

针对以上问题，重庆市也在不断改革与探索。先后开展农村产权抵押贷款"盘活"土地资产；建立农村产权抵押贷款风险补偿基金；坚持政策执行、职责落实、资金发放、监督管理四到位。尤其是在政策执行中更加明确补贴分类与补贴标准。在监管上也严格执行公示制度逐级签字盖章，落实到责任人。通过一系列举措不断完善与落实政策实施的保障。

案例来源：重庆种粮大户补贴难拿到 被要求返还部分补偿款[EB/OL]. 2014-08-04. [2022-04-10]. http://www.hnr.cn/news/sd/201408/t20140804_1424172.html

农业新业态成长遭遇"政策困惑" 补贴政策难"落地"[EB/OL]. 2016-02-18. [2022-04-10]. http://www.0745news.cn/2016/0218/907697.shtml

二、[案例分析]

请思考并讨论以下问题：

（一）案例中重庆市惠农政策实施存在哪些问题？

1. 农业产权归属不清。在土地承包的过程中由于某些不规范的操作，有的是口头协议，有的没签正式合同，导致土地的经营产权归属不清，惠农补贴是按承包面积，补给土地承包者，并非实际耕作人。有的地方甚至出现"散户拿补贴大头，大户所剩无几"的情况。一些种粮大户不能足额拿到大户补贴，继续种粮又无利可图，最后可能导致无人种粮土地荒废的情况发生。

2. 惠农补贴门类众多，农户分辨不清。除上面提到的种粮大户补贴以外，国家相继推出了农资综合补贴、粮食直补政策、农机补贴、农民合作社补贴等各类农业补贴，政策扶持也越来越多，农户种粮的意愿也越来越强。但同时由于各种补贴门类越来越多，其规定的各类补贴标准也是五花八门，对于本就知识水平较低的农民而言，他们难以辨别各种补贴标准，不能提供相应的材料，最后反而领取不到各项补贴。

3. 农业生产产权不明，贷款困难。农业生产用房、道路附属设施等固定资产投入，产权不明，无法价值评估，也不能抵押，因此无法在银行进行贷款。国家对农村土地实行承包经营以来的很长一个时期，《农村土地承包法》《物权法》《担保法》等有关法律都规定，农地承包经营权是不能抵押贷款的，农业经营者虽然在土地上进行了大量投入，但资产并不能转化为资本，农村有效抵押资产缺乏与金融机构基于资产抵押的信贷供给之间的矛盾，形成了农村金融的制度僵局。

（二）如何解决政策落实困难这一现实问题？

1. 加大宣传力度，努力使强农惠农政策做到家喻户晓。采取符合农村实际的宣传方式，落实惠农政策，提高群众的认知度和满意度，基础是要把各项惠农政策及时传达到基层，把主要精神实质和操作程序向群众讲透彻，向村组干部讲清楚，做到家喻户晓，人人明白。要针对当前农村接受政策能力强的人群外出的现实，认真研究政策宣传的方式、方法，采取更加灵活，更加方便快捷的宣传形式，提高政策入户知晓率。让广大群众及时了解和掌握各项强农惠农政策项目名称、具体内容、实施标准、程序及权益受到侵害时如何维护，让群众对强农惠农政策享有充分的知情权、享有权和监督权。

2. 严格执行政策，依法维护国家、集体和个人的合法权益。健全完善各项管理制度，科学设计补贴方式，简化补贴程序，强化保障措施，既要做到全覆盖、应享尽享，又要防止虚报冒领、套取资金等现象发生。加强对基层干部的教育和培训，切实提高他们的为民服务意识和实际工作能力。同时，要高度重视公示作用，无论什么政策，群众享受前一律先进行公示，强化职能部门的职责，确保政策落实严格程序，规范操作。落实政策要坚持公开、公正、农民直接受益的原则，规范管理，阳光操作。例如：对农机购置补贴标明详细价格、各项补贴在村组实行公开化，实行张榜公布，接受群众监督，达到农户认可，提高工作的透明度。

3. 健全监管制度，完善强农惠农政策资金管理体制。结合实际及时制定和完善强农惠农专项资金管理办法，进一步明确强农惠农专项资金的使用范围、报批程序与监管、验收方法等，严格按制度管理专项资金。坚持强农惠农资金专户管理、专款专用制度，实行追踪问效和延伸审计制度，制定专项资金考核量化办法，将专项资金的管理使用列入各级目标责任制并签订责任状，有计划地连续性考核，不达标的要严格追究其责任。

4. 加强监督检查，加大处罚力度，加大惠农资金的监督管理力度。加强对各项惠农政策落实情况的审计监督，针对监管中存在的问题，细化措施和责任，切实加强补贴资金兑现过程的监管。纪检、监察、财政、审计、农业等部门要健全完善协调配合、信息交流等工作机制，通过日常督查、专项检查、随机抽查、入户调查等方式，切实加强对强农惠农政策落实情况的监督检查，坚决查处发生在群众身边的违纪违法案件，并加大经济处罚、及时严肃处理。

本章参考资料

[1] 易振龙. 中国共产党农村土地政策的百年发展历程及其经验启示[J]. 湖北大学学报（哲学社会科学版），2022，49（03）：31-40.

[2] 中共中央文献研究室编. 十八大以来重要文献选编（上）[M]. 北京：中央文献出版社，2014：523.

[3] 中共中央文献研究室编. 十八大以来重要文献选编（上）[M]. 北京：中央文献出版社，2014：709.

[4] 中央农办、农业农村部. 全国农村承包地颁证率已超 96%[EB/OL]. 2020-11-02 [2022-04-20]. http://country.people.com.cn/n1/2020/1102/c419842-31916034.html.

[5] 这五年实现农民增收采取了哪些政策措施？[EB/OL]. 2013-03-29[2022-04-20]. http://www.gov.cn/2013zfbgjjd/content_2365320.htm.

[6] 国家发改委. 2021 年工资性收入占农民收入比重超 42%[EB/OL]. 2022-09-28 [2022-10-02]. http://www.chinanews.com.cn/cj/2022/09-28/9862370.shtml.

[7] 颜杰峰. 中国共产党土地政策的历史回顾及其启示[J]. 思想理论教育导刊，2022（02）：99-109.

[8] 中共中央文献研究室编. 改革开放三十年重要文献选编》（上）[M]. 北京：中央文献出版社，2008：232.

[9] 中共中央文献研究室编. 十四大以来重要文献选编（中）[M]. 北京：人民出版社，1997：606.

[10] 中共中央文献研究室编. 十八大以来重要文献选编（上）[M]. 北京：中央文献出版社，2014：93.

[11] 中共中央文献研究室编. 十八大以来重要文献选编（上）[M]. 北京：中央文献出版社，2014：2.

[12] 谭砚文，李丛希. 当前农产品网络直播存在的问题与对策[EB/OL]. 2020-05-20[2022-04-10]. https://rprc.scau.edu.cn/2020/0606/c3620a238509/page.htm.

第七章 教育政策

教育，是以促进人的发展、社会的进步为目的，以传授知识、经验为手段，培养人的社会活动。随着社会的不断发展和进步，教育被上升到了一个新的高度，教育的好坏，直接关系影响着国家未来的发展，是一个国家繁荣昌盛必不可少的条件。国家一直高度重视教育事业的发展，出台了一系列规范和调整教育改革与发展的政策。教育政策是指政府等公共权威部门为实现一定的教育发展目标和任务，制定的关于教育问题的行为准则，并且政策一直处于不断变化的状态。根据教育的分类，分别对基础教育、职业教育、高等教育和成人教育等四大领域内的教育政策进行梳理。党的二十大报告指出，"要办好人民满意的教育，全面贯彻党的教育方针，落实立德树人根本任务，培养德智体美劳全面发展的社会主义建设者和接班人，加快建设高质量教育体系，发展素质教育，促进教育公平"。

第一节 我国教育政策的主要方式

一、学前教育

学前教育又称幼儿教育，是指实施幼儿教育的机构根据一定的培养目标和幼儿的身心特点，针对进入小学阶段前的幼儿进行有计划的教育，主要任务是让儿童身心得到协调发展，为接受小学的教育做好准备。办好学前教育，实现幼有所育，是党的十九大做出的重大决策部署，是党和政府为老百姓办实事的重大民生工程，这关系到亿万儿童健康成长，关系社会和谐稳定，关系党和国家事业未来[①]。这些年来我国已出台多部与学前教育有关的法律法规，并形成了全面系统的重要部署。2018年国家印发的《中共中央、国务院关于学前教育深化改革规范发展的若干意见》具有里程碑式的意义，这是自新中国成立以来，

---

① 中共中央. 国务院关于学前教育深化改革规范发展的若干意见[EB/OL]. 2018-11-15[2022-06-15]. http://www.xinhuanet.com/politics/2018-11/15/c_1123720031.htm.

第一次以党中央、国务院的名义专门印发的关于学前教育的文件，这也充分体现了国家对于办好学前教育的重大决心和对众多学前儿童的殷切关怀。

在重视学前教育的基础上，又进一步深化发展学前教育。近年来，教育部印发了相关文件：如 2021 年 7 月印发的《幼儿园教育指导纲要》、2012 年 10 月印发《3—6 岁儿童学习与发展指南》、2021 年 3 月印发《关于大力推进幼儿园与小学科学衔接的指导意见》、2022 年 2 月印发《幼儿园保育教育质量评估指南》等一系列文件，以上这些文件为学前教育与小学阶段的科学教育衔接提供了法律上的依据，同时也进一步督促学前教育机构能够让幼儿接受在相应阶段应获得的知识，不应该违反自然规律强行灌输小学知识，尊重幼儿接受教育的自然规律。

在进一步深化学前教育的基础上，我国自从 2011 年的《幼儿园收费管理暂行方法》、2015 年的《幼儿园园长专业标准》再到 2016 年的《幼儿园工作规程》和《幼儿园建设标准》等文件的颁布为提高幼儿园的办园水平发挥了重要作用，能够在具体的办园方面逐渐细化标准和要求，以此来不断提高学前教育的规范化、科学化、专业化水准。

二、基础教育

基础教育是面向全体学生的国民素质教育，其根本宗旨是为提高全民族的素质打下扎实的基础，为全体适龄儿童少年终身学习和参与社会生活打下良好的基础。基础教育包含幼儿教育、义务教育、高中教育以及扫盲教育，是国家统一实施的所有适龄儿童必须接受的教育。经过几十年发展，国家把基础教育放在优先的地位，并给予众多的资源予以保障。

新中国成立以来，中央和地方政府投入大量的人力、财力来普及教育。特别是在改革开放时期，我国的基础教育事业进入了一个新的发展时期。1985 年中共中央颁布的《教育体制改革的决定》中提出基础教育由地方负责、分级管理的原则，这极大地调动了地方各级政府办学的积极性。1986 年全国人民代表大会颁布的《中华人民共和国义务教育法》使得基础教育进入法治化时代。越来越多的适龄儿童接受了基础教育。

随着新时代的发展，社会经济得到更好的发展，人们越来越看重教育质量的投资。家长迫切想让孩子成为全方位的人才，为了不想让孩子一开始输在起跑线，这促使着他们让孩子在接触基础教育的阶段承受了太多的课业压力，无形之中进入了一种相互竞争的状态。国家针对这一现象出台了相应的政策。从党的十八大以来，2015 年 10 月教育部下发了《关于加强家庭教育工作的指导意见》，该意见首次明确指出家庭教育具有主体性作用。除了家庭作用，教育部办公厅也对校外培训机构进行规范化管理，在2018年2月发布了《关于切实减轻中小学生课外负担开展校外培训机构专项治理行动的通知》，明确指出禁止校内教师"课上不讲课外讲"，进一步加强社会监督，规范校外培训市场等的规定。在同年的12月，教育部联合其他部门出台《关于印发中小学生减负措施的通知》，在该通知里进一步明确了学校的减负责任，也首次规定了校外培训机构的减负责任，要求建立起校内校外联动减负机制。2021年7月中共中央办公厅、国务院办公厅印发了《关于进一步减轻义务教育阶段学生作业负担和校外培训负担的意见》，提出了三年内的工作目标[①]：进一步提升学校教育教学质量和服务水平，更加科学合理地布置作业，让学校课后服务基本满足学生的需求，学生学习更好地回归校园，全面规范校外培训机构的培训行为。这将会引发基础教育在未来发生较大的变革。各省纷纷出台相应的措施来响应国家的减负政策，在实践中为更好地落实减负政策打下了坚实的基础。

> **入选全国基础教育优秀工作案例——以太原市减负新政为例**
>
> 　　从2009年新学期开始，太原市各小学开始全面推行每周一日无作业制度，并规定每周三不留作业，学校不布置书面的家庭作业，推行弹性的书面家庭作业制度，对于小学生的考试次数和所用教材实行严格管控，并在学生作息时间、违规补课等多个方面做出了具体的规定，进一步提升教学质量。在2019年，以围绕小学教育中的学生作业负担、教师负担、家长负担对各小学开展实践调研工作。最终在2020年10月23日，太原市教育局印发《关于进一步做好中小学生减负工作的实施意见》的通知，从学生课堂及作业的管理到课后的托管服务等方面提出了减负的具体措施，努力提高课堂效率，不断优化学生的自主学习模式。
>
> 　　资料来源：新华网 太原出台学生减负新规：全市小学"每周一日无作业"[EB/OL]. 2020-10-29 [2022-06-15]. http://www.xinhuanet.com/politics/2020-10/29/c_1126673782.htm

三、职业教育

职业教育是指使受教育者具备从事某种职业或者职业发展所需要的职业

---

① 刘光萍，马香莲.基础教育"双减"政策的目标取向及实践路径[J]. 成都师范学院学报，2022，38（02）：1-6.

道德、科学文化与专业知识、技术技能等综合素质而实施的教育活动①。职业教育与普通教育具有同等重要地位，是国民教育体系的重要组成部分，也是培养多样化人才，促进就业的重要途径。职业教育包括职业学校教育和职业培训。职业学校教育属于学历性教育，包括中等、高等职业学校教育。与职业学校教育不同的是，职业培训属于非学历教育，主要包括业前培训、学徒培训、在职培训、再就业培训、创业培训以及其他职业性培训。职业教育培养目标与普通教育不同，职业教育培养的是应用型人才和具有一定文化水平和专业知识技能的社会主义劳动者，更加侧重培养学生的实践技能和实践能力。职业教育是社会发展的产物，它受益于社会而又能促进社会的发展。

"十三五"以来，党中央始终坚持把职业教育作为社会经济发展的一项重要工作，并将其放在重要的位置，进而做出了一系列的重大决策部署。在2019年1月，国务院印发的《国家职业教育改革实施方案》正式确立了职业教育在我国教育体系中成为一个单独种类的教育。对于职业教育的定位，更加发挥了职业教育服务社会和个体发展的能力。我国对于职业教育的重大突破在于构建起纵向贯通、横向融通的现代职业教育体系。在纵向贯通上，巩固中等职业教育的基础地位，强化高等职业教育的主体地位，稳步推进本科层次的职业教育试点。自2019年以来，国家批准22所学校开展本科层次职业教育试点，不断突破了职业教育的学历层次。在横向融通上加强职业教育与其他教育的有机衔接、促进协调发展。

目前我国建成世界规模最大的职业教育体系，共有职业学校1.12万所，在校生超过2915万人。这使得职业教育适应性不断增强，不断加快构建现代职业教育体系，也为促进社会经济发展提供源源不断的人才支持。2022年4月20日，十三届全国人大常委会通过了新修订的《中华人民共和国职业教育法》，于2022年5月1日起施行，并规定每年5月的第二周为职业教育活动周，为职业教育高质量发展提供法治保障。术业有专攻，职业教育培养的是专业技术型人才，同时它也成为一些学子不断取得进步的踏板，在各个领域内绽放光彩。

四、高等教育

高等教育是指在完成中等教育的基础上进行的专业教育和职业教育，是培养高级专门人才和职业人员的主要社会活动。高等教育通常包括以高层次的学习与培养、教学、研究和社会服务为主要活动的各类教育机构。

---

① 齐鲁网 从"层次"到"类型"职业教育进入高质量发展阶段——"十三五"期间职业教育发展有关情况介绍. [EB/OL]. 2020-12-09[2022-06-15]. https://cbgc.scol.com.cn/news/497648.

在2017年教育部发布《教育部关于"十三五"时期高等学校设置工作的意见》提出将我国高等教育总体上可划分为研究型、应用型、职业技能型三大类别。2019年起我国高等教育进入普及化阶段。2020年国家发布的《深化新时代教育改革总体方案》昭示着高等教育质量评价的指标也将回到"人才培养"的原点,更加注重教育的质量和优化。直到2022年的5月,教育部新闻发布会对外公布中国建成世界上最大规模的高等教育体系,高等教育毛入学率已增加到57.8%,我国高等教育已进入到世界公认的普及化阶段,这表明我国劳动力素质结构发生了重大变化,国民素质处于不断提升的状态。

关于建设双一流高校,2015年中央全面深化改革小组审议通过《统筹推进世界一流大学和一流学科建设总方案》,自此我国学科建设正式踏上新征程。各省市地方政府也紧跟国家政策的步伐,制定各个地区的"双一流"建设方案。从2017年的国家公布的名单中:有42所学校进入一流大学建设高校的行列,95所学校进入一流学科建设高校的行列。在2022年的第二轮"双一流"建设评选名单中,此次的评选不再区分一流大学建设高校和一流学科建设高校,主要重点是将引导高校将发展的重心放在相关领域和方向的突破和创新方面,真正建设世界上的一流高校。

五、在线教育

在线教育,又称远程教育,在教育部已出台的一些文件中,也称现代远程教育为网络教育,是成人教育学历中的一种,是指使用电视及互联网等传播媒体的教学模式,它突破了时空的界限,有别于传统的在校住宿的教学模式。使用这种教学模式的学生,通常是业余进修者。不需要到特定地点上课,因此可以随时随地上课。学生亦可以通过电视广播、互联网、辅导专线、课研社、面授(函授)等多种不同渠道互助学习,是现代信息技术应用于教育后产生的新概念,即运用网络技术与环境开展的教育。在线教育为广大已步入社会的群众提供了学历提升的机会。

自2012年发布《教育信息化十年发展规划(2011—2020年)》以来,我国教育信息化日新月异。在2017年党的十九大报告中首次提到"网络教育",自党的十九大以来,我国教育信息化发展进入了2.0阶段,"三通两平台"建设与应用取得重大进展,教师信息技术应用能力明显提升,信息化技术水平显著提高,信息化对教育改革发展的推动作用大幅提升,教育信息化的国际影响力显著提升。尤其是疫情期间,我国成功开展世界上最大规模的线上教学,实现"停课不停教、停课不停学"。

国家教育信息化的高度重视和提前部署,为我国此次应对疫情、顺利开展在线教学打下了良好基础。从 2012 年发布《教育信息化十年发展规划（2011—2020 年）》，到 2016 年发布《教育信息化"十三五"规划》、2018 年发布《教育信息化 2.0 行动计划》，在 2019 年教育部颁布了《关于促进在线教育健康发展的指导意见》，对在线教育课程领域开始了新的治理。之后在 2021 年印发《关于进一步减轻义务教育学生作业负担和校外培训负担意见》，该意见对社会资本进入在线教育做出了明确规定，随着疫情的常态化，又印发了《关于大力加强中小学线上教育教学资源建设与应用的意见》等政策，进一步促进了在线教育与线下教育的融合发展。在实际教育活动中，全国中小学互联网接入率从 25% 跃升至 100%、多媒体教室比例从不到 40% 提升至 95.4%，网络学习空间数量从 60 万个激增至 1 亿个①。这一系列规划文件的发布，明确指明了不同阶段我国教育信息化发展的目标任务和行动举措，对于教育信息化可持续发展意义深远。

第二节　我国教育政策的历史沿革

一、逐步恢复阶段（1978—1990 年）

在这个阶段，我国进行了改革开放和社会主义建设，由计划经济开始走向市场经济，并进入经济快速发展时期，教育也在这段时期获得蓬勃发展。在这一时期国家主要是抓经济建设，关于教育政策的法律法规出台的数量并不是很多，因此在该阶段出台的相关的法律法规还不够完善。1977 年党中央政治局讨论并通过了《关于一九七七年高等学校招生工作的意见》，正式决定从当年起，恢复高考，采取自愿报名、统一考试、择优录取的办法。高考制度的恢复，不仅仅使大批被"文化大革命"耽误的青年通过公平竞争获得了接受高等教育的机会，也使尊重知识、尊重人才的价值观和社会风尚重新在社会上形成，国家现代化建设所需的大批人才开始得到有计划的培养。在 1985 年的《中共中央关于教育体制改革的决定》中首次提出义务教育，此决定也指出了高等教育的发展目标。1986 年的《中华人民共和国义务教育法》是我国第一部关于教育的专门的法律，这标志着我国教育事业正渐渐走向正轨。

随着《中华人民共和国义务教育法》的颁布，我国其他教育方面也出现了一些变化，出台了相关的法规。1987 年的《普通高等学校招收少数职业技术学校应届毕业生的暂行规定》体现了职业教育与高等教育的第一次结合。在这段

---

① 易鑫. 我国在线教育交出亮眼成绩单[N]. 《中国教育报》2021-06-07（01）.

时期颁布的法律法规说明了我国教育事业正在逐步发展。

二、基本完善阶段（1991—1999 年）

20 世纪 90 年代，我国经济发展取得了一些成就，使人民的生活水平得到了明显的改善。这一阶段是我国教育事业高速发展的时期，也是我国教育政策基本完善时期。在该阶段提出了普及九年义务教育，大力推进素质教育，完善职业教育和稳步发展高等教育等重要内容。在这些大的方针的指导下，我国陆续颁布了一些法律法规来完善我国的教育制度。1992 年发布的《中华人民共和国义务教育法实施细则》对义务教育法做了更全面的解释和说明。在 1993 年颁布了《中华人民共和国教师法》，这是我国第一部关于教师的法律，进一步保障了教师的社会地位。在 1994 年颁布的《教育法》《职业教育法》《高等教育法》《教师法》都促成了教育法的诞生。之后又颁布的了《教师资格条例》《教师资格认定的过渡办法》。这些政策使得我国的基础教育的政策逐步得到完善。我国在 1996 年通过了《中华人民共和国职业教育法》，这是第一部专门规范职业教育活动的法律。在 1998 年我国颁布了《中华人民共和国高等教育法》，对我国的高等教育做了全面的法律规定，因此也基本完善了我国的教育法律。

三、逐步深化阶段（2000—2011 年）

在 21 世纪主要是针对原有的法律法规进行补充和修改，让法律法规能够与时俱进，不断满足人民的需要。2002 年全国人大通过了《中华人民共和国民办教育促进法》，在该法中国家对民办教育实行积极鼓励、大力支持、依法管理的方针，而且民办学校举办者可选择设立非营利性或营利性民办学校。

2003 年国务院颁布的《加强农村教育的决定》与 2005 年的《大力发展职业教育的决定》，将教育的关注点放在职业教育上，逐渐发展职业教育。2006 年 6 月新修订的《中华人民共和国义务教育法》进一步从法律层面建立起义务教育经费保障机制，2007 年出台的《国务院关于建立健全普通本科高校、高等职业学校和中等职业学校家庭经济困难学生资助政策体系的意见》，就职业教育学生资助政策体系的框架和内容做出具体规定。在该阶段教育政策逐步细化并且进一步得到完善，涉及范围也更加广泛，不断促进教育事业的进一步深化发展。在高等教育方面，当高等教育大众化后，就业市场竞争加剧，大学生就业成为社会关注的焦点问题之一，社会对高等教育学科建设也越来越关注。社会对大学生就业问题的关注也推动了教育政策的出台，2008 年 9 月国务院发布了《关于促进以创业带动就业工作指导意见的通知》，提出了 16 条切实可行的指导意见，教育政策与教育研究呈现相辅相成的发展特点。

四、全面推进教育公平与提升质量阶段（2012－2019年）

在该阶段教育政策的着重点放在了教育公平与提升质量方面。不仅注重实现教育机会公平，也更加关注教育过程和结果公平。自党的十八大以来，总共颁布26份与教育公平有关的政策文件①，其中包含1份法律文件：2015年的《中华人民共和国教育法》；12份国务院文件，如2015年的《国务院加快发展民族教育的决定》、2016年《国务院统筹推进县域内城乡义务教育一体化改革发展的若干意见》等；13份部委文件，如2017年的《义务教育学校管理标准》、2018年的《教师教育振兴行动计划（2018－2022）》等。这一阶段是教育公平文件发布的密集时期，政策内容会更加倾向于教育过程和结果公平，进而全面推进教育公平。

针对民办教育方面，对已在教育事业中展示积极作用的民办教育，国家持鼓励态度，例如2016年国务院发布了《关于鼓励社会力量兴办教育促进民办教育健康发展的若干意见》。针对民办的培训机构，国家在大方向上加强素质教育，同时关注中小学生课业负担，因此2018年，教育部等四部门联合发布了《关于切实减轻中小学生课外负担开展校外培训机构专项治理行动的通知》，严禁校外培训机构组织中小学生等级考试及竞赛；坚决查处将校外培训机构培训结果与中小学校招生入学挂钩的行为。2019年教育部等六部门印发《关于规范校外线上培训的实施意见》，该意见对于面向中小学生、利用互联网技术实施的学科类校外线上培训活动提出了规范意见，是第一个专门针对校外线上培训活动的规范性文件。

针对义务教育阶段的教育，在2019年中共中央、国务院印发《关于深化教育教学改革全面提高义务教育质量的意见》，这是中共中央、国务院印发的第一个聚焦义务教育阶段教育教学改革的重要文件，是新时代我国深化教育教学改革、全面提高义务教育质量的纲领性文件。

五、高质量深化发展阶段（2020年至今）

从几乎全面制定有关的各个阶段到各个层次的教育政策，到现在的随着世界大形势的发展，国家更加注重教育政策的质量，不断推进教育政策的变革发展。在2020年的3月国家印发《关于全面加强新时代大中小学劳动教育的意见》，坚持立德树人，将劳动教育纳入人才培养的全过程，密切社会发展和学生

---

① 薛二勇，刘淼，李健. 我国教育公平发展政策变迁的历程、特征与趋势[J]. 教育研究，2019，40（05）：142-150.

生活实际，创新教育体制机制。2020年10月的《深化新时代教育评价改革总体方案》提出推进教育评价改革，引导全社会树立科学的教育发展观、人才成长观等，促进学生全面发展的评价方式更加多元化。2020年5月出台《关于加快和扩大新时代教育对外开放的意见》，全面加快扩大新时代教育对外开放。在2021年6月1日施行新修订的《中华人民共和国未成年人保护法》，同时，《未成年人学校保护规定》自9月1日起施行，针对学生欺凌、校园性侵害等社会关注度高、对学生合法权益损害重大的问题构建了专项保护制度，完善了相应的防治工作机制①。2022年1月1日起实施《中华人民共和国家庭教育促进法》，标志着家庭教育全面纳入法制实施的轨道。

2021年1月颁布的《关于加强新时代高校教师队伍建设改革的指导意见》是党的十八大以来第一个全面系统部署高校教师队伍建设的文件，主要强调了高校教师思想政治素质和师德师风建设、高校人事制度改革、细化落实教师评价改革和提升教师教书育人等四方面内容。在该意见中强化师德考评落实，针对高校新入职教师入岗前需要接受师德师风专题培训，当达到一定学时、考核合格时才可取得高等教师资格并持证上岗。在2月发布《关于加强中小学线上教育教学资源建设与应用的意见》，这是自2000年我国基础教育信息化正式启动以来，第一个由教育部牵头、多部门联合印发的针对中小学线上教育教学资源建设与应用工作的规范性文件。在该意见中提出5项举措，不断加强国家、省、市、县校级平台体系建设并且高质量开发资源，广泛地汇聚丰富的专题教育资源，不断优化中小学线上教育教学。

第三节　案例分析

案例一：云深山远苦耕耘，鞠躬尽瘁力先行

一、[案例介绍]

案例背景： 60多岁，本应该安享退休生活的年龄，她却在不停奔波、忙碌。每天清晨5点到夜里12点，人们都可以在校园里见到她匆忙的身影。她身患重疾，多次与死神擦肩而过。她曾是云南省丽江市华坪县民族中学的优秀教师、华坪儿童福利院孩子们热爱的"妈妈"，她就是张桂梅。2002年以来，《中国教

---

① 搜狐网. 2021年度十大政策盘点[EB/OL]. 2022-01-07[2022-06-15]. https://www.sohu.com/a/514993536_121123796.

育报》多次报道张桂梅校长事迹。63 岁的张桂梅坚守滇西深贫山区教育事业数十年，12 年前创办了全国第一所全免费女子高中，迄今帮助 1800 多名贫困女孩圆梦大学，创造了大山里的"教育奇迹"。"一个女孩可以影响三代人。"张桂梅说，如果能培养有文化、有责任的母亲，大山里的孩子就不会辍学，更不会成为孤儿。

案例正文：

（一）屡屡被命运开玩笑，她却从未消沉

"没有人愿意经历严寒，但它经常不请自来，不经选择。"这句看似轻描淡写的话，却是张桂梅的真实经历。纵观张桂梅的前半生，离别是她最经常经历的。童年时期的张桂梅失去了母亲，少年时期的她失去了父亲，18 岁的张桂梅跟随姐姐从黑龙江来到云南，1990 年毕业以后跟随丈夫来到大理白族自治州喜洲镇第一中学任教。正当她觉得终于可以拥有普通人的幸福生活时，丈夫却被诊断出胃癌晚期，她用尽全部积蓄却依然没有救回丈夫的生命。为了忘掉这痛苦的过去，张桂梅决定从大理调到华坪教书，然而命运又给她开了一个玩笑，1997 年她被查出患有子宫肌瘤，已经像 5 个月胎儿那么大，需立即住院治疗。但是为了不耽误初三毕业班的教学进度，仍然忍着病痛坚持站在讲台上，直到将这些学生送往中考考场后才入院接受治疗。手术后，医生反复叮嘱，一定要静养 6 个月以上，可仅仅 24 天之后，张桂梅又站在了她热爱的讲台上。

（二）逆天改命，助写她人未来华章——创办免费女子高中

"只要还有一口气，我就要站在讲台上，倾尽全力、奉献所有，九死亦无悔。"在"七一勋章"颁授仪式上，张桂梅发言讲到这句时，提高了音量①。与华坪结缘是因为当她经历丧夫之痛，经历病痛折磨时，是华坪给了她温暖。县里发出倡议为张桂梅募捐，一位家住山里的妇女，把仅有的 5 元钱回程路费都捐给了她。

手捧着乡亲们的"情义"，张桂梅的泪水夺眶而出："华坪给了我第二次生命，我想为华坪做些事。"从那时起，张桂梅的生命就和华坪、和教育扶贫连在了一起。她认为，山区落后主要是教育落后，而女孩受教育程度更低，由此形成"低素质女孩——低素质母亲——低素质下一代"的恶性循环。张桂梅想让她们平等地接受教育、平等地参与竞争、从容地圆梦人生。因此，她脑海中萌生出了一个大胆的想法：办一所免费的女子高中，让更多因贫困而不能读书的女孩子能够继续读书，改写自己的命运。于是，张桂梅挺起崇高的精神脊梁，像"发了疯似的"为创办免费女高四处奔走。她无儿无女，却把点亮万千乡村

---

① 朱丹. 张桂梅：用信仰托举梦想的引路人[J]. 中国共青团，2022（02）：30-31.

女孩的人生梦想作为自己的精神寄托。

可是办学谈何容易，首先遇到的第一个难题就是筹集资金。为了筹集办学资金，她拖着被病魔折磨的身体到处求人。2002年，张桂梅把自己获得的所有奖状证书都打印出来，摆在昆明街头"募捐"，招来的却是许多人的质疑和辱骂。有一次到昆明某企业寻求帮助，但是还没等她将办女子高中的构想说完，企业的领导就让保安赶她走，说她是骗子，见她不走，保安就放狗咬她。看着被狗撕破的裤腿和流血的脚，想到自己的委屈，张桂梅坐在地上放声大哭，疲惫、无助的她就坐在街头，靠着墙根睡了过去，醒来时已是万家灯火……即使是这样被人误解，遍体鳞伤，可她从未说过放弃二字。她坚信这所学校一定可以办成！2007年，张桂梅当选党的十七大代表。在北京开会时，一篇《我有一个梦想》的报道，把她办女高的梦想传播开来。随后丽江市和华坪县各拿出100万元，帮她办校。

除了资金问题教师不稳定也是办学初期的大难题。因为办学环境的恶劣，不到半年，17名教师就跑了9个，正当办学陷入困境时，张桂梅惊喜地发现剩下的8个人里有6名都是党员，于是她把6名党员教师都找来说："革命战争年代，党员在阵地就在，今天，我们要坚守这块教育扶贫的阵地。"从那时起，红色教育就在华坪女高生根了。后来华坪女高坚持每周"五个一"红色教育——党员佩戴党徽上班、重温一次入党誓词、组织一次理论学习、合唱一次革命歌曲、观看一部红色影片，就这样，理想信念教育成为鲜明的学校特色，也是张桂梅的育人特色。

（三）拿命办学校，创造贫困山区教育史上的一个又一个奇迹

张桂梅曾经对自己说过这么一段话："如果说我有追求，那就是我的事业；如果说我有期盼，那就是我的学生；如果说我有动力，那就是党和人民。"她自己也真正地践行了这句话。每天早上5点准时起床、第一个出现在校园里，每天至少3次巡校、查课，直到凌晨1点才躺下……尽管已经64岁，而且身患心脏病、肺气肿等多种疾病，张桂梅依旧拼命工作。在40年教育生涯中，她的岗位有过多次变化，但每一次都是主动请缨，选择位置更加偏僻、条件更加艰苦的学校、班级。她从不开家长会，而是翻山越岭，走进1300多名学生家，走过11万千米家访路，哪怕摔断过肋骨、发过高烧、晕倒在路上也从不改变。还把捐给她治病的钱、奖金和工资，共100多万元捐献出来修建乡村校舍。而在教育质量上，华坪女子高中每年都能取得全市第一名的好成绩。天道酬勤，她和老师们付出的心血得到了最欣慰的回报，创造了贫困山区教育史上一个又一个奇迹，12年间，1804个女孩考上大学，改变了命运。山区女孩用知识阻断了贫困代际传递，走上了医生、教师、公务员、警察、企业职工等工作岗位，还有两个女孩选择参军到西藏戍守边关。从华坪女子高中走出的许多学生，都以张桂梅为榜样，能吃苦、肯奉献，在祖国最需要的地方，绽放美好的青春。

案例来源：泪奔！为了改变1600多名山区女孩的命运，她付出的"几乎是生命"｜教育脊梁[EB/OL]. 202007-05. [2022-04-10]. https://baijiahao.baidu.com/s?id=1671354055982954747&wfr=spider&for=pc

"时代楷模"张桂梅：只有读书才能改变山区女孩的命运[EB/OL]. 2020-12-12. [2022-04-10]. https://www.sohu.com/a/510244390_121119349

二、[案例分析]

习近平总书记说："扶贫必扶智。让贫困地区的孩子们接受良好教育，是扶贫开发的重要任务，也是阻断贫困代际传递的重要途径"。教育为贫困地区的贫困人口流动、阻断代际传递提供了可能，让许多贫困家庭的子女通过努力提高受教育水平，获得更优质的人力资源，汇集更多的社会资源帮助此地区，改善日后的生活水平，提高整个地区的教育水平。请思考并讨论以下问题：

（一）请结合案例谈谈教育扶贫具有哪些作用？

1. 有利于促进社会公平。教育扶贫看起来是通过教育使贫困地区和贫困人口脱离贫困，实质含义却是以教育为切入口，消除社会中的不平等，使全社会达到公平正义、和谐发展的状态。教育扶贫的最终目的，不仅在于通过教育帮助多少贫困人口和某些贫困地区减贫脱贫，更在于通过起点公正、过程公正和结果公正，实现贫困地区和贫困人口的教育分配正义和关系正义，在实现乡村振兴、全面建成小康社会等目标的同时，实现对社会公平正义的价值追求。

2. 有利于实现可持续扶贫。通过物力上的帮助，在一定时期内，贫困家庭可以获得一定的经济收入增长，但是如果轻视人口质量上的投资，知识文化水平得不到提高，物质力量消失后，就会面临返贫现象，影响扶贫脱贫质量。扶贫脱贫的关键是贫困人口能力的提升，不仅仅是生存能力，还要注重教育，只有这样，扶贫脱贫才具有可持续性，脱贫的质量才会高，才会减少和减低"返贫"现象。教育可以帮助摆脱贫困，促进贫困地区实现脱贫的可持续性。

3. 有利于提高人民内在精神动力。教育提高人民内在精神动力。教育为华坪县营造起扶贫扶志扶智的环境，促进人口素质的提升，转变一些贫困人群的"等靠要"观念，引导许多家庭通过教育途径主动发展致富。因此，国家明确了教育优先的战略定位，贫困地区的教育发展和教育扶贫是优先中的优先，得到了国家政策的大力支持，这也是教育扶贫的特殊优势。

（二）试分析贫困地区难以留住教师的原因

1. 人才管理方面的问题。虽然农村教师存在着很大的缺口，各地为了解决农村教师难以留住的难题，也采取了很多的办法，但是这些都是宏观面上的政策，看着吸引人但对于身在其中的教师来说，更多的却是无可奈何。从微观方面来看，在乡镇学校职称最高的永远是学校的管理层，拿奖状的永远是中心校的老师，能够调动进县城的也只有本地人，这些现实存在的情况，很难让乡村教师继续坚持下去，政策惠及的总是学校领导身边的人，而乡村教师却一直都是边缘人，留不留得住则显而易见。

2. 教师个人发展缓慢。对于农村教育来说，很多时候都是以乡镇为单元，整个乡镇的教师由中心校或者是教辅站统一调配使用，也因为教师所在的学校不同分为中心小学老师以及村小老师，虽然在教学过程中很难看出差距，甚至村小因为学生人数较少，老师的教学任务并不是很重，但是，在职称评定的时候，只要在村小基本上就没有希望，虽然有方方面面的原因，但是最根本的还是因为没有奖状加分，而想要获取奖状，就需要参加各类教学技能交流、比赛，可是这些消息有几个村小的教师知道，即使去了，因为来自村小的原因，也很难获取成绩。

3. 教师生活工作环境恶劣。农村教师条件艰苦，不少学校无住房或两三个教师拥挤一室。因此，教师的主观能动性、积极主动性不能得到充分发挥，没有工作动力，对待学生教学方面存在很大的影响。只有不断改善教师的生活条件，创设良好的育人环境，为教师提供较好的生活及工作环境，使之能安居乐业，才能有效地调动教师工作的积极性，更好地为教育教学服务。

案例二："双减"到来，教培退场

一、[案例介绍]

案例背景：2021年7月，中共中央办公厅、国务院办公厅印发了《关于进一步减轻义务教育阶段学生作业负担和校外培训负担的意见》。内容重点是"双减"：一是减少校内作业量，减轻学生负担；二是减少校外培训负担，从严治理校外培训机构。尤其是对于减少校外培训负担，措辞之严厉，措施之有力，可谓前所未有。此次"双减"新政，国家层面透露的风向标非常明确，就是要出重拳、出实策，让教育回归公益属性，让教育主阵地回到学校，助力高质量教育体系的构建。

案例正文：

（一）教育内卷，教培市场的野蛮生长

"内卷"这个词是近年来非常火的一个词，每一个行业都存在内卷现象，教

育内卷现象是最明显和最严重的。自教培行业兴起以来，源源不断的热钱涌入教育培训行业，在线培训市场更是火热异常。数据显示，2020年，中国基础教育在线行业融资额超过500亿元，这一数字超过了行业此前10年融资总和。

然而，无论是线上还是线下，在资本的驱动之下，不少培训机构采取商业化营销模式，做广告、拼低价，甚至用收来的学费做投资、做投机。还有个别机构采用"白条""教育贷"等金融手段促销、吸引学员。有一些商业平台推波助澜，为了经济利益，对培训机构广告大开绿灯，甚至鼓励和引导他们竞相投放，其中不乏夸大宣传和虚假广告，教培行业，乱象横出。

事实上，校外培训的兴起原本是一件好事，无论是兴趣上的培养拓展，还是学业上的培优补差，校外培训都为学生的个性化和差异化发展提供了很好的平台，但这必须以教育公益属性为前提。而且，校外培训属于民办教育的范畴，《民办教育促进法》规定，民办学校收取的费用应当主要用于教育教学活动、改善办学条件和保障教职工待遇。但如今，校外培训的虚火越来越旺，铺天盖地的广告之下，家长的焦虑与日俱增，似乎不给孩子报个培训班，就是在虚度时间，会立马被赶超。

面对网络上发起的"辅导机构效果到底怎么样"这个问题，有家长无奈表示："各种帮助解题的软件，让孩子遇到困难不是首先去独立思考，而是立刻拿起手机寻求软件帮助""自从上了在线辅导班的课程，孩子的视力直线下降"。还有网友表示："身边同学同事都在报辅导班，只能随波逐流，关系到孩子的成绩，谁也不敢落后。"校外培训乱象，是很难治理的痼疾，也是迫在眉睫的"急症"。

（二）"双减"出台，教培行业迎来寒冬

随着2021年"双减"意见等一系列新规的出台和配套措施落实，校外培训机构上市公司的行情也随之掉头向下，单从市场方面来看，当年教育中概股的总体市值已蒸发近千亿美元。截至6月3日，高途股价从1月27日最高点149.05美元/股跌至27.08美元/股；新东方的股价从2月16日最高点19.97美元/股跌至10.6美元/股；好未来的股价从2月16日最高点90.96美元/股跌至38.31美元/股。截至2021年7月，高途、好未来、新东方等股票价格相对前期高点都已跌去近九成。

除了股价下跌之外，资本也开始陆续撤离教育行业。如高瓴资本披露的2021第一季度持仓情况显示，其在一季度清仓了好未来和一起教育科技；景林资产卖出持有好未来股数的77.61%；瑞银卖出8740万股持有的高途股数；老虎环球基金同样也在第一季度清仓了高途。

我国教育行业在现有的政策监管下，已经不能再随意的资本化了，投资者的撤出也是教培行业野蛮发展的时代结束的信号之一。

（三）新东方退场，教培时代结束

作为曾经的教育"双巨头"之一，新东方的一举一动被教育行业内外密切关注着，新东方既代表着教育行业过去近三十年取得的成果，同时也预示着"双减"之后教育行业可能选择的方向。这是新东方近5.5万名在职教师与所有教育行业从业者共同关注的未来。

一篇由新东方发布，题为《当一辆红色卡车，驶向远方》的文章出现在众多教培行业从业者的朋友圈。新东方在该文中介绍，因业务调整，新东方各地学校退租了部分校区，遗留下一堆崭新的课桌椅，每套市场价约六七百块钱。截至目前，郑州、西安、合肥、成都、宜昌、佛山、兰州、连云港、武汉、乌鲁木齐、太原、海口等新东方分校，共计捐出了73366套这样的新桌椅。

就在《当一辆红色卡车，驶向远方》发出后，俞敏洪在朋友圈转发并附文："教培时代结束"。新东方教育科技集团董事长俞敏洪在个人视频账号开启直播，介绍新东方和个人现状，以及走向未来。同时，俞敏洪还向网友推荐自己近期阅读的书籍，并在直播间卖书。直播中，俞敏洪表示，新东方最大的业务要停止，接近1500个教学点要退租，遗留下来的课桌椅目前已捐赠近8万套，接下来至少还有8万套将捐出去。此外，他还提到，未来计划成立一个大型农业平台，将带几百位老师通过直播助农带货，帮助农业产业升级和乡村振兴，帮助农民提升职业水平。

其实在"双减"出台后不久，教培行业的退潮大幕就已经悄然拉起。而作为代表性企业的新东方也逐渐从K9学科类培训抽离。2021年10月13日，新东方发布关于集团培训学校业务部门组织架构调整的通知，表示将取消学校泡泡少儿部、优能初中部等K9相关业务部门建制。10月25日，新东方集团旗下子公司新东方在线宣布将停止经营义务教育阶段学科类校外培训服务。在此之前，新东方在线全资子公司"东方优播"宣布关闭K12业务。

（四）教培退场，千万从业者又将何去何从

在《"双减"政策下，教育培训行业教师现状调研报告》中，显示了在"双减"政策下，教培行业内教师的选择。数据显示，老师们考虑的主要方向是留在教育培训行业或选择进修深造，其中考虑过"留在教培行业，且不转换方向"以及"留在教培行业，但转向受政策影响较小的方向"两项的老师均占了总人数的40%。调查中也继续追问了"留在教培行业并转向受政策影响较小的方向"这一项的老师们考虑转型的具体方向。

根据数据显示，近五分之一（19.88%）的教师选择了素质教育的方向，也有超过10%的教师则选择了私人家教（15.84%）、留学考试（13.04%）与高等教育（11.80%）三个方向。而选择国际游学（2.17%）与留学咨询（0.62%）的老师人数占比最少。

从教师的选择中，我们可以发现素质教育是当前的热门方向。"双减"政策对 K12 学科教育进行了全面地减压，并强调了学生的身心健康发展，加上国家对体育、美术等学科的重视，这促使一批机构开始往素质教育方向转型，这也为行业内的老师们提供了转型发展的机会，因此选择这个方向的教师占比较高。

私人家教是第二个热门的方向。在国家尚未出台针对个人开展 K12 学科类培训的相关管理规定前，许多老师因为在机构积累了一批家长和学生，他们有一定的资源可以自己开展私人家教的活动。但是，随着《关于坚决查处变相违规开展学科类校外培训问题的通知》的颁布，私人家教领域未来也将会成为国家"双减"政策的重要治理内容。

依照国家于 2019 年发布的《国民经济行业分类》，调研转行教师的行业选择情况，发现老师转型方向集中于文化、体育和娱乐业，其次是信息传输、软件和信息技术服务业和公共管理、社会保障和社会组织。

通过对老师们选择转换行业理由的统计，我们发现拥有相关专业背景是老师们选择转行的主要原因。同时，行业发展前景和入行门槛较低也是老师们选择转行的重要因素。总体来看，老师们在选择转行时会关注自身的相关经验以及行业的整体发展状况，选择是否离开教育行业进入一个新的领域。

通过对教师发展的调研，我们可以看到全国教培行业从业教师约 1000 万人。其中很多人将面临着失业、转行、转岗、收入降低等窘境。好未来、高途、新东方、猿辅导等国内一线教育品牌已经开启大规模裁员。"双减"之下，教培行业里的教师的发展也已经受到重大冲击。政策来临，行业和个人的发展都是急需思考的。

（五）政策之下，教培行业转型已成必然

正如俞敏洪在直播中提到的，新东方虽然最大的教培业务结束了，但是新东方并不会就此死去，未来新东方将计划成立一个大型农业平台，带几百位老师通过直播助农带货，帮助农业产业升级和乡村振兴，帮助农民提升职业水平。

俞敏洪表示，新东方可以做两件事，一是通过上下游平台的搭建，让更多农民转型变成农业产业工人，让他们有更好的收入。同时让更多青年农民回到家乡，和自己的孩子在一起，从而让留守儿童、离散儿童少一些。

事实上，在农村教育事业上，新东方长期以来也给予了不少关注。"双减"落地后，在一次面向情系远山公益基金会的内部分享中，俞敏洪还提到，"新东方沉淀了很多研究 K12 的教学产品、教学资源，这些东西我们未来会更大面积地放到农村孩子身上去"。

不论是在农业、直播带货等新领域探索，抑或是重新加注成人教育、教育硬件、以及教育 ToB（面向企业）服务等原有的教育领域，"双减"之下的新东方正在重塑后的新格局中寻找自己的定位。"双减"打破了教育行业原有的格局，但也带来了行业的重塑。

案例来源：人民日报四问校外培训乱象：这是做教育，还是做生意[EB/OL]. 2021-03-19. [2022-04-10]. https://m.thepaper.cn/baijiahao_11786532

"双减"政策落地引行业巨变 教培类公司须转型另谋出路[EB/OL]. 2021-07-27. [2022-04-10]. https://baijiahao.baidu.com/s?id=1706397503122090570&wfr=spider&for=pc

新东方：退租教学点、助农与直播带货[EB/OL]. 2021-11-09. [2022-04-10]. https://baijiahao.baidu.com/s?id=1715960590241413399&wfr=spider&for=pc

"双减"过后，教培行业的老师是如何打算的？[EB/OL]. 2021-09-26. [2022-04-10]. https://www.sohu.com/a/492207859_100000730

二、[案例分析]

"双减"政策是教育部门针对义务教育阶段提出的减负政策，具体指全面压减孩子作业负担，还需要减轻校外培训负担。一减轻作业负担，二减轻校外培训负担。落实"双减"政策，能促进学生的全面发展，中小学生负担太重是当前义务教育最突出的问题。落实"双减"政策，能够减轻学生过重作业负担和校外培训负担，扭转"唯分数""唯升学"的不科学的教育评价导向，避免短视化、功利化的教育，将闲暇的时间还给学生，引导学生全面而有个性地发展，培养德智体美劳全面发展的社会主义建设者和接班人。请思考并讨论以下问题：

（一）简要分析"双减"政策对于教培行业的影响

1. 资本撤离教育行业，教育机构市值缩水严重。"双减"政策落地，政策明确指出"现有学科类培训机构统一登记为非营利性机构""不得上市融资"等条例，教育股票集体应声而跌，龙头股新东方在线跌去 31.42%，千亿元资本在教培市场中蒸发。除了股价下跌之外，资本也开始陆续撤离教育行业。如高瓴资本披露的 2021 第一季度持仓情况显示，其在一季度清仓了好未来和一起教育科技；景林资产卖出持有好未来股数的 77.61%。政策之下，资本市场意识到教育行业的大幅缩水，资金的撤离就成为了必然。

2. 岗位大幅缩减，大量从业人员面临失业危机。全国教培行业从业人员近千万，自"双减"政策落地以后，各大教育机构纷纷面临着裁员和转型。在这样的大环境下，教培从业者大多面临着两个选择，一是"优化"，即裁员；二是被调岗调薪。特别是对于教培行业的新人来说，在"双减"政策落实以后，基本上都处于失业的状态,以往的高薪工作已经没有了,只能再次转投人才市场重新寻找工作。同样的对于已在教培行业工作多年的部分从业者而言,他们也面临着失业的危机,而且对于早已习惯于教培工作模式的从业者,他们适应一份新工作的时间或许更长。因此,"双减"政策落地对教培从业者的影响是巨大的,解决教培从业者的失业问题需要政府和教培机构的共同努力。

3. 政策之下,教培机构转型迫在眉睫。"双减"政策要求坚持从严治理,全面规范校外培训行为。坚持从严审批机构。各地不再审批新的面向义务教育阶段学生的学科类校外培训机构,现有学科类培训机构统一登记为非营利性机构。在这一要求之下,各大教培机构的转型之路已成必然。同时随着国家对职业教育和素质教育的重视,职业和素质成为教育行业的两大热门,一些头部教培机构开始向职业教育、素质教育等业务拓展,以冲抵"双减"政策对学科类教育培训业务的影响。

(二)试述"双减"政策出台的必要性

1. 教育内卷严重,家长学生不堪重负。教育的过度竞争甚至内卷已经在较早的学段产生,并对学生的身心健康产生了较为严重的影响。很多学生在小学和初中学段就不得不接受大量刷题、高强度长时间训练的折磨。"唯分数""唯升学"的顽瘴痼疾根深蒂固,无论是学生还是家长都深陷其中,不堪重负。

2. 教培机构监管缺失,教培市场野蛮生长。近年来,教育部联合有关部门对校外培训机构进行了专项治理,取得了一定成效,但仍有一些问题尚未得到根本解决。目前全国针对中小学生的校外培训机构数量庞大,已基本与学校数量持平,鱼龙混杂,良莠不齐。同时由于违法违规成本低,无证机构屡禁不止,虚假宣传、超标收费、乱收费、与中小学招生挂钩等违法违规行为依然存在。此外,近年来大量资金涌入培训行业,掀起烧钱战争,广告铺天盖地,全社会疯狂营销,各种销售焦虑过度宣传,违背了教育的公益属性,破坏了教育的正常生态。

3. 减轻学生作业负担,促进学校课后服务。一些中小学学校存在作业量大、质量差、功能异化等问题,不仅影响学生的锻炼、休息、娱乐时间,还影响学生的正常活动。"双减"工作之一是减轻学生的不合理作业负担,同时加强学校课后服务,明确保证服务时间、提高服务质量、拓展服务渠道。

本章参考资料

[1] 中共中央. 国务院关于学前教育深化改革规范发展的若干意见[EB/OL].

2018-11-15 [2022-06-15]. http://www.xinhuanet.com/politics/2018/11/15/c_1123720031.htm.

[2] 刘光萍,马香莲. 基础教育"双减"政策的目标取向及实践路径[J]. 成都师范学院学报,2022,38（02）：1-6.

[3] 齐鲁网 从"层次"到"类型"职业教育进入高质量发展阶段——"十三五"期间职业教育发展有关情况介绍. [EB/OL]. 2020-12-09 [2022-06-15]. https://cbgc.scol.com.cn/news/497648.

[4] 易鑫. 我国在线教育交出亮眼成绩单[N].《中国教育报》2021-06-07（01）.

[5] 薛二勇,刘淼,李健.我国教育公平发展政策变迁的历程、特征与趋势[J]. 教育研究,2019,40（05）：142-150.

[6] 搜狐网. 2021 年度十大政策盘点[EB/OL]. 2022-01-07[2022-06-15]. https://www.sohu.com/a/514993536_121123796.

[7] 朱丹. 张桂梅：用信仰托举梦想的引路人[J]. 中国共青团,2022（02）：30-31.

第八章 财政政策

财政包含两个方面的意义,一方面,就经济学而言,财政是一种经济行为或者经济现象,主体是国家(政府);另一方面,财政的实际意义是国家的一个经济部门,即财政部门,它通过财政资金的收支活动实现政府的职能。而财政政策的实质就是国家制定的指导财政分配活动和处理各种财政分配关系的基本准则。在社会主义市场经济体制下,为了应对市场经济的周期性波动,政府部门两只"看得见"与"看不见"的大手就会对其加以干预。财政政策作为政府部门"看得见的手",它是政府进行宏观调控、保证经济平稳运行的工具。在我国,财政政策的施行主要通过税收、财政支出、国债、政府投资、政府预算等方式实现,各种方式相辅相成又各具特色。党的二十大报告明确指出:"健全宏观经济治理体系,发挥国家发展规划的战略导向作用,加强财政政策和货币政策协调配合,着力扩大内需,增强消费对经济发展的基础性作用和投资对优化供给结构的关键作用";"健全现代预算制度,优化税制结构,完善财政转移支付体系。"

第一节 我国财政政策的主要方式

一、税收制度

税收制度是指国家(政府)以法律或法规的形式确定的各种课税方法的总称。在我国税收制度属于上层建筑范畴,是税务机关收缴税务的法律依据,同时也是纳税人履行纳税义务的法律规范。从古至今,税收都是国家凭借政治权力参与社会产品分配的重要形式,具有无偿性、强制性、固定性、权威性等特点。

2014年审议通过的《深化财税体制改革总体方案》是我国建立现代财政制度迈出的第一步,改革重点锁定六大税种,包括增值税、消费税、资源税、环境保护税、房地产税、个人所得税。近几年来我国政府推出了一条又一条的财税政策,就以个人所得税和房地产税为例。2018年修改个人所得税的决定将个人所得税起征点提高到 5000 元，这一决定将大量低收入群体排除在征税范围外，不仅在管理上易于实施，而且本身也是社会道义和公平的要求。房地产税是政府向地产物业征收的一种财产税，通常向房产的业主或租户等使用者征收。近年来我国在房地产税的政策是一调再调，2016 年财政部、国家税务总局、住房和城乡建设部发布《关于调整房地产交易环节契税、营业税优惠政策的通知》，通知指出，对个人购买家庭唯一住房（家庭成员范围包括购房人、配偶以及未成年子女，下同），面积为 90 平方米及以下的，减按 1%的税率征收契税；面积为 90 平方米以上的，减按 1.5%的税率征收契税，并且还指出对个人购买家庭第二套改善性住房，面积为 90 平方米及以下的，减按 1%的税率征收契税；面积为 90 平方米以上的，减按 2%的税率征收契税[①]。2020 年中共中央、国务院发布《关于新时代加快完善社会主义市场经济体制的意见》，意见中明确提出了要加快建立现代财税制度，稳妥推进房地产税立法。2021 年中共中央、国务院在部分地区开展房产税试点工作，通过了房地产税试点办法（草案），并在上海、重庆、广州、深圳等地开展试点工作。

税收是一个国家的主要收入来源，更反映了一个国家的主权。税收制度的制定为我国税收提供了法律和制度的保障，正确处理了纳税人和国家之间的税收分配关系。党的十九大以来，我国经济进入了高质量发展阶段，为了适应经济的高质量发展，深化财税体制改革，建立现代财税制度是必由之路。

二、财政支出

财政支出是政府为满足公共需要的一般性支出（或称经常项目支出）。它包括购买性和转移性支出，这两类支出对国民经济的影响有不同之处。

（一）购买性支出

购买性支出是指政府为了履行其职能，从私人部门购买物品与劳务而发生的费用。从商品的买卖过程来看，在购买性支出中政府更多的是扮演着一个消费者的形象，遵循商品买卖的一切流程，讲价、砍价以及货比三家在政府的购买性支出中都是普遍存在的。从最终用途看，行政管理支出、国防支出、文教科卫等财政支出是必不可少的社会公益性事业的开支，政府的投资能力和投资方向对社会经济结构的调整和经济的发展起着关键性的作用。

近年来，财政部政府购买服务改革成效显著。自 2019 年通过了《政府购买服务管理办法》以来，全国各地政府进一步加强了购买性支出项目，更多地集

---

① 财政部. 个人购买家庭唯一住房 90 平米以下减按 1%征契税[EB/OL]. 2016-02-19[2022-10-09]. https://business.sohu.com/20160219/n437881630.shtml.

中在公共服务项目上来。数据显示2021年全国政府购买服务支出达到4970亿元，其中公共服务支出3479亿元，占比70%[①]。在财政部的指导下，各地方政府根据当地实际情况纷纷颁布政府购买服务的管理条例，如山西省、甘肃省分别出台《山西省政府购买服务实施办法》《甘肃省政府购买服务管理办法》；湖北省武汉市、宜昌市等地公布了政府购买服务实施细则和操作指南。各省市政府所颁布的管理条例中政府购买服务的内容都有了进一步的明确细化，极大地推动了政府购买服务的深化改革，为改革在地方的快速推进提供了良好的制度保障。

> **医保药品的"灵魂砍价"**
>
> 　　近日，国家医保局谈判代表张劲妮的"灵魂砍价"持续登上热搜并刷屏朋友圈。原本报价每瓶5万多元的药，经过前后8轮谈判，每瓶价格变成了3万多元。在谈判企业经历了第四次、第五次离席商量后，价格降到了每瓶37800元后，还没有达到医保局理想的价位。据估算，我国新生儿SMA患者每年新增1200人，存量患者约3万人。因发病率很低、特效药物少，药价往往都是天价，高昂的治疗费用，让绝大多数家庭承担不起。2021年国家医保药品目录调整中，7种罕见病用药通过谈判方式进入医保目录，就是让患者的生命有保障，活得有尊严。张劲妮笑着说："谈判桌上我们作为甲方，这么卑微，真的很难。"身为谈判代表，她的责任如山在肩，既要把价格尽可能地往下谈，也要考虑药企的承受能力，这种心理感受或许只有亲身经历的人才能真正懂得。因为她不只把自己当成了谈判代表，谈判也不是例行公事，而是与需要这些药品的患者站在一起，与国家医保基金的安全与发展连在一起。
>
> 　　资料来源：光明时评 医保谈判"灵魂砍价"，彰显人民健康至上理念[EB/OL]. 2021-12-07 [2022-10-7]. https://guancha.gmw.cn/2021/12/07/content_35364730.htm

（二）转移性支出

转移性支出是政府进行宏观调控和管理，特别是调节社会总供求平衡的重要工具。转移性支出主要包括社会保障支出、财政补贴和税收支出三种，其中社会保障支出和财政补贴在现代社会里发挥着"安全阀"和"润滑剂"的作用，在经济萧条失业增加时，政府增加社会保障支出和财政补贴，增加社会购买力，

---

① 2021年全国政府购买服务支出达4970亿元 公共服务支出占比70%[N]. 中国财经报.2022-04-11.

有助于恢复供求平衡；反之，则减少相应这两种支出，以免需求过旺。税收支出则是根据特殊的政策法律给予纳税人一定的税收优惠所造成的由政府承担的收入损失或放弃的收入，它是政府的一种间接性支出。

在我国中央财政的各项支出中，对地方政府的一般性转移支出占比越来越大，据相关新闻报道，2021年财政部加大了转移支付力度，并积极向中西部地区倾斜、向基层倾斜，用于增加地方财力的均衡性转移支付1.89万亿元、增长10.1%，县级基本财力保障机制奖补资金3373亿元、增长13.2%，老少边穷地区转移支付3027亿元、增长8.5%，重点生态功能区转移支付882亿元、增长11%[①]。由此看来，转移性支付的实质是通过中央财政支出来帮扶经济发展较差的中西部地区，以缩小发达地区和欠发达地区之间的差距，达到整个社会的和谐发展。

三、发行国债

国债是国家按照信用有偿的原则筹集财政资金的一种形式，同时也是实现宏观调控和财政政策的一个重要手段。国债对经济的调节作用主要体现为三种效应：一是排挤效应，即通过国债的发行，使民间部门的投资或消费资金减少，从而起到调节消费和投资的作用；二是货币效应，这是指国债发行所引起的货币供求变动。它一方面可能使"潜在货币"变为现实流通货币，另一方面可能将存于民间的货币转移到政府或由中央银行购买国债而增加货币的投放；三是利率效应。这是指通过国债利率水平的调整以及对资本市场的供求变化来影响市场利率水平，从而对经济产生扩张或紧缩效应。

在现代信用条件下，国债的市场操作是沟通财政政策与货币政策的主要载体，同时也是它们的耦合点。在"十四五"规划中明确提出了要建立现代财税金融体制的宏伟目标，并提出"健全以国家发展规划为战略导向，以财政政策和货币政策为主要手段，就业、产业、投资、消费、环保、区域等政策紧密配合，目标优化、分工合理、高效协同的宏观经济治理体系"[②]。因此，国债作为财政政策工具实施时，除了与其他财政政策手段协调外，还特别要与货币政策相协调。

对于民间私人部门和公民个人来说，国债还是一种投资产品。我国的国债

[①] 光明网. 在落实减税降费基础上实现财政超收[EB/OL]. 2022-01-26[2022-10-07]. https://news.gmw.cn/2022-01/26/content_35472831.htm.

[②] 人民网. 中共中央关于制定国民经济和社会发展第十四个五年规划和二〇三五年远景目标的建议[EB/OL]. 2021-07-20[2022-10-07]. http://zhs.mofcom.gov.cn/article/zt_shisiwu/subjectcc/202107/20210703176009.shtml.

发行是专指财政部代表中央政府发行的国家公债，由国家财政信誉作担保，信誉度非常高，历来有"金边债券"之称，稳健型投资者喜欢投资国债。对于购买国债的投资者而言，国债利率的上调或者下降始终牵动着他们的心。2020年受新冠疫情的影响，中央政治局会议明确发行2020年抗疫特殊国债，预计发行1万亿元，由中央财政统一发行的特殊国债，不计入财政赤字，纳入国债余额限额，全部转给地方主要用于公共卫生等基础设施建设和抗疫相关支出，并带有一定财力补助的性质。这次特别国债的发行非常火，话题热度也很高，国债一经发行投资者纷纷买入，短短一个半月的时间1万亿国债就发行完毕。这次的特别国债主要用于为一些重大基建项目弥补资金缺口以及帮助受疫情影响的小微企业复工复产，将特别国债所筹资金用于国家融资担保基金的资本金补充，为符合条件的中小企业定向增信，降低融资成本，帮其渡过难关。这是时隔十三年，特别国债被再次提起，它与财政赤字和专项债相配合，以积极的财政政策助力宏观经济稳定，应对疫情冲击。

四、政府投资

政府投资是指使用预算安排的资金进行固定资产投资建设的活动，是全社会固定资产投资的重要组成部分。政府投资不仅是政府实行财政政策的主要方式之一，同样也是政府一项重要的政府职能，事关经济社会发展全局，既是实施宏观调控、落实国家发展战略的重要手段，也是引导和带动社会资本扩大有效投资的有力抓手，在稳增长、促改革、调结构、惠民生、防风险以及补齐发展短板、优化供给结构、增强发展后劲等方面发挥着关键作用[1]。

作为我国近年来政府投资的最大项目，亚洲基础设施投资银行（亚投行）是一个政府间性质的亚洲区域多边开发机构。重点支持基础设施建设，成立宗旨是为了促进亚洲区域的建设互联互通化和经济一体化的进程，并且加强中国及其他亚洲国家和地区的合作，是首个由中国倡议设立的多边金融机构。自亚投行成立以来，6年的时间成员国数量从57个上升到了103个，机构的辐射范围涵盖亚洲全境，投资行业主要以能源、交通、城市发展为主。近年来我国的市场交易主要还是集中在交通和能源部门，肉眼可见我国的交通发展非常迅速，目前为止我国农村公路交通网络已基本建立，"村村通公路"已成为现实，农村公路的总里程从2011年底的356.4万千米增加到2021年底的446.6万千米，十年净增了90多万千米。能源发展同样有着不俗的成绩，尤其是在新能源的应

---

[1] 中国政府网. 规范政府投资行为 激发社会投资活力[EB/OL]. 2019-05-06[2022-10-07]. http://www.gov.cn/zhengce/2019-05/06/content_5388904.htm.

用方面，太阳能资源丰富，产业规模位居全球首位；风能资源丰富，资源总量在 33.26 亿千瓦左右，风力发电量已连续 12 年稳居全球第一。

五、政府预算

政府预算也称国家预算，是政府的基本财政收支计划，即经法定程序批准的国家年度财政收支计划。国家预算是实现财政职能的基本手段，反映国家的施政方针和社会经济政策，规定政府活动的范围和方向。我国政府预算是具有法律效力的基本财政计划，是国家为了实现政治经济任务，有计划地集中和分配一部分国民收入的重要工具，是国家经济政策的反映。政府预算一般有以下几个作用，首先是确定政府可获得的资源，有利于全面安排支出；其次，能够反映政府的活动范围和方向，便于社会公众的监督；再次，有利于人民参与对国家事务的管理；最后是有利于政府活动的有序进行。

政府预算一般有三种表现形式，预算赤字、预算盈余、预算平衡。预算赤字指的是政府在每一财政年度开始之初，编制预算时在收支安排上就有的赤字。若实际执行结果收入大于支出，为财政盈余，它反映着一国政府的收支状况。财政赤字是财政收支未能实现平衡的一种表现，是一种世界性的财政现象。财政赤字是财政支出大于财政收入而形成的差额，由于会计核算中用红字处理，所以称为财政赤字。通俗地说，对于政府的财政预算就是做一份年度赚钱和花钱的计划书，后续的一切活动都要在计划书内来执行，到最后如果用得少赚得多那就是财政盈余，用得多赚得少就是财政赤字，不多不少刚刚好就是收支平衡。

近年来，随着我国政府预算体制的深化改革，我国政府的预算管理水平、管理效率以及管理方法都有了显著的提升。2021 年国务院印发《关于进一步深化预算管理制度改革的意见》，部署进一步深化预算管理制度改革的具体措施。主要从预算收入、预算支出、预算编制、预算执行与绩效管理、风险防控、预算管理信息化水平等六个方面提出了明确的重点改革措施。《意见》发布之后各级政府积极响应政策号召，科学规划政府预算，在 2021 年度的政府预算报告中，全国一般公共预算收入 202538.88 亿元，为预算的 102.5%，比 2020 年增长 10.7%，全国一般公共预算支出 246321.5 亿元，完成预算的 98.5%，增长 0.3%。加上补充中央预算稳定调节基金 3540.9 亿元、向政府性基金预算调出 90 亿元，支出总量为 249952.4 亿元，收支总量相抵，赤字 35700 亿元，与预算持平[①]。政府预算作为"国家账本"体现了国家宏观的财政政策，对经济运行有着深刻影响。近年来，我国连续采取积极的财政政策，这些政策的实施都需要通过预算报告这个窗口来详细了解，历年的政府预算报告能够看到对当年财政政策的具体阐述和安排，这些政策安排与宏观经济、市场主体、百姓民生等息息相关。

第二节 我国财政政策的历史沿革

一、恢复国民经济阶段（1949—1952年）

中华人民共和国成立之初，通货膨胀问题相当严重。这一时期的财政政策属于市场型财政政策。从根本上解决通货膨胀问题，就必须消灭财政赤字。但财政收入和支出两方面的压力都难以削减。军事支出、一般行政支出、接管军教人员，财政供养人口压力巨大。筹集充分的财政收入需要统一财经，其中最主要的是统一财政，但财政收支缺口依然存在。1950年的年财政收入为62.17亿元，财政支出为68.05亿元。1952年国家预算实现了平衡。在军事支出压力不减的条件下，这殊为不易。另外，物价上涨的原因还来自市场炒作。财政支出在稳住重点商品供应、平抑市场中发挥了重要作用。1951年和1952年居民消费价格指数（CPI）分别比上年上涨12.5%和2.7%，这意味着通货膨胀问题已经得到了解决。

这一阶段的市场型财政政策实际上是在极其残缺的市场经济中实施的财政政策。当时中国基本上是一个农业国，市场发育水平很低，最发达的沿海地区工业化水平也很低，而且战争压力一点没有减少，国内问题没有解决，抗美援朝又带来了巨大的军事支出压力，财政支出几乎没有削减的可能，但是财政在这一时期正常运行，稳定着国民生活。

二、计划型财政阶段（1953—1978年）

中国在1953年开始实施第一个五年计划，由于缺乏计划编制的经验，"一五"计划边实施边制订，但与计划经济体制紧紧联系在一起的重点工程建设一直在实施中。"一五"时期苏联援建的156项重点工程成为工业经济体系的核

[①] 关于2021年中央和地方预算执行情况与2022年中央和地方预算草案的报告[EB/OL]. 2022-03-13 [2022-10-09]. http://www.gov.cn/xinwen/2022-03/13/content_5678838.htm.

心,再加上配套的 900 余个限额以上大中型项目,初步形成了新中国的工业经济体系。因此,财政政策的中心内容是为重点建设工程融资。到 1956 年底,中国基本完成对农业、手工业和资本主义工商业的社会主义改造任务,除了税收政策之外,国家通过价格政策、折旧政策、低工资政策,集中了尽可能多的财力用于积累,宏观财政政策与微观财政政策实现了一体化,国家财政与国营企业财务实现了融合,财政政策的宏观目标通过直接干预微观经济的方式实现。虽然认识到国民经济按比例协调发展的规律,但是在实际操作中,建设规模还是有超过国家财力的可能。

这一阶段在计划经济体制下,财政政策的目标最终归于守住财政平衡。这样的政策归根到底只是一种朴素的财政收支观支配的古典财政观念,以不出现赤字,保证财政正常运行为直接目标。政府通过生产资料公有制和计划,控制了物价,解决就业和国际收支平衡问题,促进经济增长。

三、适应经济转型阶段(1978—2012 年)

改革开放起步时,经济改革的目标并未明确,但市场的作用一直得到重视,市场化改革的方向基本上是明确的,虽然在改革强调的侧重点时有变化,但作为国民经济细胞的企业的积极性得到了激发,放权让利增强了企业的活力。对外开放引来了外资,外资的引进加强对市场化的宏观经济政策环境的需求。体制外的经济力量也在成长,乡镇企业、非公有制企业等在体制外得到了发展。这样,计划不能再像过去那样发挥根本性的作用,相应地,政府宏观调控手段也要发生变化,逐步从直接干预向间接调控过渡。在计划经济体制下,各部门、各地方、各种企业单位等的责权利不对称,存在严重的预算软约束,因此都有内在的扩张冲动,"投资饥渴症"和"消费饥渴症"并行。在经济转型期,这些问题还不同程度地存在,以间接调控方式取代直接干预的探索一直在进行之中。随着党的十三大在 1987 年召开,提出"国家调控市场,市场引导企业",强调计划与市场的内在统一,国家通过计划调节市场,市场培育企业,市场是计划调节的中介手段。

这一阶段随着社会主义市场经济体制改革目标的明确,财政政策的运作进入新阶段。以 1992 年为界,改革开放以来的第一个阶段,计划手段与财政政策手段混合发挥作用,计划发挥主导作用,第二阶段是财政政策已经开始相对独立地发挥作用,市场型财政政策的特征已越来越明显。

四、适应新时代需要阶段(2012 年至今)

2012 年,中国特色社会主义进入新时代。2013 年,党的十八届三中全会赋予财政新定位,即"财政是国家治理的基础和重要支柱",这意味着,深化财税体制改革的目标是建立现代财政政策,财政政策除了促进宏观经济稳定目标的实现之外,还应该在国家治理体系和治理能力现代化中扮演重要角色,财政政策必须从现代化国家建设的视角来理解,财政政策的实施应该有助于现代化经济体系的建立,有利于高质量发展目标的实现。近年国内外经济形势日趋复杂,全球治理面对百年未有之大变局,财政政策的决策之复杂性前所未有。在经济下行压力较大的背景下,积极财政政策加力提效是重要的举措。但是,财政政策不能代替市场作用,不能代替社会作用,市场和社会的作用均需要得到充分的尊重。财政政策的运行压力不小,财政风险在持续加大,地方债,特别是一些隐性债务及或有债务,给宏观经济运行带来了严重的隐患。

这一阶段,社会主义市场经济条件下,市场在资源配置中决定性作用的强调,财政政策的运作更多的是在尊重市场规律的前提下进行的,供给侧结构性改革下的财政政策正面临新的选择,这是新时代财政政策运作的新背景。随着经济全球化时代的到来,在构建人类命运共同体的大背景下,一国财政政策的选择再也不能只考虑自身因素,财政政策的国际协调变得前所未有的重要,开放经济条件下的财政政策选择对于所有国家和地区来说,都是必须面对的新课题。

第三节　案例分析

案例一:"炒"房还是"住"房——西安房价背后的故事

一、[案例介绍]

案例背景:"安居乐业"自古以来都是普通老百姓的头等大事,在数千年的历史发展过程中,农民对土地和房子的依赖可以说是空前的。作为农耕民族,房子为人类提供了遮风挡雨、居住生活、存放东西的地方,是人类生存寄托之所。在自己的房子里,人们可以避开外界干扰,享受和家人团聚的美好生活。尽管经过数代人的努力,中国的经济已经发生了翻天覆地的变化,但国人的思想依然没有走出来。当下,年轻人结婚普遍要求配备婚房,这已经成了约定俗成的规矩。这种以房为本的思想深深影响着人们,人们都为拥有自己的房子而努力。

案例正文：

（一）房地产市场的崛起：几家欢喜几家愁

伴随着中国的经济发展，房地产也成为了我国重要的经济支柱，即使在房价日益飞涨的今天，人们的买房热情依旧只增不减。房地产作为我国财政中极其重要的一部分，自改革开放以来，政府一直在出台政策，不断优化稳固房地产市场，有人借机开辟了财富之路，凭借房地产带来的经济红利，跻身富豪排行榜前列。房地产市场的繁荣，使得人人都想分一杯羹，一个叫作"炒房团"的"魔幻组织"应运而生，房价也伴随着他们的"魔幻"操作一飞冲天。可是现在的年轻人却为房所困，有人开玩笑称"从工作起不吃不喝奋斗两百年，才能在北京买起一套房"。

（二）"炒房团"的江湖传说

西安作为西北地区的中心，为了吸引人才，促进当地经济发展，当地政府一直都有意稳定房价。近些年，随着城市发展，西安的房价一路飙升。当前，土地财政已经成了各地政府的核心收入，房地产与土地财政密不可分，据最新统计显示，西安的土地财政依赖程度，已经跻身全国前列，这背后与房地产市场有着密不可分的关系。陕北人在西安的房地产市场一直是神秘的存在，西安的房地产市场常流传着陕北人把西安房价炒起来的说法。但房地产市场不可能仅凭一群人就只手遮天，这真真假假的背后到底隐藏着怎样的故事呢？

"给我来 10 套，立马付定金。"西安某售楼处的小刘说，这在 2010 年都是常听见的话，一个楼盘里陕北人买了其中的一半还要多，有些老板一次性会购买 10 多套住房。这可把当地的房产销售员高兴坏了，每天的业绩不仅达标，还能超额完成。

为什么陕北人这么热衷于买房呢？陕北购房团里的一个阿姨说："陕北人骨子还是传统，以前住窑洞的时候，一辈子就为修房子奋斗，现在搞煤炭行业，发财了就出来购置房子，以后好有个根，而且房价一涨转手卖了还能挣不少钱呢。"其实像阿姨这样想法的人不在少数。

1. 从煤炭走向房地产行业

在陕北延安和榆林的煤炭工业大县里，许多当地人驾驶的车辆都由原来的"陕 K 牌"转为了"京字牌"和"陕 A 牌"，据当地人介绍，这些挂着外地牌照的车辆都是从当地出去的煤老板，他们把煤炭工业领域内赚到的钱，投入到现在的房地产市场，一个老板买几十套房不成问题，可就造成了几十个人买不到房，如果出现在这个城市里的有 20 个煤老板，就以每个煤老板一次性购买 30 套房屋计算的话，就会有 600 套房聚集到他们的名下，他们不着急对外发售，就会造成大面积的房屋紧张延续出房屋紧俏现象，因此，政府也就很难控制楼市价格继续上扬的局面发生。

随着房价的逐年攀升，2017 年西安市政府也出台了限购的相关政策，但这好像并没有限制住陕北炒房团。俗话说得好，上有政策，下有对策。假离婚、办假证的情况层出不穷。据销售人员说，在一个新盘的开盘认购房屋登记表上，出现在表格上标有陕北榆林字样的登记者中，每位购房者的购房数量都在两套以上。其中一位姓史的先生，并没有登记自己的真实名字，在他一次性认购的两套房屋中，也没有全部登记自己的手机号，而是一套登记的固定电话，另一套登记的自己的手机号码。国家出台严格的政策规定，一户人家只能购买一套住房，那么这些人又是怎么认购到两套房屋的呢，对于这种疑问，当时的一位购房者道出了这些人的应对政策，他说，只要办一个假的离婚证，就可以顺利地签订两套房屋的购房协议。对于陕北炒房团来说，开发商看重的就是他们的巨额资本。

2. 真假炒房团

西安的房价真的都只是陕北人在炒吗？一位宋女士道出了真相，她与一位朋友聊天得知部分温州人已经到西安了，还买了 20 多套房子，在北京、上海以 3 万元的价格卖掉房子，然后在西安以 5000 元买进，到 10 月就已经涨到 8000 元了。宋女士说，她的这个朋友从北京上海撤出 1000 多万资金，在西安买了 20 多套房子，没有贷款，全额付清，在她眼里，西安即使 7000 元的房价，也已经很便宜了。按照宋女士那位温州朋友的计划，西安房价还存在很大的上涨预期，就是以 5000 元买进，几个月后再升值到 8000 元卖出也丝毫没有风险。由此可见不仅仅只是一家炒房团在操控楼市。

3. 政府出手，炒房团销声匿迹

2019 年西安市政府，为深入贯彻落实中央"房子是用来住的，不是用来炒的"定位精神，坚决遏制投资投机性购房需求，稳定住房市场发展，经市促进房地产市场平稳健康发展协调领导，出台了《西安市促进房地产市场平稳健康发展协调领导小组关于进一步加强住房市场调控管理的通知》。2020 年出台了更新的政策《关于进一步加强房地产市场调控的通知》，进一步限制房价。

伴随着限购政策的出台，陕北炒房团的身影逐步淡出江湖，但是西安因为房价的涨幅过大，曾被上级部门约谈。其实房价问题的背后不仅仅只是炒房团，许多因素都和房价的涨幅密切相关。因为房地产市场的繁荣，西安的经济也伴随着房地产发展起来，但是过度地依赖土地财政终究不是好的出路，如何抑制房价，扭转土地财政的局面，才是未来各大城市政府需要思考的问题。

案例来源：万字长文解读：西安房价的真相[EB/OL]. 2019-11-23. [2022-04-12]. https://

zhuanlan.zhihu.com/p/93366313

西安房价"窜天猴",背后是谁在作妖?[EB/OL]. 2018-05-31. [2022-04-12]. https://baijiahao.baidu.com/s?id=1601943532483089484&wfr=spider&for=pc

二、[案例分析]

土地财政是当前地方政府的核心,也是各地政府国内生产总值(GDP)竞赛的关键。但是土地财政却成为房价波动的重要因素。少量土地足以带动地区经济发展,高房价对 GDP 贡献显著,地方政府存在减少住房土地供应量以抬高地价获得更多土地出让收入的激励。地方辖区的土地资源相对固定,在使用期限内具有不可再生性。数量上的限制使得地方政府无法通过大量增加土地出让数量来增加财政收入,那么抬升土地出让价格就是更加有效的方式。地方政府秉持"限量供应,维护市场"的策略,导致土地供给量不足,建设用地价格随之上升,地价上升,致住房建设成本增加,房价随之上升。西安市政府为了促进 GDP 发展,提升土地出让价格,从侧面一定程度上促进了房价的上涨,而房价的上涨,自然也就容易催生"炒房"这样的现象。请思考并讨论以下问题:

(一)结合案例分析土地财政会带来什么问题?

1. 土地财政造成高房价。分税制改革后,土地租让金收入全部归地方所有,在一定程度上推动了地方政府发展房地产业的意愿。然后政府通过招标形式把土地在市场上以高价卖出,政府在这个过程中会获得巨大的利益。房产商在购得地皮后,在运营开发过程又要向政府交纳税费,这就造成了房价的居高不下。

2. 土地财政滋生腐败。政府从土地租让中获利,长此以往,难免会出现官商勾结,收受贿赂,以低价将土地出让给开发商的现象。

3. 土地财政影响产业结构。土地财政总体上说是不可持续发展的,它利用对土地的掠夺性开发来获取收入。目前,很多城市都以房地产业作为其收入的主要来源,这对经济的运行会有很不利的影响。城市的发展,必须有完整健康的产业链条。城市狂热地发展房地产业就会导致产业结构逐步畸形。

4. 土地财政影响耕地面积,损害农民权益。开发房地产需要出让大量的土地,地方政府在征用农业用地的过程中,会给农民一些补偿。但是远不够维持以后农民可持续发展所需要的资金。盲目地靠增加土地供给来扩大城市面积,进而促进城镇化的做法是不科学的,在高利润驱使下的地方政府盲目地占用可耕种土地,会对我国的粮食安全造成一定的影响。

(二)试述如何破解土地财政的难题?

1. 规范土地制度与预算外收入,加强地方官员政绩考核。规范我国地方政府的预算外收入,减少土地财政的依赖,从路径上阻断财政压力对房价的推动作用。规范土地出让金收入，将其纳入地方基金预算管理，严格按照"以收定支，收支分离"的原则执行，并进一步深化改革，使土地出让过程尽可能地公开化、透明化，避免征收土地和出让土地时的寻租行为，降低地方政府依赖土地出让的可能性。同时加强地方政府融资平台监管，避免抵押土地向银行举债融资和卖地还债的情况，保障土地价值处于合理水平，将产业结构调整、财政收支规范程度、行业发展健康指数等纳入地方官员考核目标，以激励地方政府官员摆脱短视和土地财政依赖①。

2. 完善财税制度，缓解财政压力。地方政府对土地财政的高度依赖，从历史的角度看，有一定的必然性。进一步深化分税制改革，在目前的制度基础上，对财政税收种类的划分进行统筹，根据地方政府的决算支出调整地方税种和分税比例，尽可能从税收的角度保证地方政府的事权与财权相统一，并调整中央与地方的财政关系。建立合理的转移支付制度，在地方财政跟不上时，中央给予一定的财政支持②。

3. 推行房产税改革。实行房产税改革，推动不动产保有环节的税制设计实行房产税改革，推动房产税成为地方政府的重要税种，使其成为地方政府的重要收入来源，既是国际通行的成功做法，也是改变目前土地财政态势，优化土地收入结构的有力措施，抑制房屋的投机性需求。房产税改革的方向是扩大征税范围，由经营性房屋扩充到非经营性房屋，并随着经济形势的发展定期对税基进行调整。从国外房地产税的征收效果来看，对土地及附属物等不动产征收的房地产税可以成为基层地方政府的稳定收入来源，并可以推动基层地方政府领导注意优化区域经济投资环境，提升当地的公共服务能力和水平。就我国目前情势而言，实行房产税改革，有利于改变土地财政现状，为基层地方政府提供稳定的财政收入来源，完善地方税收征管体系③。

案例二：岁"税"如春风，小微迎春来

一、[案例介绍]

案例背景：小微企业是国民经济和社会发展的重要基础，是创业富民的重要渠道，在扩大就业、增加收入、改善民生、促进稳定、国家税收、市场经济等方面具有举足轻重的作用。国家为促进小微企业的发展制定了一系列政策。其中，小微企业税收政策的实施发挥了国家财政的作用，促进经济资源合理配

---

① 王玉波. 土地出让收入支持乡村振兴潜在障碍因素及化解路径[J]. 农业经济问题，2022（06）：68-83.
② 杨萍. 土地财政的前因、后果及治理述评[J]. 农村经济与科技，2021，32（23）：120-123.
③ 徐鹏杰，吴书胜. 房产税能否缓解土地财政依赖?——基于合成控制法的实证分析[J]. 经济经纬，2020，37（02）：169-176.

置，有利于促进经济平衡发展，为小微企业提供税收优惠政策帮助小微企业减轻赋税压力，充分释放发展潜力，为更多群体提供就业机会缓解就业压力，维护社会稳定改善小微企业融资环境提升企业整体实力，振奋小微企业发展壮大信心，带动当地经济繁荣发展。

案例正文：

（一）创业之路漫漫

创业是一个发现和捕获机会并由此创造出新颖产品或服务进而实现其潜在价值的过程。越来越多的大学毕业生都投入到创业大军之中，小伟和小茜也不例外，怀揣着自己的一腔热血，投入到创业之中。

小伟和小茜是一对好姐妹，都是 80 后的大学毕业生。2009 年，两人怀揣着梦想创业，赶上了大连市沙河口区政府扶持大学生就业的好政策，一方面解决了姐妹俩自身的就业问题，另一方面也可以通过创业提供更多的就业机会，姐妹俩得到了 3 万元的国家扶持基金，这就是她们创业的第一笔启动基金。她们合伙创建了大连楚天机电设备有限公司，妹妹小茜是法定代表人，姐姐小伟主要负责跑业务，注册地址就在大连市沙河口区大学生创业园。姐妹俩主要代理杜肯品牌的空调设备保温棉和沃克品牌的风机，是大连地区的独家代理商。

妹妹小茜是学会计专业的，当时选择让妹妹成为法定代表人，考虑到她懂一些财务、税收知识。她们的创业之路可以说和税收密不可分，这样，姐姐就可以专心负责跑业务了。

在创业初期，和其他大学生创业的企业一样，楚天机电没有稳定的客户，没有持续的收入，不舍得聘请员工，也没有充足的人手，姐妹俩同时担任着多个角色：会计、后勤、业务员……虽然妹妹小茜是学会计的，但学校里学的毕竟是书本上的死知识，在实践方面有所欠缺，由于没有实践经验，一遇到具体做账、报税这些事，就急得满头汗，根本无从下手，姐妹俩就像无头苍蝇一样，一时慌了手脚。这可怎么办呢？

（二）好人，好事，好政策

面对一个个问题，姐妹俩虽然着急，但是也不知道从哪里下手，改变现在的局面，幸好有沙河口区国税局的荆大姐，帮了姐妹俩不少忙，如及时雨一般，解了姐妹俩的燃眉之急，成为创业初期的一盏明灯。每当提到，回想起这一段往事，姐妹俩的感激之情溢于言表。

由于没有专职会计，创建初期的楚天机电财务核算并不健全，荆大姐经常上门辅导，积极引导帮助她们建账建册，规范财务核算，提示涉税风险，手把手教小茜填写申报表，陪伴姐妹俩度过了那段艰难的时光。荆大姐当时看她们两个女孩子创业挺不容易的，就想着能多帮点就多帮点。税务方面多辅导她们一些，就能让她们少走一些弯路，让她们的创业之路更加顺利。就这样，从第二年开始，楚天机电逐步走上正轨，市场打开了，收入稳定下来，也雇了一名兼职会计。

姐妹俩不仅遇到了好人，也赶上了好政策的来临！

2012年和2013年，楚天机电的应纳税所得额都在5万元左右，正好赶上国家将企业所得税减半征收的享受标准扩围至6万元，两年里共减免所得税1万余元。姐妹俩认为虽然1万元看似不多，但当时正好用来更换了电脑和打印机，贴补一些其他费用，毕竟，在创业初期，省下的每一笔钱都是有意义的，这些都是看得见的实惠。

2014年，国家又将企业所得税减半征收的标准从6万元提至10万元，而楚天机电的营业收入也达到了历史峰值，根据测算，利润总额将达12.8万元。当会计告诉小茜不能再享受小微企业减半征收的税收优惠时，小茜的心情很复杂。一方面为企业经营发展壮大而喜悦，另一方面又为不能享受税收优惠政策而惋惜。因为姐妹俩都知道，企业到了成长期，即将要开始了爬坡的阶段，面临的形势更复杂，资金压力更大，也更需要国家政策上的扶持。就在此时，国家政策的颁布，让姐妹俩的公司又迎来了转机。

（三）长风破浪会有时，直挂云帆济沧海

2015年，小微企业所得税优惠力度再度升级！

"真是盼啥来啥！沙河口区国税局又给我们送政策了，今年优惠的标准从10万元提高到20万元，这下我们又能减税了！"每每想到这里，小茜眼神就会一亮，而且，会计从国税局培训回来告诉姐妹俩，今年政策落实更有力度，从第一季度申报时就可以享受10%的税收优惠。相比原来要先缴税，符合条件再退税，我感到国家的政策贴心了，减税更及时了。眼下正是销售旺季，姐妹俩想着雇个帮手，再加把劲多签几单合同！

公司发展蒸蒸日上，离不开国家推行的一个个好政策。2022年颁布《关于进一步实施小微企业所得税优惠政策的公告》，为进一步支持小微企业发展，首先对小型微利企业年应纳税所得额超过100万元但不超过300万元的部分，减按25%计入应纳税所得额，按20%的税率缴纳企业所得税。其次，本公告所称小型微利企业，是指从事国家非限制和禁止行业，且同时符合年度应纳税所得额不超过300万元、从业人数不超过300人、资产总额不超过5000万元等三个条件的企业①。从业人数，包括与企业建立劳动关系的职工人数和企业接受的

---

① 关于进一步实施小微企业所得税优惠政策的公告[EB/OL]. 2022-03-18[2022-10-09]. http://www.gov.cn/zhengce/zhengceku/2022-03/18/content_5679733.htm.

劳务派遣用工人数。所称从业人数和资产总额指标，应按企业全年的季度平均值确定。具体计算公式如下：季度平均值=（季初值+季末值）÷2；全年季度平均值=全年各季度平均值之和÷4；年度中间开业或者终止经营活动的，以其实际经营期作为一个纳税年度确定上述相关指标。为更多的小微企业提供更加优惠的税收政策。

大连市楚天机电设备有限公司只是大连市沙河口区大学生创业园内企业的一个缩影。为了扶持大学生自主创业，近年来，大连市沙河口区国税局积极同大学生创业园开展合作，为创业企业和创业青年送去税收政策、送上"便民春风"。今年税收宣传月期间，沙河口区国税局还开展了"税务援助一帮一"活动，由税务人员与创业青年结对子，进行"一对一"的帮扶，建立起政策宣传、纳税服务、税务援助的长效机制，为创业企业发展腾飞送去税务部门的一份热情和温暖。

案例来源：小微企业所得税优惠政策 10 个典型案例[EB/OL]. 2015-05-22. [2022-04-12]. https://www.chinaacc.com/kuaijishiwu/gssw/ni1505222934.shtml

二、[案例分析]

请思考并讨论以下问题：

（一）结合案例分析我国小微企业税收优惠政策存在怎样的问题？

1. 申请小微企业资格认定比较复杂。小微企业资格认定的办理是复杂烦冗的，想要享受税收优惠政策，首先它们应该进行资格认定，填写《小微企业认定申请表》、提供企业营业执照、会计师事务所的审计报告等很多资料是最基本的，并且还需要基层部门书面的推荐、相关部门的评审等。只有通过了以上的程序，走到最终公示的环节该企业才可以被认定为是小微企业。假设有的企业因为手续的麻烦没有去申请小微企业资格认定，也就意味着它们放弃享受税收优惠的待遇。面对着数量巨大的小微企业纳税人，有的税务工作人员疲于解决，业务素质不高，这在一定程度上也削弱了税收优惠的效果。

2. 税收优惠零碎，基层操作混乱。我国针对小微企业的税收优惠尚未形成完备的体系。在实际实行过程中，税务机关的效率是比较低的。本来应该是高质量服务，但由于操作不当导致税收征管时浪费了许多人力物力。基层税务机关是根据国家的政策去贯彻落实的，税收政策是为了促进小微企业的发展，如果能够调整优惠政策，并且税务机关根据政策能够站在整体的角度去实施，那么将为小微企业营造一个良好的纳税环境。

3. 企业信息不完善。税务部门是有一个信息系统的，便于跟进企业的工作。

但是实际情况中，税务机关发现许多小微企业的信息是不完整的。比如小微企业的业务收入和从业人员等基本信息。不填写或者不如实填写这些信息，后面会影响税务部门的征管工作。同时，许多小微企业内部的会计制度不健全，聘请的会计人员不专业，错误地判断企业的资产和收入，企业也就无法顺利地进行资格认定。

（二）应该如何进一步完善我国小微企业税收政策？

1. 改变税收征管理念。大中型企业有着健全的会计制度、专业素养高的会计人员以及处理较为麻烦的报表的会计技术。比较之下，小微企业多数都属于规模小、会计账簿不健全，绝大部分小微企业都没有设立完整的财务部门。多数小微企业经营者素质又是比较低的，认为和税务部门弄好关系就可以。他们没有意识到税法是讲法律的，不认真履行自己的纳税义务。多种因素影响下，小微企业认真落实纳税申报是比较困难的。假如可以鉴于不同种类的企业特点，提供有针对性的服务，将有利于小微企业的发展。

2. 完善税收法律法规。政策方针的落实需要法律法规的督促。学习先进经验，足够健全的法律制度，可以增强税收优惠政策的权威性。立法形式，比仅仅依靠行政公告的形式，更有必要，更能够帮助政策贯彻落实。我国没有健全的税收法律制度，很多优惠政策实时出台了，最终也没有一个理想的实施效果。因此结合我国小微企业的实际情况，提高税收优惠政策的法律层面是非常有必要的。

3. 提高纳税服务水平。小微企业纳税申报的流程比较复杂，很多企业因为没有按照程序而丧失了享受优惠政策的机会。提高工作效率，缩减工作的流程，纳税人就可以选择不同的纳税方式。适合什么样的纳税方式，只有纳税人自己最了解自己的情况，告知他们有什么选择，有助于他们会做出相应的选择。税务部门如果能够提供个性化的服务，可以帮助纳税企业更好地理解税收政策。税务部门由管理转型为服务，致力于提高税收服务的质量。税务机关执法得到规范，才可以更好地履行职责，为企业服务，突破税收服务的局限性，为小微企业服务到位。

本章参考资料

[1] 财政部. 个人购买家庭唯一住房 90 平米以下减按 1%征契税[EB/OL]. 2016-02-19 [2022-10-09]. https://business.sohu.com/20160219/n437881630.shtml.

[2] 2021 年全国政府购买服务支出达 4970 亿元 公共服务支出占比 70%[N].

中国财经报. 2022-04-11.

[3] 光明网. 在落实减税降费基础上实现财政超收[EB/OL]. 2022-01-26[2022-10-07]. https://news.gmw.cn/2022-01/26/content_35472831.htm.

[4] 人民网.《中共中央关于制定国民经济和社会发展第十四个五年规划和二〇三五年远景目标的建议》[EB/OL]. 2021-07-20[2022-10-07]. http://zhs.mofcom.gov.cn/article/zt_shisiwu/subjectcc/202107/20210703176009.shtml.

[5] 中国政府网. 规范政府投资行为 激发社会投资活力[EB/OL]. 2019-05-06 [2022-10-07]. http://www.gov.cn/zhengce/2019-05/06/content_5388904.htm.

[6] 关于 2021 年中央和地方预算执行情况与 2022 年中央和地方预算草案的报告[EB/OL]. 2022-03-13[2022-10-09]. http://www.gov.cn/xinwen/2022/03/13/content_5678838.htm.

[7] 王玉波. 土地出让收入支持乡村振兴潜在障碍因素及化解路径[J]. 农业经济问题，2022（06）：68-83.

[8] 杨萍. 土地财政的前因、后果及治理述评[J]. 农村经济与科技，2021，32（23）：120-123.

[9] 徐鹏杰，吴书胜. 房产税能否缓解土地财政依赖？——基于合成控制法的实证分析[J]. 经济经纬，2020，37（02）：169-176.

[10] 关于进一步实施小微企业所得税优惠政策的公告[EB/OL]. 2022-03-18[2022-10-09]. http://www.gov.cn/zhengce/zhengceku/2022-03/18/content_5679733.htm.

第九章　民族政策

　　民族政策是指为了协调民族关系、处理民族问题、促进民族发展而采取的措施和规定等的总和。中国的民族政策，是中国政府根据马克思主义民族理论，结合中国的多民族的基本国情和民族问题长期存在的问题制定的，其本质是促进各民族平等团结、发展进步和共同繁荣，是正确认识和处理民族问题的重要行为准则，是中国政策体系的重要组成部分。严格执行民族政策，直接关系到党在少数民族群众中的威信和形象，直接影响到党的民族工作的成败，直接决定着民族之间的信任和团结。党的二十大指出："以铸牢中华民族共同体意识为主线，坚定不移走中国特色解决民族问题的正确道路，坚持和完善民族区域自治制度，加强和改进党的民族工作，全面推进民族团结进步事业。"

第一节　我国民族政策的主要方式

一、区域自治

　　民族区域自治，是中国政府解决民族问题采取的一项基本政策，也是中国的一项重要政治制度，是我国三大基本政治制度之一。坚持和完善民族区域自治制度，是中国共产党始终不渝的政治意志，也是中国共产党领导中国特色社会主义制度政治建设的重要实践。从1949年《共同纲领》开始，我国开始形成了以民族区域自治制度为核心的少数民族权利保护法律体系。1984年我国颁布第一部《民族区域自治法》，以法律形式将民族区域自治定位为重要政治制度，2001年法律修订后，将其地位确立为基本政治制度。

　　民族自治地方是民族区域自治制度施行的基础，具有"地方"和"民族"两个因素，是地方自治与民族自治的结合。在单一制国家结构下的少数民族聚居区内设立民族自治地方，不仅保障了少数民族的合法权益，为地方发展保驾护航，同时也维护了国家统一和中央的集中领导。中国的民族自治地方分为自治区、自治州、自治县三级，其中包括内蒙古自治区、新疆维吾尔自治区、西藏自治区、广西壮族自治区、宁夏回族自治区5个自治区，自治州30个，自治县（旗）120 个[①]。1947 年，在中国共产党领导下，已经解放的蒙古族聚居地区建立了中国第一个省级民族自治地方——内蒙古自治区。1949 年后，中国政府开始在少数民族聚居的地方全面推行民族区域自治。到目前为止，我国共建立了 155 个民族自治地有 1200 多个民族乡[②]。在全国 55 个少数民族中，有 44 个民族建立了自治地方。实行自治的少数民族人口占少数民族人口总数的 70%以上。自治地方的数量和布局，与中国的民族分布和构成基本上相适应。

近年来一些民族区域自治地方（州、县）也陆续开展了本地区自治条例的修订工作。例如，截至 2020 年 10 月，云南省 8 个自治州、29 个自治县的自治条例修改全部完成；青海省计划在 2021 年完成全省 6 个自治州和 7 个自治县的自治条例修改工作；贵州等省下辖自治州、自治县的自治条例修改工作也陆续开展。这是把坚持和完善民族区域自治制度付诸实践的重要举措。

二、经济扶持

国家根据民族地区的实际情况，制定和采取了一系列政策和措施帮助、扶持民族地区发展经济，并动员和组织汉族发达地区支援民族地区。《中华人民共和国民族区域自治法》中，有十三条规定了上级国家机关具有帮助民族自治地方发展的义务。

（一）财政政策

民族地区大多位于地理位置偏远的内陆地区，交通不便、难以吸引外资等自然禀赋的比较劣势，使得当地第三产业发展缓慢。为发展民族地区经济，政府构建了有民族地区特色的产业发展政策，发展当地自然禀赋的比较优势，以协助民族地区建设基础工业和农牧业。例如，工业上，充实基础产业，加强地方宏观调控能力，国家优先安排民族地区资源开发和基础设施建设，合理调整资源型产品价格，逐步将资源加工型和劳动密集型产业转移至中西部地区，吸引国内外投资者投资；农牧业上，因地制宜，实行"免征免税"的优惠政策，牲畜、土地归户，自主经营，提高地区发展水平，发放贴息贷款，从财政、金融、税收等多方面支持在民族地区发展的乡镇企业。支持民族地区发展经济，还实行针对民族地区的补助和专项拨款政策。优惠涉及商业、供销、医疗和民族用品生产企业在信贷、税收和商品供应等方面。在保证民族地区有一定财政自主权的同时，在生产、卫生、社会救济和无息贷款等方面提供相应补助，同

[①] 中国政府门户网站 我国民族自治地方[EB/OL]. 2006-04-04[2022-10-27]. http://www.gov.cn/test/2006-04/04/content_244716.htm.

[②] 中国政府门户网站 民族政策白皮书：我国共建立 155 个民族自治地方[EB/OL]. 2009-09-27[2022-11-20]. http://www.gov.cn/jrzg/2009-09/27/content_1427937.htm.

时贴息贷款支持民族生产企业技术改造。除资金支持外，政府还提供了原材料、生产工具和生产技术等支持。

（二）精准扶贫

民族地区本身存在贫困面积大、贫困人口集中和自我发展能力弱等特点，因此国家设置专项扶贫基金，并把扶贫所需人力、物力、财力重点向少数民族贫困地区倾斜。从2014年《国务院办公厅关于进一步动员社会各方面力量参与扶贫开发的意见》发布以来，各级党政机关、军队和武警部队、国有企事业单位等率先开展定点扶贫，东部发达地区与西部贫困地区结对扶贫协作，对推进社会扶贫产生了重要引领效果。一直到2021年《国务院办公厅转发国家乡村振兴局、中央农办、财政部关于加强扶贫项目资产后续管理指导意见的通知》[1]，标志着党的十八大以来，国家持续加大扶贫投入力度，实施了大量扶贫项目，形成了较大规模的资产，极大地改善了贫困地区生产生活条件，为贫困户脱贫增收、打赢脱贫攻坚战奠定了重要基础。政府在不同时期分别制定了"以工代赈""温饱工程""八七扶贫攻坚""兴边富民行动"等多项开发计划，针对民族地区，特别是西部民族贫困地区的基础设施建设、农产品种植、牲畜养殖、文化卫生事业建设、基础教育乃至高等教育等诸多项目的推进。为增强民族经济发展活力，政府除制定优惠的对外贸易政策之外，还强调横向经济联合和对口支援等扶持政策，多层次、多渠道、多形式地帮助民族地区发展具有本地优势和特色的农牧、交通、能源等行业。在保证基础物资支援的同时进行科学技术和人才支援，并把对口支援项目与扶贫基金有效结合，促进民族地区群众解决温饱问题，脱贫致富。

三、民族文化

中国共产党少数民族文化政策是中国共产党在我国不同的历史时期为了实现对少数民族文化的保护、传承与发展所制定的行动纲领、方针原则和法规准则，它始终坚持"以人民为中心"的政策思路，紧跟中国社会历史发展的进程，不断进行自我修正与完善，其产生和发展经历了一个长期的发展过程。

党的十八大之后，我国的少数民族语言文字传承发展事业继续依托中国语言资源保护工程不断向前迈进，少数民族语言文字政策体系亦主要围绕这一系统性、阶段性工程，以保持和维护少数民族语言文字多样性为目标不断进行自

---

[1] 国务院办公厅转发国家乡村振兴局中央农办财政部关于加强扶贫项目资产后续管理指导意见的通知（国办函〔2021〕51号）[EB/OL]. 2021-06-04[2022-09-30]. http://www.gov.cn/zhengce/zhengceku/2021-06/04/content_5615474.htm.

身的构建、完善和实施。国务院办公厅 2012 年 7 月印发的《少数民族事业"十二五"规划》中，规划了少数民族语言文字规范化信息化建设工程、少数民族濒危语言抢救与保护工程、少数民族文物保护工程、少数民族古籍保护工程等旨在加强少数民族文化遗产保护工作的民族语文规划项目。教育部办公厅与国家民委办公厅于 2019 年 5 月联合下发了《关于部署中国语言资源保护工程 2019 年度少数民族语言调查的通知》，其中提出了"确保少数民族语言调查研究和成果建设一期工程顺利收官""做好《中国濒危语言志》为代表的工程标志性成果的审核出版工作"，并同时发布旨在推进 81 个少数民族调查点设立任务的《中国语言资源保护工程少数民族语言调查 2019 年立项计划》。

在推进少数民族宗教文化的规范化管理方面，国家宗教局、国家发改委、中央宣传部等十二部门于 2017 年 11 月底联合发布了《关于进一步治理佛教道教商业化问题的若干意见》，明确了"任何组织或个人不得投资或承包经营佛教道教活动场所"的目标任务，并要求包括民族地区在内的各地宗教文化管理部门严格规范各地区宗教场所和各民族信教群众放生、敬香、祭祀等宗教文化仪轨或活动，引导佛教道教等宗教文化场所开展不违宗教宗旨、顺应民族习俗且用于场所自养的宗教用品、工艺品、出版物等宗教文化衍生品的经销活动，鼓励教职人员潜心提升自我宗教文化素养和服务各族信教群众能力，通过规范化的监督和管理恢复宗教文化场所秩序与职能，全力保障各民族信教群众宗教文化权利的实现。在推进少数民族宗教文化工作法治化方面，国家宗教事务局于 2018 年 2 月制订出台了《宗教临时活动地点审批管理办法》，《办法》中对宗教临时活动地点的申报条件、审批程序、有效期限、容纳规模、活动方式、时间安排等做出了细致规定，列出了利用宗教临时活动场所举办宗教文化活动时的限制性、责任性、禁止性、义务性条款，切实维护各族信教群众开展合法宗教文化活动的基本权益。

四、民族教育

一直以来，中国共产党始终高度重视民族教育的发展，在不同历史时期根据民族工作及民族教育事业发展的需要制定了大量民族教育政策措施。现如今，我国的民族教育政策不断丰富和完善，内容更加科学，重点更加突出，对民族教育的规范性和引导性作用更加明显，新时代中国特色的民族教育政策体系逐步形成。

党的十八大召开，开启了中国特色社会主义建设的新纪元，民族教育也迎来了加快发展的新时期。2015 年 8 月，教育部、国家民委联合召开了第六次全国民族教育工作会议，对新时期民族教育工作进行了全面规划和部署。国务院印发的《关于加快发展民族教育的决定》,为民族教育发展指明了方向,提供了行动指南,是现阶段我国最重要、最系统全面的民族教育政策法规,为我国民族教育事业发展及民族教育政策建设提供了重要依据和方向性指导。自党的十八大以来,我国民族教育事业迎来了投入最多、建设规模最大、发展最为显著的黄金时期,截至 2015 年,中央和地方政府累计投入 4000 多亿元,用于支持少数民族教育事业实现跨越式发展,促成民族地区办学条件的持续改善以及办学质量的持续提高[①]。

对于最贫困的"三区三州"区域,量体裁衣、分类施策,积极扩大普惠性学前教育资源供给,改善高寒山区、边远牧区义务教育教学条件。首先,全面加强教师培养培训,精准提升民族地区教师教学能力,组织开发统编教材数字资源、教师用书、学生学习辅助资源,向民族地区免费提供优质教育教学资源服务,全面加强三科国家统编教材使用和国家通用语言文字教育教学支持。其次,深入推进"互联网+教育"行动,发挥 5G 和人工智能等技术优势,聚焦民族地区教育发展现状与需求,通过实施民族地区"智能教育试验区试验校"项目,建立了 22 个试验区、121 所试验校,并在发达地区建立 20 所支持学校,探索发达地区与民族地区教育共同发展的新路径[②]。最后,支持民族地区完善高等教育体系,先后出台了《教育部关于全面提高高等教育质量的若干意见》(2012 年)《教育部关于深化本科教育教学改革全面提高人才培养质量的意见》(2019 年)等一系列政策文件,大力推进高等教育发展。这一系列政策措施保障了民族地区从基础教育到高等教育的水平和质量。

现如今,我国已经基本建成世界规模最大、中国特色显著的民族教育体系。民族地区已全面普及从小学到初中 9 年义务教育,西藏自治区、新疆维吾尔自治区的南疆地区等实现了从学前到高中阶段 15 年免费教育。据统计,截至 2021 年 8 月底,在全国各级各类学校中,少数民族在校生达到 2617.43 万人。其中,学前教育、特殊教育、初等教育、初中教育、高中教育、高等教育的少数民族学生数分别占该领域学生总数的 11%、14.17%、12.4%、11.62%、11.01%、8.9%[③]。

---

① 王世忠,王明露. 中国共产党民族教育政策的三重逻辑[J]. 中南民族大学学报(人文社会科学版),2021,41(10):80-88.
② 中国教育新闻网. 党的十八大以来我国民族教育发展的成就与展望[EB/OL]. 2022-08-18[2022-09-30]. https://www.sohu.com/a/577816934_243614.
③ 中华人民共和国教育部. 各级各类学校少数民族学生数. [EB/OL]. 2020-06-11[2022-06-25]. http://www.moe.gov.cn/jyb_sjzl/moe_560/2020/quanguo/202108/t20210831_556358.html.

五、干部培养

目前，民族干部政策的概念是指在少数民族干部的选拔、任用、培养等方面制定的一系列相关法令、规定、措施、办法、条例等，包括中央和地方的少数民族干部政策。

在选拔与任用方面，《民族区域自治法》以法律形式为少数民族优先参与干部选拔的机会提供依据，是民族自治地方的自治机关、企业和事业单位干部的选拔任用的法律保障，规定了各级自治机关的首长均由当地主体民族的公民担任，并在自治机关工作人员招录时对少数民族群体适当照顾和优先选拔。民族自治地方根据《民族区域自治法》和《党政领导干部选拔任用条例》等相关法律政策选拔少数民族自治地方干部，坚持从严管理干部的要求，采取多种方式并存的选拔方式，建设与社会发展需要相适应的少数民族干部队伍。国家明确的法律和制度的确立给各民族自治地方具体开展少数民族干部的选拔任用工作提供了依据，各民族自治地方在本辖区的自治机关、企业和事业单位招聘中根据本地区的情况，适当招收本辖区少数民族干部。例如，在新疆维吾尔自治区的 2019 年公务员考试中，64 个岗位明确规定仅招收少数民族人员，为少数民族群众参与干部队伍提供了便利。

在培养干部方面，2004 年，国务院针对少数民族地区高层次技术骨干人才极度缺乏的现象颁发了《关于大力培养少数民族高层次骨干人才的意见》，按照"定向招生、定向培养、定向就业"的要求，采取考试与降分相结合等特殊政策招收硕士研究生和博士研究生，大力培养高素质的专业性民族骨干人才。尤其是党的十八大以来，高度重视民族干部的培养工作。2015 年出台的《国务院关于加快发展民族教育的决定》对培养少数民族干部的指导思想、基本原则和发展目标进行了更新，注重学前教育和基础教育，加强职业化教育，建立培养长效机制。在培养方式上，各地党校、社会主义学院和干部学院是干部培养主阵地。但由于汉族干部和少数民族干部的知识水平、能力素质、担负具体职责存在差距，《2018－2022 年全国干部教育培训规划》指出，需组织开展少数民族专业技术人才特殊的培养计划，为少数民族干部开展专业性、针对性的培养方案，建设具有推动新时代中国特色社会主义事业发展能力的少数民族干部队伍。

第二节 我国民族政策的历史沿革

一、中华人民共和国成立初期的制定推行（1949—1956年）

中华人民共和国的成立，标志着中华民族完成了民族独立和人民解放的历史任务，具备了建设现代国家形态的历史条件，建立何种形式的统一的多民族国家政权成为新中国成立前后中国共产党领导人思考的核心议题之一[①]。1947年内蒙古自治区的率先成立，为我国民族政策的制定提供了成功样板。1949年9月，具有临时宪法功能的《中国人民政治协商会议共同纲领》明确提出我国实行民族区域自治政策。1952年，政务院颁布《中华人民共和国民族区域自治实施纲要》，并下发《关于地方民族民主联合政府实施办法的决定》和《政务院关于保障一切散居的少数民族成分享有民族平等权利的决定》。1954年，民族区域自治制度正式载入宪法。以上这些构成了中华人民共和国成立初期民族政策实践的政治和法律基础。

二、全面建设社会主义时期的曲折探索（1957—1977年）

1957年7月，全国民族工作座谈会在青岛召开，周恩来总理对当时如何正确处理民族问题和民族关系，推进社会改革提出了具体要求。随着"大跃进"和人民公社化运动的开展，大部分民族地区也很快实现了人民公社化。社会主义建设的运动式发展，也深刻影响到民族地区和少数民族。1961年中国共产党八届九中全会以后，国民经济转入调整轨道，民族地区的农工商贸建设和人民公社所有制形式也随之调整。1962年召开的全国民族工作会议强调，依据民族地区客观实际，发展经济，改善生活。社会主义改造基本完成后，毛泽东等中央领导着重强调保障基础民生，就当时的历史条件而言，维护好少数民族在中华人民共和国成立后获得的政治权益和物质保障，尽快实现由生存型民生向生活型民生的转变是关键。在"三线"建设、知青"上山下乡"、赤脚医生队伍建设等以政治运动形式牵动经济、社会建设的模式中，民族地区的民生事业仍有所发展，各民族间的交往交流得到加强。

[①] 陈建樾. 重构统一多民族国家：新中国成立前后中华民族共同体建设的历史脉络[J]. 民族大家庭，2020，（04）：71-73.

三、改革开放初期的恢复定型（1978—1987 年）

1978 年党的十一届三中全会召开，标志着中国步入改革开放的历史新阶段，民族政策随改革开放恢复落实。1979 年 4 月，召开全国边防工作会议。从 1980 年开始，中央分别讨论西藏、新疆、云南、内蒙古、青海、海南等民族地区的工作。在全局工作转移到以经济建设为中心的情况下，对民族问题的认识也统一到由阶级问题转为社会问题与发展问题。1984 年开始，我国进入了经济体制改革的转型时期，为适应全面深化改革的形势，党和国家的民族工作：一是将民族区域自治建设纳入法治化轨道，于 1984 年颁布《中华人民共和国民族区域自治法》；二是通过促进民族地区改革开放、适当地减税让利、正确处理国有企业与当地少数民族关系、大规模的扶贫攻坚、对口支援与横向经济的联合发展等政策，加大力度帮助促进少数民族地区经济社会发展。同时期，与民生相关的民族政策措施也陆续出台。改革开放初期，民生领域的首要问题是落实好有利于发展的具体措施，解决温饱问题。邓小平强调："讲社会主义首先就要使生产力发展，这是主要的。"他指出："社会主义经济政策对不对，归根到底要看生产力是否发展，人民收入是否增加。"[①]由此，民族政策的制定实施，对标客观实际，强调根据民族地区的"自然条件、民族特点、经济结构、各族人民的思想觉悟和生活状况，制定有关工作的方针、任务和政策，实行具体指导"[②]。

四、深入改革开放后的不断发展（1987—2011 年）

1987 年，党的十三大作出我国正处于"社会主义初级阶段"的论断，将经济建设作为中心工作，建立社会主义市场经济体制成为经济体制改革的目标。民族工作亦明确了经济建设居首位、加强民族团结的总体方针。此后，民族政策贯穿于发展和团结两个主要线索中。这一时期，中央先后三次召开民族工作会议，研究民族工作，谋划民族地区的发展。

在民族团结进步创建方面，从 1988 年起，召开全国民族团结进步表彰大会，并形成加强民族团结进步工作的制度，各级政府建设民族团结宣传教育体系，强调尊重少数民族风俗，出台一系列扶持民族文化、教育等各项事业发展的举措。同时，继续提升民族政策法制建设保障，1993 年颁布实施《城市民族

---

① 邓小平文选：第 2 卷[M]. 北京：人民出版社，1994：314
② 中共中央文献研究室.三中全会以来重要文献选编：上[G]. 北京：人民出版社，1982：478

工作条例》和《民族乡行政工作条例》，2005年颁布实施《国务院实施〈中华人民共和国民族区域自治法〉若干规定》，进一步强化民族区域自治制度的法律保障。依照"三步走"既定战略，中国开始由温饱向小康迈进，民族地区的发展重点是在满足基本生活需求的基础上，提升发展能力，缩小发展差距，逐渐实现少数民族群众生产生活现代化。民族政策的调整亦着眼于为经济发展提供支持，为建设发展型和生活型民生创造条件。党和国家全面推进了西部大开发战略，大力实施了兴边富民工程和扶持人口较少民族发展计划等三大发展战略。这三大发展战略都贯穿着共同繁荣发展的经济政策的主题。

五、新时代以来的调整完善（2012年至今）

党的十八大以来召开的第二次新疆工作座谈会、2014年中央民族工作会议、第六次中央西藏工作座谈会、首次全国城市民族工作会议等，系统总结了改革开放以来的民族政策，从全局视角对民族问题提出新的思想、论断和认识，对新形势下的民族工作做出新的决策、部署和要求，在坚持民族平等团结和民族区域自治制度的基础上，突出铸牢中华民族共同体意识[①]。在经济方面，实施精准脱贫，补齐发展短板。新时代特别强调紧扣民生抓发展，重点解决民族地区民生问题和基础设施建设问题。开发利用优势资源，推动产业结构升级。加快服务业发展，逐步将文化旅游等产业打造成民族地区的支柱产业。明确对口支援和帮扶的重点是改善民生，帮扶资金主要用于基层、用于民生。对于新疆和西藏的建设和发展，则分别制定和实施了更为科学具体和有针对性的政策。在改善弱势群体权益方面，强调公平均等，关注少数民族弱势群体权益，构建生活和发展型民生保障体系。2015年《关于加快发展民族教育的决定》明确提出，到2020年，民族地区教育整体发展水平和主要指标要接近或达到全国平均水平，逐步实现基本公共教育服务均等化。结合"十三五"医疗卫生事业发展规划，出台基层医疗建设和民族医药发展系列政策，并持续推进医疗对口援助。在少数民族文化传承发展方面，强调中华文明植根于和而不同的多民族文化沃土，重视少数民族文化的保护和传承。

---

① 郝亚明. 社会认同视域下的中华民族共同体意识探析[J]. 西北民族研究，2020，（01）：19-26.

第三节 案例分析

案例一：多措并举——少数民族干部培养的源头活水

一、[案例介绍]

案例背景： 我国是一个多民族的国家，各少数民族都是社会主义大家庭中平等的一员。民族干部是贯彻执行党和国家在少数民族地区的方针、政策，使少数民族经济、政治、文化不断进步的决定力量。

培养少数民族干部是中国共产党和政府解决国内民族问题的一项重要举措。因为少数民族干部最了解本民族的特点及人民的愿望和要求，通晓本民族的语言和文字，熟悉本民族的历史、生活方式、风俗习惯和宗教信仰，同本民族的人民有着天然的联系。同时少数民族干部是少数民族在党内的代表，他们的言行对于少数民族群众来说具有示范作用，能使群众直观地了解到做什么、如何做、做成什么样。此外少数民族干部往往对于改变本民族本地区的落后面貌有强烈的使命感和责任感，对于推进本地区的建设更加用心用力。通过这样的干部能够更好地动员和激发少数民族人民的积极性，统一目标，鼓舞士气。少数民族干部更加了解少数民族地区人民的诉求，更准确地反映少数民族人民的利益诉求，培养少数民族干部帮少数民族发声，也是实现民族区域制度中管理本民族内部事务的重要手段。他们所发挥的作用是别的民族干部不能代替的，对于发展少数民族团结也至关重要。

案例正文：

（一）源头培养，促活水源泉

由于社会、历史、自然等原因，与沿海和内地发达地区相比，少数民族地区的社会经济、科技教育和文化等各项事业的发展有较大的差距，社会发展仍较为缓慢，生产力发展水平仍较低，劳动者素质亟待提高，特别是高等骨干人才缺乏，成为制约当地经济发展的一大重要因素。

少数民族地区由于经济落后，教育事业发展不成熟，孩子们所能接收到的教育设备落后、教学资源不足。与沿海和内地发达地区相比，他们的学业成绩可能更不具备优势。对于沿海和内地的普通学生而言，少数民族生存的地区自然环境较为恶劣，生活基础设施不完备，大多数学生可能不会选择毕业后到少数民族地区工作。而少数民族本族学生虽然相较于其更具有加强改变家乡面貌的意愿，但却缺少获取更优质的教育资源机会，无法积攒足够的人力资本来丰富和发展自身的专业技能，对家乡所做出的贡献相对于具备丰富专业技能和理论储备的人才来说效果便大打折扣。社会经济发展好的地区更能吸引人才的到来，而对于真正需要帮扶的少数民族地区，地区经济欠发展，无法吸引人才的到来，高层次骨干人才的缺失成为了社会发展卡脖子的关键因素。经济欠发达对人才缺乏吸引力，人才缺失制约地区崛起，这种不良循环正需要政府政策倾斜去打破，少数民族骨干计划应运而生。

其实除了在研究生和博士生招考阶段给予适当的分数倾斜，进行定向培养，少数民族学生在高考的录取也有相应的少数民族学生加分政策，目的是让少数民族学生能够在教育资源相对弱势的状况下，更公平地享有接受同等教育的机会。教育公平向少数民族倾斜，这些年办了很多的内地新疆班、内地西藏班、高校少数民族预科班、少数民族高层次骨干人才培养计划等各级各类内地民族班，极大地促进了民族地区教育的发展。

新疆亚力坤江·艾思格便是这种政策下的受益者，高考之后成功进入西南师范大学，成为了一名光荣的国家教育部属师范大学公费师范生。为了适应时代发展对高校教师的要求，她通过努力考上了"少数民族高层次骨干人才计划"，目前在西南大学攻读博士学位。少数民族骨干计划为后续少数民族干部打下了丰厚的人才基础。

（二）开放途径，拓宽少数民族干部入口

要有人才，更要有人才的安置计划，使人才处于合适的位置，发挥最大的效能。打破地区、部门、条块壁垒，开放视野、择优储备，把优秀的少数民族干部用起来才是最终目的。

在常规考录公务员、事业单位工作人员和面向村干部、大学生村官定向考录乡镇公务员等工作的人选把关时，同等条件下更加侧重于少数民族干部；在人才引进等工作中，积极制定优惠政策，引导和鼓励少数民族高校毕业生回乡工作，通过各种措施调控，努力拓宽少数民族干部数量来源。结合领导班子的近期调整和长远建设需要，切实抓好少数民族后备干部队伍建设，并针对其个人情况制定培养方案，实行跟踪管理和培养，在选拔任用领导干部时，同等条件下优先从少数民族后备干部中考虑，确保始终能保持一支数量充足、结构合理的少数民族干部队伍。

（三）聚焦实践锻炼，"壮骨"强本领

仅仅有着少数民族干部身份的加持还远远不够，国家真正所需要的是一批能够反映人民心声，为人民做实事的扎根于人民的干部。这时历练的重要性便显而易见。突出关键岗位历练。习近平总书记指出，对政治过硬、敢于担当的优秀少数民族干部要大胆使用，放到重要领导岗位上来。墩苗壮骨，将优秀的少数民族敢放到基层锻炼，通过扎实调研，反映基层少数民族群众的声音。不忘履职初心，实干彰显担当。坚持必要台阶式和递进式培养，让刚进入岗位的他们，经历多岗位多层级的锻炼。

酒泉肃北坚持多岗位锻炼少数民族干部，积极推进干部交流和异地任职，建立健全内部轮岗交流机制，鼓励各单位有计划地安排工作经历单一的少数民族干部进行轮岗交流。通过轮岗交流、下派外挂、一线攻坚等途径，引导少数民族干部在艰苦环境中磨炼意志，在复杂局面中提高能力，在不同岗位上积累经验，促其"筋强骨壮"。近年来，先后选派76名优秀少数民族干部到乡镇、村（社区）、企业、社会组织挂职锻炼，选派13名优秀少数民族干部到巡察、信访等一线部门挂职锻炼，择优选派4名优秀少数民族干部到省市及发达地区挂职锻炼，使少数民族干部综合素质和工作能力得到全面提升。

（四）教育培训，夯实现有少数民族干部队伍

新鲜血液的不断输入，丰富人才队伍，改善队伍结构的同时也不能忘记现有干部队伍的塑造。原有的少数民族干部更要起到领先带头的作用，以老带新，促进少数民族干部队伍的更新换代，提升少数民族队伍自身造血功能。

酒泉肃北，坚持把少数民族干部教育培训纳入全县干部教育计划，充分发挥党校主阵地作用，通过集中轮训、"富民兴陇"讲座、"铁人先锋"讲堂、基层理论宣讲等形式，定期对少数民族干部进行专题培训，不断提高少数民族干部政治理论素养。针对少数民族干部不同特点，有针对性地开展经济管理、项目建设、公文写作等方面培训，提高少数民族干部自身"造血"功能，全面增强做好本职工作能力。近年来，先后举办各类培训班62期，培训少数民族干部4430余人次，选派97名少数民族干部赴井冈山、延安、内蒙古、玉门等地培训，进一步拓宽少数民族干部视野。

楚雄永仁县则从宣传入手，为少数民族干部营造良好的氛围，通过广播电视、报刊、宣传标语、召开群众座谈会等形式，及时加强对少数民族干部队伍发展的重要意义、重要内容、相关政策法规以及少数民族干部工作的新举措、新经验、先进典型事迹进行宣传报道，不断营造少数民族干部工作发展的良好社会氛围。多措并举，把各领域优秀的少数民族干部发现起来、培养起来、使用起来。

案例来源：亚力坤江·艾思格：我家和祖国二三事[EB/OL]. 2019-04-16. [2022-04-12]. http://www.360doc.com/content/19/0416/06/60418443_829094690.shtml

酒泉肃北："三个聚焦"强化少数民族干部培养[EB/OL]. 2021-07-16. [2022-04-12]. https://baijiahao.baidu.com/s?id=1705436782410572873&wfr=spider&for=pc

楚雄：永仁县多措并举，切实加大对优秀少数民族干部的培养选拔力度[EB/OL]. 2018-10-17. [2022-04-12]. http://www.swtzb.yn.gov.cn/mzzj/gzdt/201810/ t20181017_805419.html

二、[案例分析]
请思考并讨论以下问题：
（一）案例中为培养少数民族干部具体采取了哪些措施？
1. 源头培养，实行少数民族骨干培养计划。少数民族地区由于经济落后，自然环境较为恶劣，生活基础设施不完备，沿海和内地地区大多数学生可能不会选择毕业后到少数民族地区工作。因此在这样的情况下，着力培养本地区的青年人才显得尤为重要，少数民族本族学生更具有加强改变家乡面貌的意愿。地方政府实行少数民族骨干计划，进行定向培养，在招录考试时有一定的政策倾斜，以此来实现培养本民族骨干的目的。

2. 政策配套，确保高层次人才顺利安家落户。要有人才，更要有人才的安置计划，使人才处于合适的位置，发挥最大的效能。打破地区、部门、条块壁垒，开放视野、择优储备，把优秀的少数民族干部用起来。在人才引进等工作中，积极制定优惠政策，引导和鼓励少数民族高校毕业生回乡工作，通过各种措施调控，努力拓宽少数民族干部数量来源，并针对其个人情况制定培养方案，实行跟踪管理和培养，在选拔任用领导干部时，同等条件下优先从少数民族后备干部中考虑，确保始终能保持一支数量充足、结构合理的少数民族干部队伍。

3. 扎根基层，提高少数民族骨干工作能力。仅仅有着少数民族干部身份的加持还远远不够，国家真正需要的是一批能够反映人民心声，为人民做实事的扎根于人民的干部。要突出关键岗位历练，墩苗壮骨，将优秀的少数民族放到基层锻炼，通过扎实调研，反映基层少数民族群众的声音。不忘履职初心，实干彰显担当。坚持必要台阶式和递进式培养，坚持多岗位锻炼少数民族干部，积极推进干部交流和异地任职，建立健全内部轮岗交流机制，鼓励各单位有计划地安排工作经历单一的少数民族干部进行轮岗交流。

4. 加强培训，夯实少数民族干部队伍。新鲜血液的不断输入，丰富人才队伍，改善队伍结构的同时也不能忘记现有干部队伍的塑造。原有的少数民族干部更要起到领先带头的作用，以老带新，促进少数民族干部队伍的更新换代，提升少数民族队伍自身造血功能。坚持把少数民族干部教育培训纳入干部教育计划，充分发挥党校主阵地作用，通过集中轮训、党课学习、理论宣讲等多种形式，定期对少数民族干部进行专题培训，不断提高少数民族干部政治理论素养。

(二) 试述少数民族干部培养具有什么样的现实意义？

1. 少数民族干部是党联系少数民族群众的桥梁，是贯彻执行党的路线、方针和政策，团结带领广大人民群众为完成党的历史任务而奋斗的骨干力量。少数民族干部长期生活在本民族人民群众之中，熟悉本民族的历史和现状，通晓本民族的语言文字，了解本民族、本地区的资源优势和经济特点、民族文化、风俗习惯、宗教信仰，同本民族人民有着天然的联系和感情。这就有利于通过少数民族干部在少数民族地区更好地贯彻党和国家的大政方针、政策措施，促进民族地区的发展与稳定。

2. 培养和使用少数民族干部是加快民族地区经济社会发展的关键。民族地区蕴藏着丰富的资源，发展前景广阔。有国家的优惠政策和发达地区的帮助，有着良好的发展机遇，关键还要有一批德才兼备、有强烈的大局意识和责任意识，具备领导才能和创造精神，有科学头脑和扎实作风，有进取精神和开阔视野，有领导社会主义现代化建设事业的能力与素质的少数民族干部。因此，努力培养和造就一支适应新形势、新任务要求的高素质的少数民族干部队伍就成为民族地区能否加快发展的关键所在。

3. 培养和任用少数民族干部是坚持民族平等和实施民族区域自治制度的重要条件。少数民族干部的任用状况，是少数民族人民享受平等权利和行使自治权利的一个重要标志，也是体现民族平等的一个重要方面。各民族平等管理国家大事、参与国家事务、行使宪法和法律所赋予的各项平等权利，在很大程度上是通过各民族的干部去实现的。我国实行民族区域自治制度，少数民族自主地管理本民族的内部事务是通过自治机关的活动进行的，自治机关必须有一定数量的少数民族干部。因此，培养、选拔、任用少数民族干部，是坚持和完善民族区域自治制度的重要条件。

4. 培养和任用少数民族干部是维护国家统一、民族团结的重要保障。维护国家统一、民族团结是一项重大而长期的任务。实现这项任务的关键在于做好两方面的工作，即内强团结、外御破坏。内强团结就是不断增强各民族的大团结，增强中华民族的凝聚力，增强中华意识和发扬爱国主义精神，妥善处理民族关系方面的问题。外御破坏，就是防止和反对国内外敌对势力的渗透、颠覆和破坏活动。无论哪个方面，都需要少数民族干部立场坚定、政治合格，具有敏锐的政治洞察力和组织领导能力，身体力行地带头维护民族团结，捍卫祖国统一，带领各族群众共筑民族团结的长城，挫败敌对势力的各种渗透、颠覆和破坏活动。

案例二：好风送我上青云——精准扶贫、石门迈坎

一、[案例介绍]

案例背景： 贵州作为全国贫困人口最多、贫困面积最大、贫困程度最深的省份，是全国脱贫攻坚的主战场，想要打赢脱贫攻坚这一战异常艰难。贵州脱贫攻坚战中最硬的骨头则是地处乌蒙腹地、山高坡陡、沟谷纵横的威宁县石门乡。石门乡是贵州最偏远、海拔最高、贫困程度最深的"三最"之乡，地处我国 14 个集中连片特困地区之一的乌蒙山腹地，距威宁自治县县城 140 多千米，下设 14 个行政村，87 个村民组共 20613 人，现有行政村均为贫困村，其中一类贫困村 10 个，二类贫困村 3 个，三类贫困村 1 个，是贵州省极贫地区的缩影[①]。20 世纪初，石门乡被誉为"西南苗族最高文化区"名扬中外，来自国外的信件只要写上"中国石门坎"就可以邮寄到威宁县最西部的小山村。然而，一个世纪后，石门乡却被称为"中国最穷的地方之一"，成为贵州省脱贫攻坚的"硬骨头"和重要"决战点"。石门乡 2 万多干部群众将如何迈过贫困这道"坎"，恢复石门昔日的荣光。

案例正文：

（一）多方聚力，精准扶贫

2015 年初，石门乡贫困人口共 1788 户 6784 人，占全乡总人口数的 32.9%；2016 年初，石门乡贫困人口下降至 1487 户 5364 人，同比上年减少 301 户 1420 人，减贫比例 20.93%；2017 年初，石门乡规划脱贫 450 户 2562 人，减贫比例为 47.76%[②]。可见，近几年来石门乡贫困发生率直线下降，这样的成绩一方面得益于国家"精准扶贫"政策的出台，另一方面也离不开贵州省、石门乡政府及干部群众穷根必拔的行动和决心。

2013 年 11 月，习近平总书记在湘西考察时提出了"扶贫要实事求是，因地制宜，要精准扶贫，切忌喊口号，也不要定好高骛远的目标"[③]。为了贯彻落实习近平总书记提出的精准扶贫理念，中央办公厅于 2013 年出台的《关于创新机制扎实推进农村扶贫开发的意见》中将建立精准扶贫工作机制作为六项扶贫机制的创新之一。随后，国务院扶贫办制定了《建立精准扶贫工作机制实施方案》，在全国推行精准扶贫工作。精准扶贫是指扶贫政策和扶贫措施要针对真正

[①] 唐丽霞，罗江月，李小云. 精准扶贫机制实施的政策和实践困境[J]. 贵州社会科学，2015，（05）：151-156.

[②] 谢朝政. "脱贫攻坚，春季攻势"威宁石门乡：2017 年计划脱贫 2562 人[N]. 贵州日报，2017-02-13.

[③] 新华网 习近平赴湘西调研扶贫攻坚[EB/OL]. 2013-11-03[2022-09-30]. http://news.xinhuanet.com/politics/2013-11/03/c 117984236.htm.

的贫困家庭和人口,通过对贫困人口有针对性地帮扶,从根本上消除导致贫困的各种因素和障碍,达到可持续脱贫的目标,做到"精益求精"。精准扶贫是一项复杂的系统工程,对农村脱贫致富具有重要的战略意义。

国家"精准扶贫"政策出台以来,全国各省(市、区)纷纷使出十八般武艺致力于脱贫摘帽。作为全国脱贫攻坚的主战场,贵州省政府以及石门乡政府咬紧"精准"二字,精准发力。2015年,石门乡政府制定了"3222"发展目标,即用3年时间实现农民人均可支配收入在2014年5883元的基础上翻一番,年增幅超过20%,达到一万元以上,森林覆盖率达50%以上;用2年时间实现贫困农户脱贫摘帽,全面消灭"空壳"村;用2年时间实现户户通自来水、村村通油柏路、村村通网络、寨寨通循回路等基础设施全覆盖;用2年时间实现民生大改善。2015年11月2日,石门乡召开"决战扶贫攻坚动员大会"。省委书记陈敏尔在批示中指出,帮扶石门乡加快脱贫,对全省扶贫攻坚决战决胜具有重要的示范意义。并强调了石门乡精准扶贫下一步的工作重点,确保石门乡如期实现两年变面貌、三年见成效、五年达目标。2016年,贵州省政府批复了省扶贫办开发办公室报送的《关于申请审批威宁自治县石门乡脱贫攻坚总体规划(2016—2020)的请示》。批复中要求,威宁自治县要统筹推进《总体规划》的实施,切实提高石门乡自我发展能力,确保贫困群众如期脱贫奔小康,切实帮助解决石门乡在脱贫攻坚中所遇到的问题和困难,共同推进石门乡脱贫攻坚工作。2017年3月7日,石门乡组织召开"2017年脱贫攻坚春季攻势行动推进会",自治县委常委、石门乡党委书记马仲华在会上肯定了石门乡脱贫攻坚工作开展以来取得的成绩,但又提出,面对成绩必须头脑清醒,要在认真总结2016年工作经验的基础上,坚持脱贫攻坚不动摇,苦干实干不松懈。

(二)精诚所至,石门为开

2015年以来,威宁县石门乡紧紧围绕脱贫攻坚"3222"发展目标,借助省、市、县精准扶贫资源,经过两年多时间的攻坚拔寨,将一项项切实可行的扶贫措施热火朝天地落实起来。

2015年11月2日,石门乡召开"决战脱贫攻坚动员大会",会上指出,要把快速突破交通、水利瓶颈作为基础,加大力度确保石门乡两年变面貌、三年见成效、五年达目标。大会召开后仅一个多月时间,通过考察、调研、分析和可行性报告的发布,石门乡"十三五"路网图清晰可见:石门至昭通、石门至彝良、石门至云贵、石门至中水,这4条快速通道打通向外的"大动脉";民主、高潮、新龙、泉发、年丰、团结、营坪7条通村油路和38条通组公路连接乡内大循环。2016年,石门乡把交通外循环和内循环工作建设项目作为发展乡村经济的重要措施来抓。借助正在实施的六威高速公路和中石高等级公路这两条交通大动脉,加快辖区内的通村通组公路和连户路建设力度。经过近两年的发展,石门乡基础设施建设发生了翻天覆地的变化。到目前为止,中水至石门40千米"四改三"改造工程已全面完成,十个村两个社区通村油路和水泥路建设已全面完工,里程为67千米;通村公路初步规划122千米,目前已实施68千米;寨寨通巡回路工程已经启动建设。石门乡党委书记梁连成表示,预计到2018年,石门乡大交通骨架网络全面完成,石门乡可实现对内对外畅通快捷的交通网络,威宁至石门将缩短至两小时车程。石门乡内外循环公路网加快了山乡群众脱贫致富奔小康的步伐,用交通金钥匙打开了封闭百年的石门。

石门的"实招"中,"十户一体"是个高招。石门乡地广人稀,村组间跨度大,同时地理切割严重,导致小气候不一样,一个村可同时发展多个产业。"十户一体"的诞生与此有很大关系。"十户一体"最早是黔东南州台江县试点的项目,现在被石门乡引进。"十户一体"是指按地理位置的不同将一座大山分为上10户、中10户、下10户。具体来说,"十户一体"就是在充分尊重农户意愿的基础上,根据居住相邻、技能相似、产业发展愿景相同的原则,把10户左右的农户作为一个主体,引导农户以资金、土地、人力、技能参与主体产业发展,并对每一个主体进行个案管理,通过这样的模式,使贫困户之间抱团发展,在产业的支撑下脱贫致富。在脱贫攻坚进程中,石门乡以村民委员会为主导,依托自然村寨建立村民自我管理委员会(简称"自管委")。自管委下建立"十户一体",形成了"村委会+自管委+十户一体"三级自治模式。

2016年6月16日,省级综合电商平台——贵州电子商务云入驻石门,并与石门乡乡镇村淘电商服务站达成合作协议。贵州电商云将与石门乡政府一起,利用现已整合的资源,为石门乡扶贫打通障碍,共同推动石门乡脱贫攻坚工作。石门乡大力发展"互联网+农业",依托龙头企业和农民专业合作社,发挥各村传统和区位优势,致力打造"一村一特一电商"的发展格局:石门坎村发展手工沙陶和特色毛绒玩具、新合村发展手工养生布鞋和苗族刺绣、新民村发展优良种薯、高潮村发展发酵辣椒酱、民主村发展秦糖、泉发村发展五谷杂粮、营坪村发展黑蒜与腌制蒜、团结村发展农家土蜂蜜。石门乡真正做到了一个村组一个特色,并依托电商发展本土经济,通过线上线下销售的有机结合,实现"网货下乡,黔货出山"。目前,"贵农网"村级电商服务平台已建成3家,荣合村农村淘宝服务站订单量一直保持在全县前3名的业绩。"电商效果好,山货网上跑",反映了电商这一新生事物给石门乡产业发展带来的巨大变化。

(三)推开石门迎新风,苗乡蝶变获新生

沟壑纵深、生态恶劣、穷根横亘的石门已一去不复返,这个原本贫穷落后的偏远乡村,如今各项事业均取得重大进展,石门悄然发生着可喜的变化,正迎来千载难逢的发展机遇。仅有一条崎岖的通乡路、没有自来水、供电不稳定、通信条件差、教育医疗差，这是石门乡两年前的真实写照。而经过两年多的建设，石门乡如今的基础设施发生了翻天覆地的变化。在供水方面，石门乡已建成 3 处集中供水工程，实现 4123 户农户通自来水；在供电方面，完成电力工程线路改造 41 千米；在通信方面，建成移动通信基站 33 个，联通基站 10 个，电信基站 15 个，实现电信、移动、联通三家通信运营企业通信网络全覆盖；在交通方面，建成了四通八达的公路网，实现了村村通油路；在环保设施方面，实施了 51 户农户庭院美化亮化建设；在卫生方面，石门乡卫生院改造提升工程已经完成总投资 400 万元，完成工程量的 65%，新建了 10 个村卫生室，8 个已经投入使用。

昔日的石门，经济基础薄弱，产业发展不成形。而今天的石门，五大产业基地已初具雏形。脱贫攻坚以来，石门乡紧抓经济建设不松懈，找准石门乡发展的优势，引进大公司大企业和先进的生产要素，集中优势生产资料，合理配置劳动力，走集体、规模和集约高效的产业发展道路，深入推进农村改革工作，加快特色产业发展步伐，抱团脱贫，抱团致富。以"111122"为产业转型升级发展目标，着力打造"581"工程。过去荒芜的草场变成了畜牧园区；过去贫瘠的土地变成了蔬菜基地；过去空旷的山坡上建起了百万蛋鸡产业园。

案例来源：石门坎：迈过贫困这道"坎"[EB/OL]. 2016-02-17. [2022-04-12]. http://news.gog.cn/system/2016/02/17/014772112.shtml

二、[案例分析]

请思考并讨论以下问题：

（一）石门乡是如何由贫困走向小康，迈过贫困这道"坎"的？

1. 加大资金投入力度，加强基础设施建设。贫困地区要想打破贫困恶性循环的死结必须加大资金投入力度，促进资本积累。基础设施建设是筑牢脱贫攻坚的基底，也是实现脱贫的基础性和先导性条件，所以打破发展中国家贫困地区恶性循环的死结，必须加大基础设施领域的投入力度，并应予以高度重视。近年来，石门乡坚持把基础设施建设作为改善群众生产生活条件的有效途径，以基础设施建设为突破口，通过加大资金投入力度，着力改善农村交通、供水、供电、通信、卫生以及环保等基础设施水平。石门乡基础设施先行脱贫的做法，为打赢脱贫攻坚战夯实了基础。

2. 实施教育扶贫，提升人力资本。"人力资本理论"认为，经济增长受诸多因素的影响，但最重要的是人的因素。贫困地区经济落后的根本原因就在于人力资本的匮乏及对人力资本投资的漠视。劳动者的数量和质量，即劳动者的知识程度、技术水平、工作能力以及健康状况等人力资本的提高，对于经济增长的贡献远比资本和劳动力数量的增加更重要。根据人力资本理论，贫困地区若想摆脱贫困，最有效的办法就是提高人口的素质，将人力资本作为一种生产要素进行投资，其最重要的投资渠道就是教育投资。石门乡党委、政府把教育作为精准扶贫的落脚点，把发展教育工作作为脱贫攻坚的重点任务来抓，加大教育投资力度，大力扩充师资力量，大幅提升教学质量，使全乡中小学教育条件得到极大的改善。这体现出石门乡精准扶贫工作重视了人在反贫困中的价值，通过教育提升人力资本，促进贫困人口自身的发展，从而改善贫困地区人口的生活质量。

3. 多方协同共筑，脱贫焕发新容貌。"多元治理理论"强调了政府、社会、市场等多元力量在公共治理中的相互协调和拾遗补阙。该理论有如下特点：一是治理主体的多元性，除政府以外，社会主体和市场主体都可以参与到公共事务的治理当中；二是治理手段的多样性，治理手段应由传统强制性手段向平等、合作的多元化手段转变；三是治理目标的多元化，治理目标应由单纯追求效率向实现公共利益最大化转变。石门乡精准扶贫的实践淋漓尽致地体现了多元治理的格局。首先，在产业扶贫方面。石门乡积极部署产业带，将产业扶贫作为脱贫攻坚的主攻方向，乡政府先后引进贵阳市农业投资发展有限公司、三联乳业有限公司、海升集团、中农发集团等龙头企业盘活本土特色产业。其次，在电商扶贫方面。省级综合电商平台"电商云"与石门乡政府共同利用已整合的资源，突出石门乡各村传统及区位优势，打造"一村一特一电商"的发展格局。最后，石门乡"十户一体"扶贫模式形成了"村委会+自管委+十户一体"的三级治理模式，打造基层组织自治新格局，解决了联系、服务群众"最后一公里"的问题。

（二）对于精准扶贫，你有何建议？

1. 政策支持扶贫，继续加大对民族发展资金的扶持力度，注重对民族乡村项目支持的倾斜度，逐步改善基础设施建设，增强抗御自然灾害的能力。

2. 实施教育扶贫，推动教育资源向贫困民族乡村倾斜，全面改善民族乡中小学教育薄弱学校办学条件，实施城市优质学校与贫困民族乡村学校结对帮扶、捆绑发展；完善贫困家庭学生教育资助政策，将贫困在校生优先纳入资助范围，重点资助贫困在校大学生，促进"雨露计划"全覆盖。

3. 开展医疗卫生扶贫，优先推进贫困乡村医疗设施标准化建设，对在职医务人员进行业务培训，确保乡中心医院至少有1到2名全科医生，每个村卫生室有一名主治医生，建立完善贫困人口的城乡医疗保险、大病保险、医疗救助相衔接的医疗保障制度，加快民族乡"医供体"建设，健全逐级转诊制度，让贫困患者小病不出乡、大病不出县。

4. 推进就业扶贫，统筹各类职业培训资源，加大对民族乡村贫困人口的职业技能提升培训和创业培训，为有创业意愿的贫困人员提供创业帮扶，降低金融信贷门槛，优先推荐创业项目；落实高校贫困毕业生就业创业扶持政策，提高贫困户的"造血"功能。

本章参考资料

[1] 中国政府门户网站. 我国民族自治地方[EB/OL]. 2006-04-04 [2022-10-27]. http://www.gov.cn/test/2006-04/04/content_244716.htm.

[2] 中国政府门户网站. 民族政策白皮书：我国共建立155个民族自治地方[EB/OL]. 2009-09-27 [2022-11-20]. http://www.gov.cn/jrzg/2009-09/27/content_1427937.htm.

[3] 国务院办公厅转发国家乡村振兴局中央农办财政部关于加强扶贫项目资产后续管理指导意见的通知（国办函〔2021〕51号）[EB/OL]. 2021-06-04 [2022-09-30]. http://www.gov.cn/zhengce/zhengceku/2021-06/04/content_5615474.htm.

[4] 王世忠，王明露. 中国共产党民族教育政策的三重逻辑[J]. 中南民族大学学报（人文社会科学版），2021，41（10）：80-88.

[5] 中国教育新闻网. 党的十八大以来我国民族教育发展的成就与展望[EB/OL]. 2022-08-18[2022-09-30]. https://www.sohu.com/a/577816934_243614.

[6] 中华人民共和国教育部. 各级各类学校少数民族学生数. [EB/OL]. 2020-06-11 [2022-06-25]. http://www.moe.gov.cn/jyb_sjzl/moe_560/2020/quanguo/202108/t20210831_556358.html.

[7] 陈建樾. 重构统一多民族国家：新中国成立前后中华民族共同体建设的历史脉络[J]. 民族大家庭，2020，（04）：71-73.

[8] 邓小平文选：第2卷[M]. 北京：人民出版社，1994：314.

[9] 中共中央文献研究室. 三中全会以来重要文献选编:上[G]. 北京：人民出版社，1982：478.

[10] 郝亚明. 社会认同视域下的中华民族共同体意识探析[J]. 西北民族研究，2020，（01）：19-26.

[11] 唐丽霞，罗江月，李小云. 精准扶贫机制实施的政策和实践困境[J]. 贵

州社会科学，2015，（05）：151-156.

[12] 谢朝政."脱贫攻坚，春季攻势"威宁石门乡：2017年计划脱贫2562人[N].贵州日报，2017-02-13.

[13] 新华网.习近平赴湘西调研扶贫攻坚[EB/OL].2013-11-03 [2022-09-30]. http://news.xinhuanet.com/politics/2013-11/03/c 117984236.

第十章 人口政策

人口是指居住在一定地域内或一个集体内的人的总数。它是一个内容复杂、综合多种社会关系的社会实体，具有性别、年龄和自然构成，多种社会构成和社会关系、经济构成和经济关系。人口的出生、死亡、婚配，处于家庭关系、民族关系、经济关系、政治关系及社会关系之中，一切社会活动、社会关系、社会现象和社会问题都同人口发展过程相关。党的二十大报告中提出，"中国式现代化是人口规模巨大的现代化"。人口政策是国家为了促进人口结构优化以适应我国经济社会发展而出台的系列政策。从20世纪下半叶开始，我国的人口政策为适应时代背景经历了一个由人口控制到生育放开的变化过程①。

第一节 我国人口政策的主要方式

一、总量人口控制

人类自身的繁衍，必须与物质生产相适应，即人口的增长必须与国民经济的增长相适应，如果人口增长超过了人类的衣、食、住、行所需生活资料的生产，就会影响人民生活水平的提高，加剧人多地少和就业难等矛盾，影响教育事业和国民经济的发展。20世纪中后期，我国施行人口政策主要是对人口规模的控制政策。伴随着1949年后国民经济逐渐恢复，人民生活水平稳步提高，医疗环境得到极大改善，同时社会环境也更加稳定，我国各年龄段的人口死亡率较之前出现了大幅度下降。同时，由于百废待兴的社会需求以及受"人多力量大"的传统观念的影响，我国在生育政策方面采取了各种激励措施，导致期间的中国人口出现了爆炸式的增长。但当时我国仍然处于计划经济体制下，在这种体制下，政府几乎无力满足入托、就学、粮食和生活必需品供应、住房、交通运输、就业等需求。人口问题越来越显性化，政府压力越来越大，解决人口

---

① 陈希，陈岱云. 中国人口政策重点转移：从人口数量控制到养老风险化解研究[J]. 济南大学学报（社会科学版），2021，31（05）：28-42+173.

多的问题成为中国当时最紧迫的任务。政府已经无力从供给侧来推动人口增速过快问题的解决，不得不从需求方，即从降低人口增长速度上来解决人口问题。

在这样的背景下，20世纪70年代初，中国提出了"三个多了，一个少了，两个正好"的计划生育口号，计划生育政策开始推行。80年代初，《中共中央关于控制我国人口增长问题致全体共产党员共青团员的公开信》的发表标志着计划生育进入到新的阶段，提倡一对夫妇生育一个孩子，标志着我国开始进一步收紧生育政策，将70年代"两个正好"转变为严格控制生育第二个孩子和独生子女政策；1982年初，中共中央、国务院又发布了《关于进一步做好计划生育工作的指示》，具体规定"国家干部和职工、城镇居民，除特殊情况经过批准者外，一对夫妇只生育一个孩子；农村普遍提倡一对夫妇只生育一个孩子，某些群众确有实际困难要求生二胎的，经过审批可以有计划地安排。不论哪一种情况都不能生三胎"。这一政策成为此后30年"独生子女"政策建立和完善的基础，成为各地出台《计划生育条例》的主要依据。但同时，中央7号文件也提出了"开小口，堵大口"，农村可以适当放宽生育二胎的条件，严禁超计划二胎和多胎[①]。

二、生育放开

"独生子女"政策严格实施30年来，中国人口过快增长的势头得到遏制，人口问题被有效控制。同时，人口结构快速转变的负面效应逐渐显现，主要表现在人口老龄化、生育率降低、劳动力短缺等方面。"结构问题"代替"总量问题"成为人口发展新的瓶颈，对社会经济发展产生不利影响。为应对人口结构问题，中国放宽生育政策，力求促进生育率的提升和人口数量的增加[②]。

党的十八大以来，根据我国人口发展变化形势，党中央做出逐步调整生育政策、促进人口长期均衡发展等重大决策，先后实施单独两孩政策、全面两孩政策、三孩生育政策及配套支持措施。习近平总书记曾在党的十八届九次全体会议上指出，人力资源是第一资源，是传统社会和现代社会创新活动中最活跃、最活跃的因素。人口与经济的发展必须相互适应，这是社会发展的基础和前提。这些年来，中国经济社会发展取得了重大突破。但随着计划生育政策的逐步实施，人口生育率偏低，社会老龄化严重的问题逐一浮出水面。2013年11月15日，中国共产党十八届三中全会通过的《中共中央关于全面深化改革若干重大

---

① 中国人口与生育政策变迁：鼓励生育、计划生育、放开生育[EB/OL]. 2019-12-11 [2022-07-09]. https://baijiahao.baidu.com/s?id=1656236627374343327.

② 沈澈，王玲. 互动式发展:新中国成立70年来生育政策与生育保障的演进及展望[J]. 社会保障研究，2019（06）：27-36.

问题的决定》对外发布,其中提到"坚持计划生育的基本国策,启动实施一方是独生子女的夫妇可生育两个孩子的政策,逐步调整完善生育政策,促进人口长期均衡发展""单独二孩政策正式实施"。2015年中国共产党十八届五中全会明确提出"全面实施一对夫妇可以生育两个子女的政策"。2015年12月27日,全国人大常委会表决通过了人口与计划生育法修正案,全面二孩于2016年1月1日起正式实施。

2021年7月20日,《中共中央、国务院关于优化生育政策促进人口长期均衡发展的决定》正式发布,做出实施三孩生育政策及配套支持措施的重大决策,其中关于生育与产假问题、养育与住房问题、教育与教改等问题的表述极其丰富。力图通过逐步强化的激励措施,全方位降低生育、养育和教育成本,提升人口生育率,缓解老龄化趋势,改善人口结构。8月,全国人大常委会会议表决通过了关于修改《人口与计划生育法》的决定,修改后的该法规定,国家提倡适龄婚育、优生优育,一对夫妻可以生育三个子女。国家采取财政、税收、保险、教育、住房、就业等支持措施,减轻家庭生育、养育、教育负担[1]。

三、生育保障

生育保障是对通过制度性安排来分散因生育导致的经济风险(主要包括医疗费用、育儿费用以及可能的经济风险)的社会福利系统的统称。自2015年国家提出一对夫妻生育两个子女后,我国正式由紧缩型生育政策转向宽松型生育政策,以积极应对人口老龄化,促进人口均衡发展,但政策实行以来,我国人口出生率并未达到预期,仅有宏观政策的引导还不足以增强生育意愿,而影响人口生育的主要因素是育儿费用高、工作繁忙、生育假期短、生育福利配套不到位等,生育保障不仅可以保护女性身体健康,还是保障劳动力资源再生或延续的重要手段,所以其保障程度与人口政策也密切相关。

党的十八大以来,我国坚持在发展中保障和改善妇女民生,妇女的社会保障水平稳步提升,生育保险覆盖面明显扩大,覆盖全体妇女的生育保障制度体系逐步建立。《关于全面推进生育保险和职工基本医疗保险合并实施的意见》使更多生育妇女受益,未就业妇女生育医疗费用通过城乡居民医疗保险解决政策的实施,实现了生育医疗费用保障的全覆盖。《"十四五"国民健康规划》中再次明确,继续做好生育保险对参保女职工生育医疗费用、生育津贴待遇等的保障,做好城乡居民医保参保人的生育医疗费用保障,减轻生育医疗费用负担。

---

[1] 央视网 人口计生法完成修改 法律保障实施三孩生育政策及配套支持措施[EB/OL]. 2021-08-20 [2022-07-09]. http://m.news.cctv.com/2021/08/20/ARTImBATjuDmmhi9otvfTvRY210820.shtml.

至 2020 年底，女性参加生育保险的人数为 1.03 亿人，比 2010 年增加 4931 万人，是 2010 年的 1.9 倍。2021 年底，全国参加生育保险参保人数达到 2.38 亿人，较上年增加 185 万人。2022 年 8 月，国家卫生健康委、国家发展改革委等 17 部门印发的《关于进一步完善和落实积极生育支持措施的指导意见》明确了未就业妇女的生育医疗待遇以及失业人员的生育保险参保办法，向未就业妇女和失业人员释放了重大政策红利，这更进一步完善了生育休假和待遇保障机制。

在浙江，新修改的《浙江省人口与计划生育条例》在 2021 年开始实施，明确将原条例规定的妇女产假 128 天，修改为生育一孩的产假为 158 天，二孩三孩为 188 天。同时，增设育儿假，规定子女在三周岁以内，父母双方每年各享受 10 天育儿假；湖南省在条例中明确，将扩大生育保险覆盖面，参保女职工按规定享受生育医疗费用和生育津贴待遇；浙江省将构建育儿友好型社会纳入高质量发展建设共同富裕示范区实施方案；江苏省苏州市"十四五"期间，各级财政计划投入约 4 亿元用于促进普惠托育发展；四川省攀枝花市完善生育服务体系、建立生育津贴计发天数递增制度……截至 2022 年 7 月末，已有 30 个省份完成人口与计划生育条例修订，新修订的条例普遍延长产假 30 天至 90 天，增加了关于优生优育家庭权益保障等条款。

四、普惠托育

普惠托育，是 2021 年 7 月 20 日《中共中央、国务院关于优化生育政策促进人口长期均衡发展的决定》公布中提出的发展服务体系[①]。这一政策致力于减轻家庭生育、养育、教育负担，建立政府和家庭合理的成本分担机制。国内的调查显示，婴幼儿无人照料是阻碍生育的首要因素，城市中大概有 1/3 的家庭有托育的需求，但现实中供给还是不足的，特别是普惠性的服务供给确实是个短板。在国内很多地方[②]，孩子的托育、学前教育耗费精力多、经济成本高，实行普惠托育和学前教育，有利于缓解目前我国"不敢生、不想生"问题。国际经验也表明，发展托育服务对于减轻家庭负担、提高生育意愿具有明显的作用。

2022 年 8 月印发的《关于进一步完善和落实积极生育支持措施的指导意见》为支持托育服务的发展提供了切实的政策保障，重点围绕"基本、普惠、投资、收费、减负"五个关键词下功夫。《指导意见》提出拓展社区托育服务功能，完善婴幼儿照护等基本公共服务设施，实施公办托育服务能力建设项目，

[①] 新华网. 权威快报 | 重磅！实施三孩生育政策及配套支持措施来了[EB/OL]. 2021-07-20 [2022-07-09]. http://www.xinhuanet.com/politics/2021/07/20/c_1127675499.htm.

[②] 中国新闻网. 国家发改委：发展普惠托育服务，重点围绕五个关键词下功夫[EB/OL]. 2022-08-17 [2022-08-20]. https://www.chinanews.com.cn/gn/2022/08-17/9829374.shtml.

突出对幼有所育的基本民生保障；着力增加普惠性服务，发展公办托育机构，鼓励社会力量来投资，支持用人单位举办，建设社区服务网点，探索家庭托育模式，有条件的幼儿园也可以向下延伸到 2—3 岁的婴幼儿，通过以上多种渠道，鼓励多方参与，有效扩大普惠性的托育服务供给；加大投资支持力度，拓宽托育建设项目的申报范围，中央预算内投资给予建设补贴，对符合条件的普惠性项目给予适当支持；规范各类服务收费，明确公办托育机构收费标准由地方政府来制订，加强对普惠托育机构收费的监管，合理确定托育服务的价格；减轻机构经营负担，除了中央预算内投资专项支持以外，托育机构的水电气热按照居民生活类价格执行，各地也要出台支持托育机构发展的一揽子政策，同时在一些特殊时期，建立托育机构关停特殊情况应急处置机制，落实疫情期间的纾困政策。

五、养老服务

由于我国之前长期实行紧缩性人口政策限制了家庭生育子女的数量，使得人口出生率大大降低，我国在"十四五"期间就将从轻度的老龄化社会迈入中度老龄化社会，并预计 2035 年前后将高速迈入重度老龄化社会。根据第七次人口普查结果，我国 60 岁及以上人口已占全国总人口的 18.70%，与过去十年相比增长了 5.44%。随着第二次婴儿潮出生的"60 后"群体进入退休年龄，老年人口增长速度将显著提升，到 2030 年我国老年人口占比将达到 25%左右[①]。

（一）提供法律保障

1996 年 8 月 29 日第八届全国人民代表大会常务委员会第 21 次会议通过了《中华人民共和国老年人权益保障法》，现行版《中华人民共和国老年人权益保障法》于 2018 年 12 月 29 日第十三届全国人民代表大会常务委员会第 7 次会议上通过。积极应对人口老龄化已经被《中华人民共和国老年人权益保障法》确立为我国一项长期战略任务，这首先从法律的层面上为应对人口老龄化提供了法律保障。

（二）加强养老服务体系建设

近二十几年来，中国政府出台了一系列加强养老服务体系建设的相关法律政策文件。2013 年 9 月 6 日，国务院基于积极应对人口老龄化、加快养老服务业发展以不断满足老年人持续增长的养老服务需求，以国发（2013）35 号文件的形式发布《国务院关于加快发展养老服务业的若干意见》。2017 年 2 月国务

---

① 中国新闻网. 2030 年我国人口达峰值 老年人比例将占 25%左右[EB/OL]. 2017-01-26 [2022-07-09]. https://www.chinanews.com.cn/gn/2017/01-26/8135971.shtml.

院印发《"十三五"国家老龄事业发展和养老体系建设规划》，提出到 2020 年老龄事业发展整体水平明显提升，养老体系更加健全完善的总目标。2019 年 11 月 21 日中共中央、国务院印发了《国家积极应对人口老龄化中长期规划》，这一规划提出了应对老龄化的"路线图"，即到本世纪中叶，与社会主义现代化强国相适应的应对人口老龄化制度安排成熟完备。

综上所述，中国政府近些年来接连出台关于养老服务体系建设的重要政策文件，旨在不断完善构建一个"推动医养结合，让老年人有病治疗能住院、康复阶段有护理、稳定阶段有照料、健康阶段社会参与很方便一体化的养老服务，全程促进家庭、社区、机构养老与慢性病防治管理密切结合"的社会支持体系。有了这个体系就可以化解老年人口的养老风险，让老年人的合法权益得到充分保障，颐养天年以实现人的寿终正寝的社会境地。这一系列高屋建瓴的纲领性文件充分彰显了中国政府应对人口老龄化的积极姿态和不忘初心为中国人民谋幸福的崇高理念及其战略思想。

（三）逐步推行延迟退休

现如今，我国在人口死亡率与出生率双重下降的情况下，人口老龄化程度不断加深，这势必将对我国经济社会多方面产生重大而深刻的影响。

我国现行法定退休年龄为男职工 60 周岁、女干部 55 周岁、女工人 50 周岁，这项规定于 1951 年确定后，至今未调整，而我国人均预期寿命已由 1949 年初的 40 岁左右提高到 2021 年的 77.3 岁，其中与退休年龄直接相关的城镇居民人均预期寿命已超过 80 岁。因此，当下大量的老龄退休人员依旧保持着健康、有活力的生活状态。基于人均预期寿命提高、人口老龄化趋势加快等方面的考虑，2021 年 3 月 12 日公布的"十四五"规划和 2035 年远景目标纲要明确提出，按照"小步调整、弹性实施、分类推进、统筹兼顾"等原则，逐步延迟法定退休年龄。这类群体拥有着丰富的专业素养、管理经验与优秀的心理素质，在其身体状况允许的情况下，仍能为社会带来可观的生产效率，且提高自身生活的幸福指数。

第二节　我国人口政策的历史沿革

一、人口政策的萌芽阶段（1949—1961 年）

中华人民共和国成立不久，国家的财政经济面临着严重的困难。国内形势虽严峻，但恰是在此期间，我国先后颁布了一系列"办法"，人口政策迎来了它的萌芽时期。1953年9月,周恩来在人口普查3个月后的一次报告中表达了对人口过多的担忧,至此,为控制人口增长而提倡节育已有萌芽,并为此后计划生育等相关政策奠定了基础。为提高节制生育的意识,1956年颁布的《关于发展国民经济的第二个五年计划的建议的报告》《1956到1967年全国农业发展纲要》等文件,重申了"提倡节制生育"的方针,提倡有计划地生育子女,使得节育观念进入农村。但是随后的六年间,"是否要对人口进行控制"与"人多力量大",以及"新人口论",使得政策反复陷入争论之中。

这一阶段,我国人口的出生率与自然增长率都明显回落,以1956年为时间点,出生率在两年内由1954年的37.97‰急速下降至31.90‰,自然增长率也降低到了20.50‰。总之,自由生育阶段后期的节制生育思想萌芽为计划生育政策的正式提出奠定了基础。

二、人口政策的正式形成阶段(1962—1978年)

20世纪60年代,我国人口又一次迅猛增长,1963年出生率达到历史最高值43.60‰,自然增长率升至33.5‰,为社会经济发展带来巨大压力。对此,中央决定将节育思想应用到工作实践中,决定开展计划生育。面对我国人口仅仅在20年间翻了一番的情况,1971年国务院发布了《关于做好计划生育工作的报告》,随后国家计委把国务院提出的人口计划指标正式列入国民经济发展计划之中,正式提出"晚、稀、少"政策,即"晚"是指男25周岁、女23周岁才结婚;"稀"指拉长生育间隔,两胎要间隔4年左右;"少"是指只生两个孩子。随着五届全国人大一次会议在1978年召开,《宪法》第一次把"国家提倡和推行计划生育"写入宪法,使政策有了法的形态,且宪法是根本大法,标志着人口政策的正式形成。

这一阶段,中国人口出生率从30.74‰下降为18.34‰,自然增长率从23.40‰下降为12.05‰,总和生育率从5.44下降为2.72,计划生育工作取得成效。在这个阶段,生育率迅速下降,计划生育政策符合当时中国的基本国情,为后来中国人口增长趋势的转折奠定了重要基础。

三、人口政策的成熟阶段(1979—2011年)

从1978年到2010年,计划生育政策进一步得到贯彻执行,政策、机构都逐步稳定下来。改革开放以来,除了将计划生育写入宪法外,中共中央还下发了69号文件,明确提出提倡一对夫妇生育子女数最好一个,最多两个,生育间隔三年以上。为将计划生育提到国家层面的高度,两年后,中共中央发表《关于控制我国人口增长致全体共产党员共青团员的公开信》,"独生子女政策"基本成型，计划生育政策成为国家大刀阔斧改革的重要一环被提升到基本国策的高度。但是，"一孩政策"的实行在农村地区遭遇到前所未有的阻力，国家也做出了相应的调整，在随后的1984年，国家计生委《关于计划生育工作情况的汇报》做出了"开小口、堵大口、煞歪口"的调整，主要包含2个方面：一是农村地区适当放开2胎，二是一千万人口以下的少数民族可以依习俗放宽2胎，甚至3胎。改革的成效向好的方向发展，到1990年代初，各省、自治区、直辖市均制定了计划生育条例，并开始稳定执行。大部分农村地区实行"一孩半"政策，即第一胎生育女孩的家庭可以再生育一胎，少数民族地区也依照规定实行二孩或三孩政策。

这一阶段，随着社会经济的发展和城镇化的进程，城市现代化的生活方式使得年轻人的生育观念发生了巨大变化，20世纪末总和生育率下降到1.5左右，是国际标准中的"很低生育率"。

四、人口政策的渐进完善阶段（2012年至今）

党的十八大以来，人们注意到人口快速转变可能带来的负面效应，限制生育的政策得到反思，计划生育政策再次进入调整通道。2013年开始，我国启动计划生育政策改革进程，为了规避可能出现的生育堆积问题，放宽限制生育的政策是循序渐进地实施的，国务院在2013年将卫生部与计划生育委员会职能合并，组建国家卫生和计划生育委员会。随着中国共产党十八届三中全会的召开，通过的《中共中央关于全面深化改革若干重大问题的决定》中提出"坚持计划生育的基本国策，启动实施一方是独生子女的夫妇可生育两个孩子的政策"。为了完善我国的生育政策，十二届全国人民代表大会常务委员会第十八次会议表决通过《人口与计划生育法修正案（草案）》，"全面二孩"政策于2016年1月1日起施行。这意味着人口政策，尤其是计划生育方面，实现了逐步的完善。为了促进人口长期均衡发展，提高人口均衡发展，2020年党的十九届五中全会决议做出了进一步强化有关人口政策改革方向性的表述，指出要"制定人口长期发展战略，优化生育政策，增强生育政策包容性，提高优生优育服务水平，发展普惠托育服务体系，降低生育、养育、教育成本"。

这一阶段，人口结构快速转变的负面效应逐渐显现，主要表现在人口老龄化、生育率降低、劳动力短缺等方面，为应对人口结构问题，中国放宽生育政策，力求促进生育率的提升和人口数量的增加。

第三节 案例分析

案例一：做三孩妈妈，准备好了吗？

一、[案例介绍]

案例背景： 我国加速进入了老龄化时代，老年人占比越来越高，新生儿规模逐年下降，养老问题、人口失衡问题愈发突出，为了改变现状，国家经过全方位的研究，在开放二孩政策之后，颁布了新的计划生育政策。积极应对人口老龄化，我国出台了重大政策举措。中共中央政治局2021年5月31日召开会议，会议指出，进一步优化生育政策，实施一对夫妻可以生育三个子女政策及配套支持措施，有利于改善我国人口结构、落实积极应对人口老龄化国家战略、保持我国人力资源禀赋优势。

案例正文：

（一）家有三娃，冷暖自知

陈晨是吉林省长春市一所"985"高校的教师，丈夫是一名律师。第二次怀孕产检，当医生告知是双胞胎时，陈晨和丈夫都是欣喜大过压力。陈晨有个妹妹，这几年她真切感受到父母生病住院时，亲姐妹之间的互相扶持。亲身经历让陈晨夫妻更坚信，养育3个孩子尽管眼下难处多，但孩子成年后赡养父母的担子却减轻了，多个兄弟姐妹也多一分照应。

陈晨的孩子早产了一个月。"早产的孩子，身娇体弱。"同时有两个嗷嗷待哺的婴儿，陈晨和丈夫有点招架不住，好在陈晨有公婆帮忙。可老人身体欠佳，每次照看孩子一两个月后，就要返回老家休息一段时间。围着新生儿忙得团团转时，陈晨发现大女儿总是闷闷不乐地自己玩玩具。大女儿乖巧懂事，虽未直说，陈晨还是看出了老大对家庭新成员的到来有些情绪。为此，她和丈夫一起找大女儿谈心，还制订了计划，再忙也要每天抽出时间陪她学习和玩耍。

无锡妈妈赵阳也有3个孩子，让她备感幸运的是，她有一个下班后愿意照看孩子的丈夫，还有一个默默付出的母亲。白天，全职妈妈赵阳负责照看双胞胎儿子，由老人接送老大上学。为了不让赵阳脱离社会，丈夫和母亲还会经常给她放半天假，可以出门和朋友吃饭逛街。"能不能生二胎、三胎？"当身边朋友问赵阳时，她会说，如果有家人支持和帮助就可以生。

眼下，陈晨和赵阳已经感受到了生养3个孩子的自带福利：孩子能一起玩，不用父母一直陪伴，而最大的益处是，孩子可以从小学习与同伴的相处之道。

（二）多子女家庭，教育应量体裁衣

"一个精养，三个就开始散养。"多位三孩妈妈表示，教育投入成倍增加而带来的经济压力是她们的家庭不得不面对的现实。有相关数据显示，2019 年，我国新中产人群在支出结构上，教育支出比例为 52%，已经超过其他生活费用，成为仅次于日常开销 71.2% 和房租房贷 53.9% 的第三大日常支出。收入越高的家庭，在子女教育方面的支出占比越大。放开三孩的政策一出，二孩妈妈张欣家里就闹起了矛盾，她给丈夫算了笔养娃的教育账。张欣夫妇在北京经营着一家钢琴店。近两年受疫情影响，生意不比往年。他们有两个儿子，都在学习小提琴，每周各自一节 400 元的"一对一"课程。张欣对孩子寄予厚望，每个月还要再上一节 1500 元的大师课。仅学琴一项，两个孩子一年花费近 6 万元。目前大儿子在一所公立小学就读，学费不是压力。但张欣为只有 5 岁的小儿子报名了一家双语幼儿园，一年学费 10 万元。除此之外，两个孩子放学后还要上英语辅导班、跆拳道班。除了教育投资，每年带孩子旅游，参加冬、夏令营，开阔眼界，也是张欣的必选项目，每次费用在数万元不等。目前，每年用在两个孩子课外教育的花费要 18 万元左右，如果再生一个，张欣担心每个孩子都会因为家中财力有限而降低教育和生活质量。2019 年年底发布的《中国商业教育辅导市场消费力报告》的相关数据显示，52.3% 的家庭都会给孩子报校外辅导班，校外学习成为大部分中国家庭对孩子教育的必选项。一到四线城市的选择比例在 62% 到 67% 之间。

在陈晨看来，教育投入多少不能盲目攀比，课外辅导和兴趣班未必上得越多越好。陈晨有自己的教养计划，3 个孩子都没有上幼儿园，而是在家学一套英语体系的全科幼儿教育课程，以线上直播和录播课程为主。不坐班的陈晨在家时就辅导孩子，工作时则请母亲帮忙照看。如此一来，3 个孩子的幼儿教育成本省下了不少，也让陈晨有多余财力给 3 个孩子报喜欢的课外舞蹈班。同时，大女儿每周还在学一个免费线上钢琴课，寻找和利用网络资源，可以明显降低教育成本。并且陈晨更加看重为孩子建造和谐的家庭关系、培养孩子的自学能力和品格。在课外班上帮孩子做减法，兴趣求精不贪多。"如果我只有一个孩子，教育机会和可选择的资源会更好。"陈晨坦言，他们一家五口大多是在小区或市内活动、游玩，姐姐穿小的衣服会留给妹妹。不过陈晨并不自卑，她认为每个家庭收入情况不同，让孩子学会勤俭，适应不同的物质条件也很重要。

在吉林省通化市朝阳镇的二孩妈妈张迪更加精打细算。张迪丈夫在汽修厂工作，一年收入 7 万元左右。一直在镇上租房的夫妻俩，去年刚贷款买了一套两居室的房子。小女儿上幼儿园后，有更多时间精力的张迪成了一名保险销售员。对于孩子将来是否能上名校，张迪不敢奢望。除了在学校学习文化课外，

她只给大女儿报了舞蹈班，让孩子多一些艺术体验。张迪很想有一个儿子，但她和丈夫并不打算再生三孩。在张迪看来，虽然在小镇生活压力不大，但如果再生一个，经济情况刚有好转的家庭会再次拮据。

（三）多子女妈妈亟待社会支持

面对不断增加的教育开支，一些多子女妈妈选择留在职场打拼。但多数人只能职场失意或干脆离开。工作10多年，陈晨还只是讲师，很难晋升。当初和她同一批入职的教师有人已经在申请正高职称了。而陈晨读了6年博士，论文一直未能发表，无法申请答辩。在教学之外，她没有更多时间看文献、改论文，至今无法博士毕业。刚有3个孩子时，陈晨觉得只要自己再努力一点，就可以平衡好工作和家庭，但事实证明"太难了"。她也有放弃工作的念头，想专心在家带孩子。但考虑到家庭多一份收入，3个孩子也能有更好的生活和学习条件，她最终打消了这个念头。

前程无忧曾发布过《2021职场妈妈生存状态调查报告》，调查显示，职场妈妈选择不做全职妈妈主要是为了"缓解家庭经济压力"和满足自己对事业的追求。该报告还指出，妈妈们产假结束回归职场的主要难度有：无法兼顾工作和家庭、知识技能需要更新、跟不上工作节奏等。正因如此，在杭州工作和生活的林琳一直不敢再生二孩。她和丈夫都是独生子女，刚结婚时二人有清晰的计划，用好国家人口政策，至少生两个孩子。现在三孩政策已放开，林琳却连生二孩的时间都挤不出来。作为从国外引进的艺术类拔尖人才，单位对林琳委以重任。她经常工作到深夜两三点才休息，凭借努力打拼，她很快得到晋升。今年9月，林琳的孩子即将上小学，一直帮忙照看孩子的母亲打算回老家养老。现在若放下正值上升期的事业去生孩子，林琳很难取舍。"二孩都不敢生，更不用说三孩了。"在她看来，再生一个孩子不仅会影响自己的事业，也会影响老大的生活和教育质量。

（四）你生我不劝，我生我真生

"在当下生育观念多元化的时代，经济实力不是决定是否有生育意愿的基本条件。"吉林大学人口资源与环境研究所所长、教授王晓峰认为，除了人口政策的调整，真正能让人释放生育潜力的是相关配套支持措施，社会福利达到一定程度，才会有更多的人愿意去多生孩子。对于支持三孩生育的配套措施，国家卫健委在新闻发布会上回应称，要完善生育休假与生育保险制度，加强税收、住房等支持政策，保障女性就业合法权益。王晓峰建议，可以借鉴一些国家的相关经济政策，比如税收优惠、产假、育儿补贴等。此外，他认为政府机构或国有企业开办0到3岁的托育机构，让女性可以带着孩子上班、入托，午休时间又可以探望，是帮助女性更好平衡工作和家庭的有效办法。"女性既想生育三孩，又想正常工作，势必要付出更多代价。"对这些三孩妈妈而言，降低教育成本和期待更多就业机会，是大家关注的焦点。

"一二线城市生育3个孩子，在住房和教育的投入上压力更大。"林琳呼吁，让职场妈妈有更合理的产假和晋升机会。对于赵阳而言，等3个孩子都上了小学，她想重新回到职场，但她不确定到时是否还能被社会接纳、是否有可以胜任的岗位。无论当下处境如何，三孩妈妈们表示，并不后悔自己当时的选择。她们还有个共同感受，养育孩子的幸福感远大于生活压力。但她们也不会直接建议别人生三孩，毕竟这是件太有挑战的事。

案例来源：做三孩妈妈，你准备好了吗[EB/OL]. 2021-06-11. [2022-06-12]. https://baijiahao.baidu.com/s?id=1702235838549738837&wfr=spider&for=pc

二、[案例分析]

当前，进一步适应人口形势新变化和推动高质量发展新要求，实施三孩生育政策及配套支持措施，具有重大意义。优化生育政策，一头连着家庭幸福，一头连着国家发展。无论保障女性就业合法权益，还是加强住房支持政策，无论完善配套育幼措施，还是降低家庭教育开支，只有每一个政策都落到实处，生育政策才能更有温度。请思考并讨论以下问题：

（一）结合案例请分析国家放开三孩的原因是什么？

1. 有利于改善人口结构，落实积极应对人口老龄化国家战略。老龄化是全球性人口发展大趋势，也是我国发展面临的重大挑战。预计"十四五"期间我国人口将进入中度老龄化阶段，2035年前后进入重度老龄化阶段，将对经济运行全领域、社会建设各环节、社会文化多方面产生深远影响。实施三孩生育政策及配套支持措施，有利于释放生育潜能，减缓人口老龄化进程，促进代际和谐，增强社会整体活力。

2. 有利于保持人力资源禀赋优势，应对世界百年未有之大变局。人口是社会发展的主体，也是影响经济可持续发展的关键变量。实施三孩生育政策及配套支持措施，有利于未来保持适度人口总量和劳动力规模，更好发挥人口因素的基础性、全局性、战略性作用，为高质量发展提供有效人力资本支撑和内需支撑。

3. 有利于平缓总和生育率下降趋势，推动实现适度生育水平。群众生育观念已总体转向少生优育，经济负担、子女照料、女性对职业发展的担忧等成为制约生育的主要因素。实施三孩生育政策及配套支持措施，促进生育政策与相关经济社会政策同向发力，有利于满足更多家庭的生育意愿，有利于提升生育

（二）结合案例谈谈三孩家庭的压力所在？

1. 经济条件压力。经济条件是普通家庭最先、最直接、最现实的考虑。我国收入差距相对较大，高收入家庭与普通家庭占比基本呈"二八原则"式的结构。而生三孩与否在绝大多数情况下，是已有一孩或二孩家庭需要考虑的事情，政策基本的规定性要求它必须最终还是落实到大众上去。以普通家庭来讲，经济上的压力大致上两件就可以代表：一是供孩子上学，二是给孩子买房。教育成本的上升和买房的巨大开销，成为普通家庭三孩的压力来源。

2. 机会缺失的压力。从经济学角度来谈，任何事情都有它相应的沉没成本。对一些一孩或二孩家庭而言，三孩既占用了他们的时间资源，也有金钱和感情资源等的投入。相应地，如案例中的陈女士，虽然不能将其无法毕业的原因完全归结为三孩，但这在其中无疑也有着较大的比重。并且，原本的夫妻或家庭计划，如旅游或是去外地工作等也不得不因三孩而放弃，从而失去了一部分享受生活、工作晋升等的机会。而育儿期相对而言并不短，机会的缺失在这期间可能不只是一次，因机会成本的累加而导致的压力，也成为"劝退"一些家庭三孩的动力。

3. 心理压力。心理上产生压力，对家庭而言是各种因素综合作用的结果。除上述两方面之外，还主要来自于再就业歧视、生育羁绊、带娃问题等。女性由于生育问题遭遇就业歧视的现象由来已久，女性依法享有的产假等生育福利待遇与企业用工成本已经成为难以调和的矛盾。舆情信息反馈表明，很多企业把女性的婚姻状况、生育计划等作为录用及岗位分配，甚至是薪酬水平的评判标准。而新的生育政策环境下，女性在生育三孩后回归职场，会面对另一个求职隐性门槛——年龄。鼓励生育三孩，但是就业权益保障不足的大环境推高了女性暂别职场、回归生育的成本。

案例二：就在家门口，养老不用愁

一、[案例介绍]

案例背景："老人独居我们不放心，住养老院他又不愿意。怎么办？"最近，83岁父亲的养老问题成了北京居民赵女士一家的头等大事。第七次人口普查数据显示，中国60岁及以上人口总数达2.64亿，老年人口呈现数量庞大、比例快速增长的态势。按照国际标准划分，中国即将迈入中度老龄化社会。面对庞大的老年群体，养老服务怎么做？2021年9月17日，国新办举行扎实做好民政在全面小康中的兜底夯基工作发布会。民政部副部长高晓兵表示，"十四五"期间，民政部门要在城市地区建立"15分钟养老服务圈"，在农村要建立县、乡、村三级的养老服务网络。这引起人们的广泛关注。
案例正文：
(一) 不超15分钟，居家享受养老服务
番茄龙利鱼、杂菌烧鸡块、紫菜蛋花汤……正值傍晚饭点，北京市朝阳区一家老年餐厅，数十样色香诱人的菜品摆放在餐盘中。占地约七八十平方米的餐厅里，几名老人正在就餐，还有几名老人正排队挑选菜品。76岁的李大爷是这家餐厅的常客，他说，自己和老伴儿一日三餐基本都在这里解决。"餐厅菜品味道不错，你看，我吃得干干净净。"李大爷指着自己的"光盘"笑着说。前来就餐的唐阿姨点了一荤两素，花了16元钱。"我一个人住，懒得做饭。老年餐厅就在小区里，从家走过来不出10分钟。每天吃饭时还能和邻居们聊聊天。"这家老年餐厅所在的小区里还有一家养老服务驿站。站点工作人员小冯介绍，除了向老年人提供就餐服务，站点还有日间照料、康复理疗、适老化改造等养老选择。"选址在小区，就是为了方便老年人在熟悉的环境里养老，步行15分钟范围内就能享受到基本的养老服务。"小冯所说的养老服务模式，属于"15分钟养老服务圈"的范畴。国家卫生健康委的统计数据显示，目前，中国有90%左右的老年人居家养老，7%左右的老年人依托社区支持养老，只有3%的老年人入驻机构养老。"所以，我们未来的养老工作重点就是要大力加强居家和社区的养老服务供给，建设15分钟养老服务圈，方便老年人居家养老，提高其可及性和服务质量。"

"15分钟养老服务圈"怎么建？日前印发的《关于加强新时代老龄工作的意见》（下称《意见》）围绕创新居家社区养老服务模式做了具体要求。以居家养老为基础，通过新建、改造、租赁等方式，提升社区养老服务能力，着力发展街道（乡镇）、城乡社区两级养老服务网络，依托社区发展以居家为基础的多样化养老服务。在老年设施供给方面，到2025年，老城区和已建成居住区结合城镇老旧小区改造、居住区建设补短板行动等补建一批养老服务设施，"一刻钟"居家养老服务圈逐步完善。"建立15分钟养老服务圈，既保留了家庭养老的优点，又强化、拓展了日常生活、医疗保健、社交等养老服务供给。老年人可以在熟悉的环境中养老，更有利于其身心健康。"

(二) 打造丰富多元的老年生活
目前，多地正创新打造"15分钟养老服务圈"，养老服务的项目不断拓展，受到广泛好评。"在我们社区，80岁以上的老人每个月能领取200元补助。每逢重阳节，还有900元的'红包'。"张秀英老人家住河南省濮阳市华龙区。除了资金补贴，社区会定期组织老年人免费体检。逢年过节，社区工作人员还会给老年人送挂历。"社区的关心让我觉得很温暖！"家住上海市杨浦区的代婆婆今年 80 岁，因腿脚不便，平时很少出门。社区养老服务中心工作人员的照料给她带来不少便利。"社工每天都上门送饭，还经常来家里给我量血压。前不久，他们还给家里的卧室、卫生间、厨房做了改造，在我常用的地方安装了扶手、呼叫器等，需要帮助的时候能及时呼叫，很方便！"代婆婆高兴地说。

养老设施供给不断完善，养老服务质量也在稳步提升。在重庆，不久前刚上线的大渝养老平台能精准定位到离市民最近的养老机构，通过平台直观的"养老地图"，市民能更加便捷地选择就近、就地养老模式；在江苏，部分养老机构按照老年人能力评估标准精准设置护理等级，比如根据老年人手指的灵活程度定制餐具，实现个性化定制养老服务。

不少老年人表示，自己所处社区的养老服务日益多元，一刻钟左右就能满足养老需求，真是越来越方便了。不过，也有人反映，现有的养老服务仍存在改进空间。"希望社区能多提供娱乐场所、组织娱乐活动，满足老年人的社交需求。"78 岁的独居老人张时铭说。据了解，围绕提升老年群体文体服务质量，《意见》做了具体部署，提出各地要通过盘活空置房、公园、商场等资源，支持街道社区积极为老年人提供文化体育活动场所，组织开展文化体育活动，实现老年人娱乐、健身、文化、学习、消费、交流等方面的结合。未来，在保障老年群体基本养老需求的同时，银发族的晚年生活将更加多元美好。

（三）全社会共同担起养老责任

"15 分钟养老服务圈"要想得到银发族长久的认可，在逐步完备服务项目的同时，还要提高品质、精准服务。

65 岁的曾星表示，部分社区开设了供老年人娱乐、就餐的公共场所，能有效对接老年人部分需求。"但仍有一些未解决的问题。比如，在就餐服务方面，有些老年人有高血压、糖尿病等疾病，食堂提供的餐食不一定能满足不同老年人的饮食习惯。"此外，如果社区食堂价格过高，对于消费者来说并不划算；价格过低，则可能盈利困难，难以为继。他建议，可以针对不同年龄段、不同经济能力的老年群体，提供差异化、精细化的养老服务。

民政部副部长高晓兵表示，"十四五"期间，在养老服务平台方面，将建立区县街道、乡两级的养老服务中心。"养老服务中心不仅要发挥综合养老服务的功能，更是养老需求和养老供给对接平台，类似'客服中心'。"通过养老服务中心，将养老需求和供给更精准地对接起来，有利于更高效地开展养老工作，满足老年群体需求。

完善公共服务的同时，家庭作为最小的社会单位，在养老中的作用也不可缺位。在养老服务建设中，要注重家庭照料者的社会价值，尝试开展对照料者的扶持计划。此次《意见》也对此做了具体规划，鼓励成年子女与老年父母就近居住或共同生活，履行赡养义务、承担照料责任。同时，落实相关财税支持政策，鼓励各类公益性社会组织或慈善组织加大对老龄事业投入。

"15 分钟养老服务圈"运行好，不仅要设施足、项目全，更离不开一支稳定的服务队伍。杜旻建议，未来要积极发挥基层社会组织的作用。"基层社会组织能够成为沟通政府、市场、社区、家庭的纽带，他们运作灵活，更加贴近服务对象的需求，能提供更加精细化的服务。在居家社区养老服务发展过程中，公益性、志愿性特点的社会组织的参与必不可少。"杜旻说，"有关部门要积极引导、培育、支持社会组织，按照相关规定做好对社会组织的监督管理，为养老服务营造良好的社会环境"。

案例来源："15 分钟养老服务圈"怎样建？[EB/OL]. 2021-12-08. [2022-06-12]. https://baijiahao.baidu.com/s?id=1718518918706001036&wfr=spider&for=pc

二、[案例分析]

请思考并讨论以下问题：

（一）试述建立"15 分钟养老服务圈"何以成功？

1. 规划布局科学。按照"一刻钟"居家养老服务圈建设目标，在万人以上城市社区规划建设社区老年人日间照料中心，5000－10000 人城市社区规划建设社区养老服务中心，5000 人以下城市社区规划建设社区养老服务站。承接建设任务的各镇街可以综合考虑社区老年人口数、服务半径等因素，在保证总体任务不变的前提下，科学规划。

2. 用地供给落实。严格落实人均用地不少于 0.1 平方米的标准，分区分级规划设置养老服务设施的要求。新建小区养老服务设施与小区统一规划、统一配建，多期建设的居住区养老服务设施应当在首期进行建设。老城区和已建成居住区无养老服务设施或现有设施没有达标的，应限期通过购置、置换、租赁等方式配备养老服务设施。

3. 资源整合。支持对全区现有闲置的厂房、学校、招待所、办公场所、社区用房等进行适老化改造，对符合要求的场所采取划拨、租赁、购买等形式优先用于居家和社区养老服务。以国企办医改革和企业社区移交地方为契机，将剥离后符合条件的企办医院和物业用房等转型为居家和社区养老服务设施。统筹整合社区卫生服务站、老年人活动中心、残疾人康复中心等资源，做到互通共享，发挥综合效益。

4. 建设管理规范。制定出台《居家和社区养老服务设施建设运营管理办法》，明确建设标准，依据养老服务设施的建设规模、床位设置、服务功能及项目建设进度等分类别、分阶段给予建设补助。对已建成并持续运营一年（含）以上的养老服务设施，通过绩效考评等方式给予相应补助资金。

（二）建设"15分钟养老服务圈"还需要注意什么？

1. 探索居家和社区养老与机构养老融合发展。充分整合各类资源，通过改造利用居家和社区养老服务设施、公共服务设施或闲置的物业资源，因地制宜地发展小规模、多功能、专业化的社区嵌入式养老机构，实现机构养老专业化与居家养老亲情化的结合。打破机构养老与居家社区养老的界限，利用专业优势为服务辐射区域内的老年人，尤其是为失能、失智老年人提供专业化养老服务，切实帮助解决老年人的生活照料、保健康复、精神慰藉及"五助"（助餐、助浴、助医、助急、助洁）等服务需求，充分发挥机构资源的最大效益。打破机构养老与居家社区养老的界限，利用专业优势为服务辐射区域内的老年人，尤其是为失能、失智老年人提供专业化养老服务，切实帮助解决老年人的生活照料、保健康复、精神慰藉及"五助"（助餐、助浴、助医、助急、助洁）等服务需求，充分发挥机构资源的最大效益。

2. 促进居家和社区养老服务信息化发展。依托市区已建成的大数据中心、政务交换平台等基础设施，通过拨打 12345（紧急呼叫 12349）服务热线，整合线下服务商资源，以社区为单元开展工作，实现个人、家庭、社区、机构与养老服务资源的有效对接和优化配置，提升养老服务效率和品质。以全市养老信息服务平台为核心，在我区设立二级信息化养老服务站点。依托居家和社区养老服务设施，在条件成熟的社区设立三级信息化养老服务站点，并进一步向老年人住户延伸，最终实现市、区、社区、用户四级信息化"智慧养老"立体网络。

3. 推行居家和社区养老服务设施综合责任险。将已登记备案的居家和社区养老服务设施，纳入综合责任险的办理范围，由具备资质的保险公司负责承保，以居家和社区养老服务设施为主体进行投保，对在居家和社区养老服务设施接受服务期间发生意外事故的已签订服务协议的 60 周岁以上老年人给予相应赔偿，提升抗风险能力。

本章参考资料

[1] 陈希，陈岱云. 中国人口政策重点转移：从人口数量控制到养老风险化解研究[J]. 济南大学学报（社会科学版），2021，31（05）：28-42+173.

[2] 中国人口与生育政策变迁：鼓励生育、计划生育、放开生育[EB/OL]. 2019-12-11 [2022-07-09]. https://baijiahao.baidu.com/s?id=1656236627374343327.

[3] 沈渝，王玲. 互动式发展：新中国成立 70 年来生育政策与生育保障的演进及展望[J]. 社会保障研究，2019（06）：27-36.

[4] 央视网. 人口计生法完成修改 法律保障实施三孩生育政策及配套支持措施 [EB/OL]. 2021-08-20[2022-07-09]. http://m.news.cctv.com/2021/08/20/ARTImBATjuDmmhi9otvfTvRY210820.shtml.

[5] 新华网. 权威快报｜重磅！实施三孩生育政策及配套支持措施来了 [EB/OL]. 2021-07-20 [2022-07-09]. http://www.xinhuanet.com/politics/2021-07-20/c_1127675499.htm.

[6] 中国新闻网. 国家发改委：发展普惠托育服务，重点围绕五个关键词下功夫 [EB/OL]. 2022-08-17[2022-08-20]. https://www.chinanews.com.cn/gn/2022/08-17/9829374.shtml.

[7] 中国新闻网. 2030 年我国人口达峰值 老年人比例将占 25% 左右 [EB/OL]. 2017-01-26 [2022-07-09]. https://www.chinanews.com.cn/gn/2017/01-26/8135971.shtml.

第十一章 外交政策

外交政策，指的是一个国家在处理同世界上一切其他国家和地区的政治、经济、文化、边界等各种关系中的措施和办法。我国始终奉行独立自主的和平外交政策，包括一贯坚持和平共处五项原则，以及在和平共处五项原则的基础上发展演变而来的其他政策措施处理办法。在我国外交政策的指导下我国已经同许多国家和地区建立和发展了友好合作的外交关系。中国外交政策的宗旨是维护世界和平、促进共同发展。党的二十大报告指出，"我们全面推进中国特色大国外交，推动构建人类命运共同体，坚定维护国际公平正义"。强调了我国坚定奉行独立自主的和平外交政策，推动构建新型国际关系，维护发展中国家共同利益。

第一节 我国外交政策的主要方式

一、构筑人类命运共同体

自2013年习近平总书记在莫斯科国际关系学院首次提出"命运共同体"这个概念，人类命运共同体思想的内涵在此后持续丰富与深化。2018年博鳌亚洲论坛年会上，在题为《开放共创繁荣，创新引领未来》的主旨演讲中，习近平总书记着重对人类命运共同体的建构做出了"五位一体"的关键表述，即政治上坚持对话而不是对抗、坚持结伴而不是结盟；安全上坚持共同、综合合作、可持续的新理念；经济上坚持走开放融通、互利共赢之路；文化上推动文明互鉴；生态上树立绿色、低碳、可持续发展理念。习近平总书记对人类命运共同体的深刻论述对中国、对世界都具有重大意义。2021年11月，"人类命运共同体"写入第76届联合国大会裁军与国际安全委员会"不首先在外空部署武器"决议。这是联大决议连续5年写入"人类命运共同体"理念。

推动构建人类命运共同体，不是以一种制度代替另一种制度，不是以一种文明代替另一种文明，而是不同社会制度、不同意识形态、不同历史文化、不同发展水平的国家在国际事务中利益共生、权利共享、责任共担，形成共建美好世界的最大公约数。2022年9月，中亚，习近平主席对哈萨克斯坦、乌兹别克斯坦进行国事访问。其间，习近平主席分别同两国元首就在双边层面启动践行命运共同体理念达成重要共识。从哈萨克斯坦、乌兹别克斯坦，到印度尼西亚、巴基斯坦，再到柬埔寨、老挝等，如今，越来越多的国家同中国构建命运共同体，中国倡议的世界意义和实践伟力日益彰显。

在新冠疫情席卷全球之际，中国同180个国家、10多个国际和地区组织分享疫情防控和诊疗方案，向34个国家派出医疗专家组，向150多个国家和15个国际组织提供大量抗疫物资，向120多个国家和国际组织提供超过22亿剂疫苗等，积极开展抗击新冠疫情国际合作，发起中华人民共和国成立以来最大规模的全球紧急人道主义行动，展现了我国负责任大国形象，让世界深切感受到中国推动构建人类卫生健康共同体的真诚意愿与历史担当。

二、全球治理观

积极引领全球治理体系变革是当前和今后我国外交的重点任务之一。面对全球性问题挑战和原有全球治理规则的失灵，中国作为世界第二大经济体和最大的发展中国家，自党的十八大以来，在以习近平同志为核心的党中央领导下，坚定不移奉行互利共赢的开放战略，积极推动国际经济治理体系改革和创新，提升发展中国家的全球话语权，努力为促进世界经济增长和完善全球治理贡献中国智慧。党的十九大报告明确指出："中国秉持共商共建共享的全球治理观，倡导国际关系民主化，坚持国家不分大小、强弱、贫富一律平等，支持联合国发挥积极作用，支持扩大发展中国家在国际事务中的代表性和发言权。中国将继续发挥负责任的大国作用，积极参与全球治理体系改革和建设，不断贡献中国智慧和力量。"党的十九届六中全会把"弘扬和平、发展、公平、正义、民主、自由的全人类共同价值"与"我国积极参与全球治理体系改革和建设"共同写入了《中共中央关于党的百年奋斗重大成就和历史经验的决议》中。以史为鉴、开创未来，面对世界百年未有之大变局，要大力弘扬全人类共同价值，引领未来全球治理体系变革。

改革开放40多年来，我国形成了更大范围、更宽领域、更深层次的对外开放新格局；对世界经济增长的贡献率年均超过30%，为全球经济稳定和增长提供了持续强大的动力；发出建设"一带一路"倡议并举办两届"一带一路"国际合作高峰论坛，同时在共建"一带一路"框架下，中国针对沿线各国经济社会的短板，创立国际机制，增加交流合作平台，如亚投行、金砖银行、丝路基金等，中国越来越清晰地在国际社会展现中国方案、中国智慧；签署《区域全面经济伙伴关系协定》（RCEP），彰显多边开放、推动全球化进程的决心，与部分西方国家逆全球化现象形成鲜明对照。这将引领全球治理理念冲破"西方中心主义"的禁锢，使全球治理走出单边主义造成的困境，为全球治理带来希望。

三、大国战略

在同主要大国的关系方面，中国的指导原则是建立伙伴关系，坚持"对话而不对抗、结伴而不结盟"，相互平等、相互包容。在以中国为代表的新兴国家群体性崛起、国际格局发生深刻变化的背景下，尽管受"逆全球化"思潮影响，与个别大国关系遇到前所未有的复杂局面，但中俄、中美、中欧等大国关系依然成为构建人类命运共同体的重要基石。

中俄两国互为最大邻国，两国的边界线长达4350多千米。建设高水平的中俄睦邻友好关系，不仅有利于维护两国及两国人民的利益，而且有利于促进中国周边地区的和平稳定与繁荣发展，是构建周边命运共同体的关键一步。为此，中俄历届政府均高度重视双边关系的发展，从1992年的"相互视为友好国家"，到1994年的"建设性伙伴关系"，到1996年的"战略协作伙伴关系"，到2011年的"全面战略协作伙伴关系"[1]，直到2019年的"新时代全面战略协作伙伴关系"，中俄两国的睦邻友好关系不断深入发展，其战略互信不断增强，为当今世界的大国关系树立了典范，也对构建周边命运共同体乃至人类命运共同体做出了重大贡献。

中美关系是当今世界最重要的双边关系之一，近年来，却面临空前复杂严峻的挑战。中美关系的晴雨变化，不仅事关两国17亿民众的福祉，更事关世界局势的深刻演变。近年来美国一系列的"退群"举动不仅不利于两国的共同利益，更无益于世界经济复苏。中美拥有许多重要的共同利益，也存在一些分歧。习近平总书记强调，中美双方如果本着尊重和关切彼此的核心利益，从大局出发以共同协商方式妥善处理分歧，努力消除彼此战略误解和误判，就可以维护共同利益。党的十九届四中全会指出，坚持互利共赢的开放战略，这一战略思想在拓展战略合作伙伴维度的同时，更加注重拓展经济合作伙伴、执法合作伙伴和人文合作伙伴等维度，这为中国发展大国外交注入更多创新点与正能量，使中国大国外交更自信、更全面、更成熟。

中国和欧盟分别是最大发展中国家和最大发达国家联合体，作为维护世界和平的两大力量、促进共同发展的两大市场、推动人类进步的两大文明，中欧坚持对话合作、加强沟通协调，将为动荡的世界局势提供宝贵的稳定因素。一个稳定的中欧关系，对世界的和平、稳定、发展至关重要。中欧尽管在历史文

---

[1] 刘显忠. 行稳致远、不断深化的中俄关系[J]. 旗帜，2022（01）：90-91.

化、社会制度、发展阶段等方面存在不同,但没有根本利害冲突。从 2020 年《中欧地理标志协定》正式签署,到 2021 年中欧贸易额首次突破 8000 亿美元,再到 2022 年中欧班列提前开行破万列……近年来,中欧关系不断克服困难,向前发展,累累硕果足以表明,中欧合作远大于竞争、共识远大于分歧,中欧是伙伴不是对手。

四、周边外交

构建睦邻友好的周边关系是和平外交政策的重点内容,是我国维护和延长战略机遇期的重要依托。党的十八大以来,习近平总书记十分重视周边外交布局,注重发挥周边外交在外交全局中的重要作用,周边系列重要外交活动得以展开。"世界上没有绝对安全的世外桃源,一国的安全不能建立在别国的动荡之上,他国的威胁也可能成为本国的挑战。邻居出了问题,不能光想着扎好自己的篱笆,而应该去帮一把。单则易折,众则难摧。各方应该树立共同、综合、合作、可持续的安全观[①]。"

中国幅员辽阔,周边国家大小贫弱实力各不相同,历史上存在的领土领海争端与冷战时期造成的影响使中国与周边国家关系错综复杂,但中国始终致力于解决历史难题,发展同周边国家的友好关系。中国与周边国家不仅是利益共同体,在新的发展形势下也成为命运共同体,新的发展时代需要新的理论方针为指导。党的十四大报告认为"我们同周边国家的睦邻友好关系处于新中国成立以来的最好时期";党的十五大报告提出"睦邻友好"和"搁置争议,求同存异"的周边外交原则;党的十六大报告将"与邻为善、以邻为伴、加强区域合作"加入中国的周边外交政策;党的十七大报告进一步强调:"将继续贯彻与邻为善、以邻为伴的周边外交方针,加强同周边国家的睦邻友好和务实合作,积极开展区域合作,共同营造和平稳定、平等互信、合作共赢的地区环境。"中国同时还向周边国家提供丰富的公共外交、文化交往等活动,将自己的发展惠及邻里,力求消除周边国家对中国的误解、防范乃至不同程度的敌意[②]。党的十八大报告进一步强调"我们将坚持与邻为善、与邻为伴,巩固睦邻友好,深化互利合作,努力使自身发展更好惠及周边国家。"

2013 年 10 月,周边外交工作座谈会在北京召开,习近平总书记提出"我国周边外交的基本方针,就是坚持与邻为善、以邻为伴,坚持睦邻、安邻、富邻,突出体现亲、诚、惠、容的理念"。党的十九大报告坚持强调中国将"按照

---

① 习近平. 共同构建人类命运共同体——在联合国日内瓦总部的演讲[N]. 人民日报,2017-1-21(1).
② 王俊生,田德荣. 正确义利观与中国周边外交:理念与实践[J]. 太平洋学报,2022,30(07):53-62.

亲诚惠容理念与邻发展、以邻为伴周边外交方针深化同周边国家关系。"中国在睦邻友好方针的指导下，积极参与多边合作机制、大力开展周边地区的公共外交活动。中国的周边国家大多是发展中国家，中国提出打造周边命运共同体要以发展作为最大公约数，让我国和周边国家为互相发展一同助力。例如，中国提出将与巴基斯坦"打造成为中国同周边国家构建命运共同体的典范"；与老挝"携手打造牢不可破的中老命运共同体"；与柬埔寨"结成守望相助的命运共同体"；与越南"成为具有战略意义的命运共同体"。

第二节 我国外交政策的历史沿革

一、独立自主不结盟阶段（1978—1989年）

改革开放以来，中国的对外开放进入到一个新的阶段。在1978—1989年里，中国外交有两个方面的主要任务。第一个任务，真正逐步地树立一个独立自主的大国形象，1979年中美建交，1989年中苏关系实现了正常化。第二个任务，一心一意谋发展，这一时期我们的外交更多是服务于经济发展，中国的任务是先把自己的事情做好。随着党的十三大在1987年召开，明确提出"和平与发展是时代主题"，伴随对时代主题认识的变化，中国外交的主要目标从"支持世界革命"变成"为国内建设营造一个良好的国际环境"，对外开放成为中国特色社会主义现代化建设的一项基本国策。中国外交战略的模式也从结盟对抗转变为独立自主和不结盟，在处理对外关系时以国家利益为出发点，超越社会制度和意识形态，按照和平共处五项原则同所有国家建立和发展友好关系，推动建立和平稳定、公正合理的国际政治经济新秩序。

在这一阶段中国坚持走和平发展道路，奉行结伴不结盟的国际交往原则，既是对几千年来中华民族热爱和平的文化传统的继承和发扬，更是基于1949年以来正反两个方面的历史经验，是对新中国外交传统和实践的总结与继承。

二、韬光养晦阶段（1990—1999年）

"韬光养晦、有所作为"等一系列思想，是邓小平同志在20世纪80年代末90年代初，面对东欧剧变、社会主义阵营瓦解的"特殊时期"提出来的。当时中国面临"怎么办""向何处去"等尖锐问题急需回答，邓小平同志就此提出了一系列重要思想和对策。"善于守拙、决不当头、韬光养晦、有所作为"是当时的重要思想，这更是闪烁着长期战略性光辉。基于和平与发展仍是时代主题的判断，中国积极参与经济全球化、推动世界多极化，主张协调对话，不搞对抗，共同维护世界和平、稳定与发展。在十分困难和极其复杂的情况下，中国坚持韬光养晦，妥善处理危机事件，维护了国家稳定和发展大局。根据尊重各国人民自主选择的原则，实现了中苏关系向中俄关系的顺利过渡，并同原苏联各加盟共和国及东欧国家建立和发展友好关系，克服了亚洲金融危机的不利影响，香港、澳门顺利回归祖国，中国与周边国家的睦邻友好关系不断改善，更加巩固①。

在这一阶段，随着中国实力的增长，我们逐步地承担一部分的国际责任，这是中国外交一个新的发展②，建立了广泛的伙伴关系网络，在苏联解体以后继续维持了一个相对良好的国际战略环境③。

三、互利共赢阶段（2000—2011年）

世纪之交，经济全球化深入发展，科技革命加速前进，国与国相互依存日益紧密。在21世纪初，中、俄、哈、吉、塔和乌兹别克斯坦六国元首，在上海签署了《"上海合作组织"成立宣言》这是第一个以中国城市命名的国际组织，进一步加强了我国与周边国家的关系。随即中国成功承办了亚太经合组织会议，会议以"新世纪、新挑战：参与、合作，促进共同繁荣"为主题，通过了《上海共识》，推动区域和全球范围的贸易投资自由化和便利化、开展经济技术合作方面不断取得进展，为加强区域经济合作、促进亚太地区经济发展和共同繁荣做出了突出贡献，中国的对外开放事业进入一个新的阶段，我国外交事业取得一个又一个伟大成就，在国际事务中发挥越来越重要的作用。

在这一阶段，我国的综合国力大为加强，国际地位日益提高，与世界的联系也更加紧密。面对新形势和新问题，我国高举和平、发展、合作的旗帜，坚持独立自主的和平外交政策，坚定不移地走和平发展道路，全方位开展外事工作，维护和用好重要战略机遇期，维护国家主权、安全、发展利益，为推动建设持久和平、共同繁荣的和谐世界做出贡献。

四、中国特色大国外交阶段（2012年至今）

党的十八大以来，中国日益走近世界舞台的中心，中国的实力也继续不断增长，中国有能力也有意愿在国际舞台上做更多的事情，改善全球治理，继续

---

① 叶淑兰. 中国外交话语权的历史演进、基本经验及生成逻辑[J]. 国际观察，2021（05）：53-78.
② 苏格. 中国外交的伟大历史征程[J]. 国际问题研究，2017（05）：1-21+129.
③ 王帆. 中国特色大国外交:形势巨变与历史使命提升[J]. 太平洋学报，2022，30（06）：1-15.

向维和、应对气候变化等方面投入更多的资源，为整个人类的发展做出贡献。为了让世界和平发展的道路越走越远，2013年习近平总书记分别提出建设"新丝绸之路经济带"和"21世纪海上丝绸之路"的合作倡议，依靠中国与有关国家既有的双多边机制，借助既有的、行之有效的区域合作平台，"一带一路"倡议旨在借用古代丝绸之路的历史符号，高举和平发展的旗帜，积极发展与沿线国家的经济合作伙伴关系，共同打造政治互信、经济融合、文化包容的利益共同体、命运共同体和责任共同体。进入新时代以来，中国特色大国外交以服务民族复兴、促进人类进步为历史使命。"坚持外交为民，全心全意为人民服务"，这一重要判断是对新中国外交实践做出高度提炼，更是对新时代中国特色大国外交提出的最根本要求，即要始终维护人民利益，汲取人民智慧，增进人民友谊。外交为民的一个关键体现就是要为国内经济建设创造和平稳定的良好外部环境。

这一阶段的中国外交理念就是构建新型国际关系、构建人类命运共同体。这充分彰显了中国希望改善全球的国际关系、实现共同发展、合作共赢的宏伟愿景。所以，在这个新的时期，中国在国际舞台上提出了很多规范性的主张。如果说以前我们更多地说中国是国际秩序的参与者和维护者，那么到了这一时期，中国就逐步成为国际秩序中的引领者、倡议者。

第三节　案例分析

案例一：阿富汗地震救灾的中国援助

一、[案例介绍]

案例背景：在阿富汗地震重灾区帕克提卡省齐鲁克区，一座座倒塌的房屋旁支起了两排印有"救灾"两个汉字的帐篷，上百名因地震而无家可归的当地村民住在这里。夜幕降临，几名席地而坐的孩子随口唱起了民歌，婉转的歌声在瓦砾堆的映衬下飘散在夕阳中。这是阿富汗抗震救灾时中国力量的体现，这是来自中国的援助，彰显着国际人道主义。

案例正文：

（一）抗震中的"中国速度"

阿富汗东南部2022年6月22日发生强烈地震，造成1000多人遇难，近2000人受伤，数万座房屋被毁。紧张的救援过后，震区开始进入灾后重建的漫长征程。

这是阿富汗20多年来遭遇的最严重地震，东部霍斯特省、帕克提卡省受灾严重，灾情发生后，来自中国的援助第一时间翻越帕米尔高原，源源不断涌入阿富汗震区。具备"中国速度"的中方援助给震区带来了特别的温暖和希望，让灾区民众印象深刻。为阿富汗提供5000万元人民币的紧急人道主义援助。6月27日，第一批中国救援物资抵达阿富汗，并被快速分发至最需要它们的人手中。

中国是援助物资抵达喀布尔最及时的国家之一，中国的援助，特别是帐篷，解决了当地居民90%的问题。中国红十字会于6月30日通过包机形式向阿运送帐篷、折叠床和家庭包等抗震救灾物资，并向阿红新月会提供援助资金，帮助阿灾民渡过难关。"我们感谢中国对我们的及时帮助！"领到一顶帐篷和一个生活用品包的当地村民哈利勒·埃萨斯说，"地震发生后我们只能住在户外，忍受日晒雨淋，中国给我们的帮助令人难忘"！

中国构建应急性援助和长期性援助相结合、双边合作援助与多边机制化合作援助相结合、提供发展援助与帮助阿富汗提升国家造血能力相结合的良性综合援助生态。这不仅有助于阿富汗人民救灾抗灾，也帮助阿富汗人民提升建设国家的能力和信心，从而真正实现阿富汗的重建[①]。

（二）华侨华人力量，也参与其中

"有海水的地方就有华侨华人"，分布在世界各地的数千万华侨华人，是中国的特殊国情和宝贵资源，而华侨华人也在本次援助中也体现着人道主义精神。

人道主义精神的本质是以人为本，是不仅重视本国人民的安全，也重视他国人民的安全。"老吾老，以及人之老；幼吾幼，以及人之幼。"在朋友落难时绝不袖手旁观，在伸出援手时绝不夹杂私利。这是中国之义，是中国人民信奉的准则。阿富汗人有建立"胡吉拉"待客的习俗，过往客人不论是否与主人相识均能受到招待，中阿两国人民的待客之道在这一点上高度一致。而海内外的华侨同胞，与我们有血浓于水的骨肉亲情，在这一件事我们心连心，各行各业的华侨华人在援助阿富汗的过程中各尽所长，团结协作，雪中送炭，彰显着中华民族强大的凝聚力和向心力。

其中，阿富汗中资企业和华侨华人也在第一时间自发参与救灾行动。6月26日，中国中冶集团艾娜克铜矿项目向受灾较为严重的霍斯特省灾区捐助了大米、面粉、食用油等物资。阿富汗华侨华人还自发购买药品、帐篷等，自筹资金运往灾区，缓解了当地由于药物短缺，生活环境恶劣的困境。收到中资企业

---

① 中国援助给阿富汗民众带来希望[EB/OL]. 2022-08-20[2022-11-02]. https://world.gmw.cn/2022-08/20/content_35966983.htm.

与华人华侨援助物资的霍斯特省斯佩拉区灾民非常感谢中国，因为在那样一个环境恶劣的条件下，粮食成为了最宝贵的资源，大米、食用油等对当地居民的生活帮助很大。阿方感谢中国提供如此大量的援助，帮助受灾民众重建家园。

（三）人道主义援助，不止于此

事实上，长期以来尤其是自阿富汗局势巨变以来，中国政府和民间对阿富汗人民的人道主义援助从未停止过，并且呈现出力度不断加大的趋势。这次地震灾情发生后，中国是援助最多、最实的国家，也是落实最快的国家之一。援助物资的质量和性价比高，针对性和实用性强，获得了阿富汗临时政府和人民的一致称赞。可以说，此次中国快速、高效援助阿富汗灾民，是中国长期以来对阿富汗人民支持的又一次生动体现。

近年来，中国的国际援助水平持续提高，积极践行人类命运共同体理念。在开展对外援助方面，中国始终本着国际主义和人道主义精神，尽己所能，及时在其他国家和人民遭遇自然灾害、受到重大传染病疫情等威胁时提供最大的帮助。这次中国对阿富汗地震灾害的大规模援助，再次彰显中国以人为本的精神，人类命运共同体理念所内含的国际人道主义精神光芒引人瞩目。

中国政府及人民始终认为，在阿富汗人民面临生命危机时，最重要、最急迫的工作是救人，中国对阿富汗人民的支援是实打实的。中国一直积极参与和支持阿富汗的基础设施建设，援建了一大批医院、教学楼、道路、水利设施等惠民生、促发展的基础设施。中国还在支持阿富汗农业方面做出了积极表率，如打造了"松子空中走廊"、豁免阿富汗对华出口农产品关税、培训阿富汗农业专家等。

中国政府还表示，将继续同阿富汗临时政府密切协调，确保救灾物资第一时间送到灾民手中，帮助阿人民度过当前难关。中方愿与阿方今后加强防灾减灾，特别是灾害监测预报合作。中国地方政府、中国红十字会，以及在阿富汗的中国企业、机构、个人等也纷纷行动了起来，用各种方式向阿富汗提供力所能及的帮助。同时，中国国内对阿富汗的各类民间募捐活动也在进行。

案例来源：新华社：阿富汗抗震救灾中的中国力量[EB/OL]. 2022-07-22. [2022-09-10]. https://m.thepaper.cn/baijiahao_19129532

二、[案例分析]

中国对外援助是一种互助互信互利合作。它遵循人道主义精神，体现着中国的国际责任与道义，始终与中国和发展中国家的复兴进程相契合。中国对外援助以中国传统文化思想和无产阶级国际主义精神为思想渊源，以新中国重大外交理念和思想为理论基础，以国家利益和国际责任相统一为政策取向，以不干涉内政、不附加任何政治条件为最大特色，就实践经验而言，始终尊重受援国的发展议程和自主选择，始终坚持对外援助的"发展"和"民生"导向，始终注重对外援助的务实、廉洁和高效，始终坚持平等相待和真诚友好的优良作风，始终坚持力所能及和重信守诺的优良传统①。请思考并讨论：

（一）案例中体现我国对外援助的什么原则？

1. 保护个人尊严的原则。人的高贵和尊严是人道主义的核心价值。所以人道主义反对一切宗教的、意识形态的、伦理道德中具有那种贬损个人、压制自由，愚弄智识，或非人化的信条。人道主义坚信最大程度的个人自主性与社会责任感是和谐一致的。案例中，中国对阿富汗的救助，体现了中国的社会责任感与大国意识，保护了阿富汗在国际上的尊严。

2. 道德平等的原则。这个原则贯穿于反对一切基于种族的、性别的、宗教的、年龄的、国别的歧视。这个原则的相应结果就是给一切人的智力和美德提供平等机会。中国没有歧视第三世界国家，没有因为国别而进行歧视，相反动员自身的力量对陷入灾难的国家进行救助。

3. 自由理想的原则。人道主义总是捍卫自由的理想，它不仅仅是支持那些因为教会的、政治的、经济的利益而遭受压制的自由意识，而且，也支持真正的政治自由，民主决定基础上的大多数人的意见，尊重少数人的权利和法律的规则。人道主义捍卫人基本的安全、自由和追求幸福的权利。中国对阿富汗的救助，充分尊重了阿富汗人民的合法权利，保障他们的生存权。

（二）案例中体现怎样的精神？

1. 人道主义精神，具有相对的崇高性，超现实性。因为精神这个观念就主要作用于超现实性的一面。精神往往超出现实的意义，多指愿望的东西，在常规的情况下，精神往往是空间的一种观念。人道主义精神，更着重体现以人为本的，以人类自身功能观念意义上的一种良知，及其在这个意识的作用支配下，形成一种以高度文明为基础，以人类和谐发展为目的的这样的普世观。

2. 人道主义体现着责任精神。世界卫生组织就是在这样的一个人道主义精神的支配下成立的，不管你是生活在什么样的政治制度下，红十字会、世界卫生组织为你而努力，都是应该的。当人们受到战争的伤害、疾病的威胁、自然灾害的损失的时候，这两个机构都有义务、有责任。因此，人们又看到，人道主义精神确实具有超现实性。因为，人类永远也不可能生存在一个完美的盛世

---

① 中国对外援助模式：理论、经验与世界意义[EB/OL]. 2021-01-07[2022-11-02]. https://www.sohu.com/a/442980590_120873510.

当中,永远都有矛盾、有对立。没有矛盾、没有对立的社会是不存在的,也是不客观的。中国对阿富汗的救助,就是体现着人道主义精神的责任担当。

案例二:维和十年,贡献中国力量

一、[案例介绍]

案例背景: 从1990年4月中国首次派出军事观察员参加联合国停战监督组织维和行动至今,30多年间,中国累计派出维和官兵近5万人次,被誉为"维和行动的关键因素和关键力量"。党的十八大以来,中国更广泛地参与到联合国维和行动中,标志事件是中国首次向海外派出了维和步兵分队。中国第8批赴南苏丹维和步兵营官兵,他们在不同的战位上用实际行动展示中国军队维护世界和平与发展的使命担当、贡献中国力量。

案例正文:

(一)征程,就此开启

2020年9月,国务院新闻办公室发布的《中国军队参加联合国维和行动30年》白皮书显示,进入新时代,中国军队全面落实习近平主席出席联合国维和峰会时宣布的承诺,以服务构建人类命运共同体为目标,加大对联合国维和行动的支持和参与力度,为冲突地区实现和平发展带去更多信心和希望。

地处非洲东北部的南苏丹,自2011年7月9日宣告独立以来,内战不断,当地人民一直未能摆脱饥饿和贫穷。为推进南苏丹的和平进程,应联合国邀请,中国派出多批赴南苏丹维和部队。2015年1月,中国军队向联合国南苏丹特派团派遣1支700人规模的步兵营,这是中国军队首次成建制派遣步兵分队赴海外执行维和任务。7年来,中国军队先后向南苏丹派遣8批维和步兵营,为稳定当地局势发挥了重要作用。

中国第8批赴南苏丹(朱巴)维和步兵营由中部战区陆军"铁军旅"700名官兵组成,平均年龄不到26岁。自2021年12月部署至任务区以来,他们持续担负联南苏团总部营区警戒执勤和缓冲区巡逻任务,全天候守护着联南苏团外围两个流民所中近7万普通民众的和平与希望。

2016年7月,南苏丹首都朱巴爆发武装冲突,政府军和反政府武装持续激战,双方投入坦克、大口径火炮、武装直升机等重型武器,身处交火地域的大量平民生命安全受到严重威胁。中国维和步兵营及友邻部队共同承担辖区内朱巴城区及城郊百余村庄平民的安全保护任务。执行任务期间,李磊、杨树朋两名战士壮烈牺牲,他们用生命履行使命,被追记一等功,并被联合国授予哈马舍尔德勋章。

但是,战争时的惨烈是我们不可估量的。

因为，执行任务期间维和官兵全时荷枪实弹。
（二）荷枪实弹中的依靠
南苏丹最热时有 50°C 左右，每年 5－10 月是南苏丹的雨季，温度比旱季要低一些，大概在 20°C－40°C 之间，对于维和官兵而言体感很舒服，但麻烦也同时来临。雨季时，最难对付的是蚊虫，尤其在夜间执行任务过程中，战士们的皮肤会被白蚁、蚊子之类的虫子咬伤。南苏丹当地道路交通条件非常恶劣，只有少量柏油路、水泥路，剩下都是坑坑洼洼的土路。

自然环境的恶劣带来的麻烦对于维和官兵还不足为惧，更大的安全挑战则来自南苏丹的动荡局势。尽管南苏丹新的过渡政府在 2020 年 2 月成立，但国家乱局并未结束，武装冲突、交火事件此起彼伏。维和部队是当地居民的依靠，他们头戴 UN（联合国）标志的蓝色钢盔贝雷帽，右臂章为"地球与橄榄枝"，象征和平。

突发情况时常会发生，此时的紧张感与演兵场的模拟训练有着天壤之别。女兵班班长张菱倩已是第 2 次赴南苏丹执行维和任务。2016 年，22 岁的她是第 3 批赴南苏丹（朱巴）维和步兵营中的一员，入伍前她是山东省体育队散打队员，但第一次遇到手持武器的地方武装分子时，她坦言"心里还是很害怕"。联南苏团缓冲区就是以前的武器禁区，在武器禁区各方势力是禁止携带武器的，但在执行巡逻任务的时候，时常会遇到当地武装力量持枪闯入，甚至还有人持刀抢劫。后来遇到类似情况的次数多了，心理上就从容很多，处置起来也更加灵活。

只要执行授权任务，无论长巡或短巡，执勤还是护卫，维和官兵全时保持荷枪实弹，以临战状态来应对任务区域随时可能出现的突发情况。
（三）中国军人——当地百姓的和平使者
当地百姓对中国军人从陌生到熟悉再到尊敬。

2022 年 1 月 28 日，习近平主席同中部战区海外维和分队进行视频通话时强调，要忠实履行维和使命，为维护世界和平贡献更多中国力量，向世界展示中国军队良好形象。

第 8 批赴南苏丹（朱巴）维和步兵营通过实际行动展现出中国军队"威武之师"的良好形象。丁鸿介绍，"在 2021 年 12 月抵达任务区后我们先后接受了朱巴战区 10 余次拉动演练，高标准通过联南苏团 2 次装备核查，同时超出标准 2 次通过战备能力评估。截至目前，我们先后完成长巡、短巡、武装护卫等任务近 150 次，累计出动兵力 2000 余人次，外出巡逻距离 8000 余千米"。联南苏团对中国营给予了高度评价，朱巴战区司令阿提库尔·拉赫曼准将表示，"中国营在维和任务中一向表现出色，中国营是联南苏团和朱巴战区的一支重要力量，发挥着举足轻重的作用"。

中国军人在南苏丹当地百姓中有着很好的口碑。看到中国维和军人，民众会高喊"'China，friend！'（中国，朋友！）还有人会用汉语说'你好'。"大家能深刻感受到当地百姓对中国军人从陌生到熟悉再到尊敬的转变，越来越多的南苏丹人开始说汉语，和中国军人主动打招呼。

在南苏丹，妇女儿童的权益很难得到保证。张菱倩作为女性维和人员，对此深有感触。中国军人特意去营区周边村子里，为当地妇女传授女子防身术，帮助她们提高自身安全防范能力，而且我们还专门印制了英文版配套书籍，以便她们巩固练习。后来，发现村庄里有妇女在练习这套拳术，心里感到非常欣慰。

中国素有"世界大同，天下一家"的梦想，有"大道之行也，天下为公"的胸襟，有"先天下之忧而忧，后天下之乐而乐"的情怀，不仅希望自己过得好，也希望其他国家人民过得幸福。中国军队走出国门，播撒的是希望，带去的是和平。

案例来源：「环时深度」维和这十年，为蓝盔贡献中国力量[EB/OL]. 2022-07-16. [2022-09-10]. https://baijiahao.baidu.com/s?id=1738462065278735706&wfr=spider&for=pc

二、[案例分析]

请思考并讨论以下问题：

（一）结合案例谈谈维和行动的作用

1. 世界维和的领军者。中国积极参与维和行动将对现阶段中国外交在世界的影响力产生积极的影响。中国建设这支维和部队具有很大的象征意义。在每一个联合国维和任务区，不仅是和平的守护人，更是友谊和文明的传播者。他们以自己的实际行动展示出中国军队"威武之师、文明之师、和平之师"的良好形象。

2. 促进发展中国家关系发展。中国积极参与维和行动对于中国和其他国家的关系，尤其是对发展中国家的关系具有很大的影响。发展中国家是中国实现外交战略目标的重要依托者。在当今的国际舞台上，中国是最大的社会主义国家，是最大的发展中国家，是正在崛起的大国，作为社会主义国家，中国面临着以美国为首的西方发达国家的打压；作为发展中国家，中国与这类群体有着许多共同的政治和经济利益；作为崛起的大国，中国不仅面对着激烈的竞争，而且面临着企图称霸国家的遏制。总之，作为一个发展中的正在崛起的社会主义大国，在当今的国际社会，我国所处的国际环境并非十分有利。

3. 有利于我国外交的发展。中国是国际政治格局多极化发展中的重要一环，是独立自主的政治大国，是经济快速增长的国家，也是拥有较强军事实力的国家，中国的维和行动不仅护佑联合国度过那段无人问津维和行动的窘迫时刻，而且帮助平息国家的内乱，这在世界上都是有目共睹的。通过维和行动，中国今后在世界政坛上必将得到更多发展中国家支持，中国的外交影响力必然会达到新的高度，外交地位将逐步提升。有了强有力支持的中国在世界的话语权将发生巨大的变化，更有利于应对西方国家的霸权，并协同其他国家一起建立公平合理的国际新秩序，实现共同目标。

（二）试述中国为世界和平做出的贡献

1. 精准扶贫提供成功案例。贫困问题是当今世界面临的最严峻挑战之一。联合国 2030 年可持续发展目标的第一项就是消除贫困。作为世界上最大的发展中国家，中国在消除贫困方面取得了令人瞩目的成就，也为全球减贫事业做出巨大贡献。在打好国内脱贫攻坚战的同时，中国始终倡导并坚定推动形成以联合国为核心、南北合作为主渠道、南南合作为补充的合作格局，加强减贫国际合作，与广大发展中国家开展更多南南合作。

2. 维护和平竖起安全屏障。和平是发展的前提。75 年前，为了维护和平的国际秩序，联合国应运而生。75 年来，为了人类的福祉，联合国从未放弃对和平的追求。作为联合国的创始会员国和安理会常任理事国，同时也作为一个爱好和平的国家，中国一贯支持联合国的各项工作，始终做世界和平的建设者。中国主张联合国维和行动应恪守《联合国宪章》的宗旨和原则，严格遵守中立、同意和自卫的"哈马舍尔德维和三原则"，尊重当事国的国家主权，反对打着联合国维和行动的旗号推行霸权主义和强权政治，反对借助维和行动干涉当事国的内政。同时，中国主张联合国维和行动应坚持联合国的中心地位，尊重安理会在全球安全与稳定领域的权威，坚持多边主义原则，要标本兼治，彻底消除贫困等导致地区动荡的根源，反对以暴制暴。

本章参考资料

[1] 刘显忠. 行稳致远、不断深化的中俄关系[J]. 旗帜，2022（01）：90-91.

[2] 习近平. 共同构建人类命运共同体——在联合国日内瓦总部的演讲[N]. 人民日报，2017-1-21（1）.

[3] 王俊生，田德荣. 正确义利观与中国周边外交：理念与实践[J]. 太平洋学报，2022，30（07）：53-62.

[4] 叶淑兰. 中国外交话语权的历史演进、基本经验及生成逻辑[J]. 国际观察，2021（05）：53-78.

[5] 苏格. 中国外交的伟大历史征程[J]. 国际问题研究，2017（05）：1-21+129.

[6] 王帆. 中国特色大国外交:形势巨变与历史使命提升[J]. 太平洋学报，2022，30（06）：1-15.

[7] 中国援助给阿富汗民众带来希望[EB/OL]. 2022-08-20 [2022-11-02]. https://world.gmw.cn/2022-08/20/content_35966983.htm.

[8] 中国对外援助模式：理论、经验与世界意义[EB/OL]. 2021-01-07 [2022-11-02]. https://www.sohu.com/a/442980590_120873510.

第十二章　科技政策

科技进步和创新是增强综合国力的决定性因素,与经济发展的先导性、全局性有着密不可分的关系。党的二十大报告指出:"完善科技创新体系。坚持创新在我国现代化建设全局中的核心地位。"并进一步明确提出"健全新型举国体制,强化国家战略科技力量"的重要任务。科技政策作为政府引导和调控科技活动的基本手段,是国家创新政策的基础部分,同时也是直接作用于创新活动的工具[①]。科技政策对于构建国家创新体系,提升自主创新能力有至关重要的作用。我国的科技创新政策体系在国家科技创新发展战略的指引下逐步形成了涵盖要素、创新主体、创新关联、产业创新、区域和环境的政策体系。

第一节　我国科技政策的主要方式

一、科技成果转化

科技成果转化是指为提高生产力水平而对科学研究与技术开发所产生的具有实用价值的科技成果所进行的后续试验、开发、应用、推广直至形成新产品、新工艺、新材料,发展新产业等活动。切实推进科技成果转化是加快落实创新驱动发展战略的必然要求,也是实现科学技术与经济社会深度融合的关键。我国科技成果转化主要以高校、科研机构、企业为承担者,三者共同促进科技进步发展。

(一)以高校和科研机构为依托的科技成果转化

高等学校和科研机构是解决国民经济重大科技问题,实现科技成果转化的主力军。2002年,科技部、教育部联合下发了《关于充分发挥高等学校科技创新作用的若干意见》,推动高校成立技术转让机构、加大国家对大学科技园等的支持力度。2015年修订的《促进科技成果转化法》提出建立有利于促进科技成

---

① 梁正. 从科技政策到科技与创新政策——创新驱动发展战略下的政策范式转型与思考[J]. 科学学研究,2017,35(02):170-176.

果转化的绩效考核评价体系，大幅提高科研人员的收益比例，还下放科技成果的使用权、处置权和收益权。近年来我国仍在不断完善科技成果转化制度，对高校和科研机构简政放权，规范处置流程与成果转化奖励[①]。

科技成果转化的政策变迁为科研领域奠定了制度基础，这不但为科研人员提供足够的发展空间，还充分激发了人才的科研热情，为我国科技发展注入活力。诸多高校和科研机构在宏观政策、市场需求、内生动力等驱动下积极推进科技成果转化以实现国家科技发展需求。中国高校和科研机构的专利大部分通过转让的形式进行转化，按照《2019 年中国专利调查报告》数据可知 2014—2018 年中国高校和科研机构的专利转化率在 1.9%—3.29%之间，五年的时间里我国专利转化率有所提升。高校和科研机构通过建立健全成果转化制度、协同管理运营、优化评价机制、落实资源配置、营造成功转化氛围等多重举措推动科技成果的转化，为科技创新注入发展动能。

（二）以企业为依托的科技成果转化

自 2006 年国家提出自主创新战略和建设创新型国家的任务，我国将科技发展重点放到"创新"二字上。市场中的企业是集创新研发技术与推广科研成果双重功能的重要主体，因此企业是国家科技创新发展的驱动力。国内企业为了在国际市场中占有一席之地纷纷将发展战略转移到研发先进的技术和产品中，国家为企业科技的发展提供广阔的空间，通过建设科技成果转化项目库等综合服务平台以降低信息成本、纵向或横向的一体化产学研结合减少实施成本等措施为企业的科技成果转化提供政策支持[②]。国家同企业一起探索创新科技的路径，消除企业对创新活动风险的顾虑，为企业注入科研信心。

国内众多企业借助国家的政策支持成功实现科技创新，打破发达国家对我国的技术封锁。华为在第四次科技革命兴起和发展的背景下成立研究机构用以扩展自身的技术储备。华为将本土研发力量与新兴市场优势进行了紧密联合，大力投入资源到云计算、人工智能等新兴领域，通过与多方研发机构以及高等院校的合作研究，研发出领先全球的 5G 芯片并致力于推动全球的 5G 生态圈。

华为的 5G 之路

华为 5G 的研究是从 2009 年开始的，企业在 2009 年决策成立了通信技术实验室，开启了 5G 的早期研究。那一年年底，全球首个 4G 商用网络在挪

[①] 苏林，胡涵清，庄启昕，李宗印. 基于 LDA 和 SNA 的我国科技创新政策文本计量分析——以科技成果转化政策为例[J]. 中国高校科技，2022（03）：37-43.

[②] 李胜会，夏敏. 中国科技成果转化政策变迁：制度驱动抑或市场导向[J]. 中国科技论坛，2021（10）：1-13.

威和瑞典刚刚同时启用，中国的 4G 牌照还没有发放（中国的 4G 牌照是 2013 年 12 月才发放）。一段时间研究之后，2013 年，华为决定进一步加强 5G 的研究投入，宣布了在未来五年内至少投资 6 亿美元，用于 5G 的研究与创新的计划，这不含产品化投资。到 2019 年全球首个 5G 商用网络开通，走过了 10 年的路程，5G 创新是个厚积薄发的过程。徐直军看来，对于创新型产业，适时、正确的产业政策，能够有效促进产业发展，反之不适当的产业政策可能对产业发展造成伤害。对 5G 而言，频谱和牌照政策是产业政策的重中之重。在 5G 标准之初，业界曾就 5G 用中频还是毫米波部署，进行了大量的讨论。2017 年 12 月，5G 首个标准发布，中国的移动通信产业界的中频 5G 解决方案趋向成熟，对频谱和技术的认识更加彻底，中频连续大带宽频谱是 5G 网络的基础保障，毫米波频谱部署 5G 条件尚不成熟。在这种背景下，中国工信部及时发布了 5G 频谱政策、发放了 5G 牌照，选择中频作为 5G 频谱。现在回头看，中国工信部及时和正确的产业政策，对中国 5G 今天的全球领先、产业化，至关重要。

资料来源：新华网 徐直军：创新是华为移动通信产业发展的主旋律-新华网[EB/OL].2021-06-03. www.xinhuanet.com/tech/2021/06/03/c_1127527161.htm

二、人才激励

高层次科技人才是推动我国科技创新和科技事业发展的重要力量，对于在科技领域内做出突出成绩的优秀科技人才应充分满足他们在物质、精神、发展等方面的需要，上述措施都可以称为人才激励措施。近年来我国人才规模的迅速扩大为国家科技发展提供人才储备，高层次人才激励政策使国内人才队伍迅速发展，人才的后续发展也需要人才激励政策提供保障。我国的人才激励的主要方式为国家科学技术奖励、选拔两院院士、政府特殊津贴、人才引进等[①]。

（一）国家科学技术奖励

2020 年 10 月 7 日国务院公布修订后的《国家科学技术奖励条例》，《条例》落实科技奖励由推荐制调整为提名制的改革要求。改革报奖方式，实行由专家、学者、组织机构、相关部门等提名的制度，在坚持政府主导的基础上充分发挥专家、学者作用，强化奖励的学术性。完善科技奖励的评审职责、评审标准、评审程序等制度，明确科技部与国家科技奖励委员会的职责分工，明确各奖种

---

① 杜丹丽，赵丹，简萧婕. 整合式创新范式下后发企业如何实现追赶性成长——基于华为纵向案例研究[J]. 中国科技论坛，2022（02）：115-124.

评审标准和激励导向，完善评审办法，明确评审活动坚持公开、公平、公正的原则，评审办法、奖励总数、奖励结果等信息应当向社会公布。加强科技奖励诚信体系建设，明确评审专家需具有较高的学术水平和良好的科学道德，在科技活动中违反伦理道德或者有科研不端行为的个人、组织不得被提名或者授予国家科学技术进步奖，建立科研诚信严重失信行为数据库，禁止以国家科学技术进步奖名义牟取不正当利益。加大对科技奖励的监督惩戒力度。明确提名者、评审专家等奖励活动主体应当遵守的工作纪律，禁止任何个人、组织进行可能影响提名和评审公平、公正的活动，对奖励活动各主体均规定了相应的法律责任。

科技奖励制度是党和国家为激励自主创新、激发人才活力、营造良好创新环境采取的重要举措，是我国长期坚持的一项重要制度，对于促进科技支撑引领经济社会发展、加快建设创新型国家和世界科技强国具有重要意义。奖励制度的设立集中体现了在科技领域抓重大、抓关键、抓基础、抓出了重要成效，把科学研究和科技创新的整体推进同整个国家发展的需求紧密地结合在一起。国家科学技术奖励也体现着中央对科技工作的高度重视、对科技工作者的关心关怀，极大地促进了人才的科研动力，发挥了激励和导向作用，激励科研工作者投身于科研领域为科技创新贡献力量。

（二）海外人才引进

我国很多地方把引进海外科技人才作为谋求区域发展、促进创新驱动的重要举措，相继出台一系列政策措施，引进、集聚了一批海外人才，为地方发展提供了丰富的智力支撑。引进海外高层次人才是进一步促进科技创新发展的需要，也是重视人才培养与管理的举措。各地制定引进海外人才政策与优化人才发展环境以推动人才的吸纳、培养、发展。江苏、福建、甘肃、吉林等 12 个省市明确规定要给予引进人才创业资金的扶持；多个省份明确规定给予人才住房补贴；东部城市为人才提供开放包容的政府管理环境和市场竞争环境[1]。随着人才引进政策的实施，我国海外人才和留学归国人才的规模不断壮大，为我国人才强国的建设奠定坚实基础。

三、科技投入

国家财政对科技的投入程度影响着国家的科技创新水平，科学研究经费是从事研究活动的必备前提，亦是国家科学研究活动正常开展的重要经济基础[2]。

---

[1] 顾承卫. 新时期我国地方引进海外科技人才政策分析[J]. 科研管理, 2015, 36（S1）: 272-278.
[2] 冯硕. 财政科技投入对创新产出的影响研究[D]. 云南财经大学, 2020.

为了鼓励科技发展，政府出台了诸多政策加大对财政性科研经费的投入，各省市区科研产出也取得了较大进步。按照中央部署要求，积极发挥职能作用大力支持以科技创新为核心的全面创新。一方面，加大财政科研经费投入，为科研创新提供有力保障；另一方面，始终坚持问题导向，致力于建立健全资金管理机制。在深化科研项目资金管理改革方面，国务院印发了《关于改进加强中央财政科研项目和资金管理的若干意见》，中办与国办联合印发了《中共中央、国务院关于深化体制机制改革加快实施创新驱动发展战略的若干意见》，旨在通过简政放权、放管结合、优化服务、改革和创新科研经费使用和管理方式，促进形成充满活力的科技管理和运行机制。2016年中办、国办印发了《关于进一步完善中央财政科研项目资金管理等政策的若干意见》，对科研经费管理办法进行了重大调整，在经费比例、开支范围、科目设置等方面提出了一系列"松绑+激励"的有效措施。

财政在科技上的大力投入能引导社会关注当前科技创新短板，吸引研发主体和社会资本投入到有价值的研究活动中。投入于基础性、公益性以及事关国家重大战略需求的科技研究活动，还事关社会公共利益，是政府促进科技创新，发挥公共职能的体现。国家统计局公布2020年全国共投入研究与试验发展经费22143.61亿元，比上年增加2465.7亿元，增长12.5%；2020年，全国共投入研究与试验发展经费24393.1亿元，比上年增加2249.5亿元，增长10.2%；2021年，全国研究与试验发展经费支出27864亿元，比上年增长14.2%，由数据可见，近年来国家对科研经费的投入正在逐年增长，中国科技产出如发表科技论文、科技成果登记数等随着经费投入的增长也逐年增加。仅增加科研经费的投入并不能全面激发科技创新活力，对科技经费投入的规范管理尤为重要。各地区通过优化财政资金分配结果、严格限制财政拨款数额、加强科技投入资金监管、引入第三方管理机构等手段提高财政的科技投入效率，营造制度规范且管理严格的科技创新环境，为科技事业的发展提供充分的资金保障。

四、知识产权

知识产权是指具有智力发明成果的技术创造者依法拥有或享有的权利，以及所有者在生产经营活动中依法享有的权利的总称。知识产权保护是和科技创新相伴而生的一种制度创新。知识产权的产权界定、处置权利、市场交易等制度性要素，对于知识产权本身作为一种商品在市场中自由流通，对于以知识产品促进科技创新和经济发展，都具有十分重要的社会意义。在知识经济快速发展的背景下，企业和研究机构越来越重视知识产权保护的重要意义，知识产权保护制度是鼓励企业和科研机构进行技术创新的重要政策，通过加强知识产权保护能够有效降低企业和科研机构被他人仿照的风险，从而保护创新主体的正常权益。从长远来看，知识产权保护制度为社会提供了一个健康有序的科研环境，鼓励创新主体积极投身于科研领域进行科技创新，加快实施创新驱动发展战略，将我国打造为科技强国。《中共中央、国务院关于深化体制机制改革加快实施创新驱动发展战略的若干意见》的正式发布，标志着我国严格的知识产权保护制度开始全面实施。2015年8月30日，新华社受权发布了新修改的《中华人民共和国促进科技成果转化法》，其中技术权益部分进一步明确了有关科技成果权益归属问题，对长期困扰科技成果转化的有关问题予以清晰界定。2020年5月，中共中央、国务院印发的《关于新时代加快完善社会主义市场经济体制的意见》，对我国全面完善产权制度做了系统擘画，其中对知识产权保护的最新提法令人关注："完善和细化知识产权创造、运用、交易、保护制度规则，加快建立知识产权侵权惩罚性赔偿制度，加强企业商业秘密保护，完善新领域新业态知识产权保护制度。"中央对知识产权保护的明晰能够释放全社会创新创造活力并激发企业发展新动能，为全面推动我国知识产权生产、知识产权运用、知识产权保护、知识产权管理制度与机制创新，真正使知识产权在我国经济步入新常态情况下发挥"源头活水"和重大基础性作用，为我国经济持续稳定健康发展提供源源不断的知识资本支撑①。

两家公司的"万象城"之争

"万象城"是国内地产业的一个知名项目，但在2020年山东省烟台市的一家"万象城"被另一家"万象城"告到法院。原告华润知识产权管理有限公司起诉山东华都置业有限公司，认为华都公司的"祥隆万象城"侵犯商标权。华润知产公司系"華潤萬象城""the miXc 萬象城""万象城"等商标的普通许可使用人，并有权以其名义进行诉讼维权；"華潤萬象城"商标系华润（集团）有限公司（简称华润集团）于2008年注册；"the miXc 萬象城""万象城"商标系华润（深圳）有限公司于2016年注册，在"the miXc 萬象城""万象城"商标注册之前，华润集团旗下公司运营的"万象城"项目已经对上述商标大规模使用并进行宣传推广。然而华都公司在其开发的楼盘及宣传中使用了经祥隆企业集团有限公司（简称祥隆公司）授权使用的"祥隆万象城"注册商标；"祥隆万象城"商标系祥隆公司于2013年注册。华润知识产权管理有限公司认为"the miXc 萬象城""万象城"商标在核准注册前已构成未注册驰名商标，华都公司使用"祥隆万象城"注册商标侵害了"the miXc 萬象

---

① 以完善知识产权保护制度为重点建设高标准市场体系[N]. 中国经济时报，2020-6-12.

> 城""万象城"商标权①。
>
> 　　法院经审理认为，华都公司使用的"祥隆万象城"虽为注册商标，且注册时间早于"the miXc 萬象城""万象城"商标时间，但"the miXc 萬象城""万象城"商标在祥隆公司申请商标注册前，已在房地产行业具有极高的知名度和影响力，构成未注册驰名商标，祥隆公司作为房地产行业经营者，申请注册"祥隆万象城"商标，明显具有攀附涉案"the miXc 萬象城""万象城"未注册驰名商标知名度的主观恶意，华都公司在涉案楼盘上使用"祥隆万象城"商标，容易使相关公众误认涉案楼盘项目与权利人"the miXc 萬象城""万象城"的服务有特定联系，侵害了涉案"the miXc 萬象城""万象城"商标权。法院判令华都公司停止侵权并赔偿经济损失 307.2 万元。
>
> 　　资料来源：澎湃新闻"万象城"商标被恶意抢注？法院：停止侵权并赔偿！[EB/OL]. 2022-04-26. https://m.thepaper.cn/baijiahao_17808248

第二节　我国科技政策的历史沿革

一、初期探索阶段（1978—1995 年）

　　1977 年，邓小平同志提出"要实现现代化，关键是科学技术要能上去"，而"发展科学技术，不抓教育不行"，因此必须要"尊重知识、尊重人才"。1978 年，邓小平同志在全国科学大会上提出"科技是第一生产力"的著名论断，重申"四个现代化，关键是科学技术的现代化"，为科技发展扫清了障碍。国家科学技术委员会的重建和《1978—1985 年全国科学技术发展规划纲要（草案）》的审议通过意味着中国创新发展迎来了政策的春天。党的十一届三中全会以后，科技工作的方针政策也开始向经济建设方向调整。1980 年底，国家科学技术委员会召开全国科技工作会议，着重讨论形成了《关于我国科学技术发展方针的汇报提纲》，提出将"科学技术与经济、社会应当协调发展，并把促进经济发展作为首要任务"作为今后一个时期科学技术发展的方针之一，该汇报提纲于 1981 年得到了党中央、国务院批准。1982 年，党的十二大报告首次把发展科学技术列为国家经济发展的战略重点，1992 年，邓小平在南方谈话中再次强调"科技是

---

① 朱子. 知识产权的概念与特征[J]. 产权导刊，2004，(60)：66.

第一生产力"。此阶段,政府相继出台了一系列政策与法规条例着重于发展我国的科学技术,一大批国家项目、重点工程先后开工,国家工业化、信息化迎来了重要的发展期。1993年7月,全国人民代表大会常务委员会第二次会议通过了《中华人民共和国科学技术进步法》,这是一部堪称中国科学技术领域基本法的法律,标志着我国科技法制建设进入新的发展时期。该法律明确了在社会主义现代化建设中优先发展科学技术,发挥科技是第一生产力的作用。

二、科教兴国阶段(1995—2006年)

现代科教兴国战略是继1956年党中央号召"向科学进军"、1978年全国科学大会召开之后,中国创新政策的又一重要里程碑。1994年,《中国21世纪议程》确定中国正式实施可持续发展战略。1995年,中共中央、国务院颁布了《关于加速科学技术进步的决定》(以下简称《决定》),首次提出在全国实施科教兴国战略。随后召开的全国科技大会上进一步贯彻该《决定》精神,1997年,党的十五大报告进一步提出,科技进步是经济发展的决定性条件,并把可持续发展战略和科教兴国战略作为新阶段的国家发展战略,知识经济和国家创新体系等理念得到了学界和政府的高度重视。1998年,中国科学院提交了《关于开展"知识创新工程"试点的汇报提纲》,提出"建设国家创新体系,提高国家创新能力,大力发展高新技术产业"是我国实施科教兴国战略和可持续发展战略的重大举措。同时,还鼓励大型国有企业建立研发中心,并成立科技型中小企业技术创新基金。另外,高等教育也成为国家创新体系的重要组成部分,旨在建设若干所具有世界先进水平大学的"985"工程等得以实施。进入21世纪,我国开始制定中长期科学技术发展规划,提出要以改革为动力,深化经济体制、科技体制、教育体制的配套改革,推进国家创新体系建设,为高新技术成果商品化、产业化提供了宏观指导,并强调研究开发面向市场的应用性和适用性技术,全面建设国家创新体系。此阶段拉开了我国国家创新体系建设的序幕,企业和高校成为创新的主要载体,以基础性研究为核心,提高新知识和新科学的原创能力为目标的国家知识创新试点工作逐步展开。

三、创新型国家建设阶段(2006—2012年)

2005年,胡锦涛在党的十六届五中全会上明确提出建设创新型国家的重大战略思想。同年,党中央、国务院发布了《国家中长期科学和技术发展规划纲要(2006—2020年)》,这是我国进入21世纪以来对科学技术发展所做的第一次全面规划,也是社会主义市场经济条件下制定的第一个中长期科技发展规划。2006年1月,胡锦涛在全国科学技术大会上明确指出,要坚持走中国特色自主创新道路,用 15 年左右的时间把我国建设成为创新型国家。随后,《国家中长期科学和技术发展规划纲要（2006—2020 年）》若干配套政策出台,从科技投入、税收激励等十个方面推动创新型国家建设。2012 年中共中央、国务院印发了《关于深化科技体制改革加快国家创新体系建设的意见》,就深化科技体制改革、加快国家创新体系建设提出了具体要求,强调在国家创新体系建设过程中坚持企业主体、协同创新,紧密结合产学研,开放共享科技资源,突出企业技术创新主体作用,注重在实施国家科技重大专项中发挥新型举国体制作用。此阶段强调了将科技创新作为国家的基本战略,通过发挥各创新主体作用提升创新能力、形成国家竞争优势、建设创新型国家[1]。

四、创新驱动发展阶段（2013 年至今）

2013 年以来,我国高度重视科技体制改革工作,把科技创新作为提高社会生产力和综合国力的战略支撑,深入实施创新驱动发展战略。2014 年国家推动修订《中华人民共和国促进科技成果转化法》并出台《实施〈中华人民共和国促进科技成果转化法〉若干规定》,制定《促进科技成果转移转化行动方案》,进一步完善科技成果转移转化机制。2015 年出台《深化科技体制改革实施方案》,提出了涉及 10 个方面的 143 条政策措施。党的十八届五中全会明确提出"创新、协调、绿色、开放、共享"的新发展理念,将坚持创新发展摆在国家发展全局的核心位置。随后出台的"十三五"规划中更是明确提出"创新是引领发展的第一动力"。此外,国务院还出台了《关于大力推进大众创业万众创新若干政策措施的意见》,推进科技创新与双创融通发展。党的十九大将科技创新作为推动高质量发展、支撑供给侧结构性改革、加快新旧动能转换的重要支撑[2]。在以习近平同志为核心的党中央坚强领导下,我国科技创新持续发力,加速赶超跨越,重大创新成果竞相涌现,科技实力大幅提高。2021 年 12 月中华人民共和国第十三届全国人民代表大会常务委员会第三十二次会议修订通过《中华人民共和国科学技术进步法》,健全科技创新保障措施,完善国家创新体系,着力破除自主创新障碍因素。当前我国深入实施创新驱动发展战略,通过立法保障、人才激励、成果转化等手段增强科技创新动能,以实现到 2030 年跻身创新型国家前列、2050 年建成世界科技创新强国的战略目标。

---

[1] 王育晓, 郭依函. 科技创新政策研究概况、热点演变与理论脉络——基于 CSSCI（1998—2019）的文献计量[J]. 中国科技资源导刊, 2021, 53（06）: 12-21.

[2] 张永凯. 改革开放 40 年中国科技政策演变分析[J]. 中国科技论坛, 2019（04）: 1-7.

第三节 案例分析

案例一：奔赴星辰大海，探索无穷宇宙——中国的飞天梦

一、[案例介绍]

案例背景： 自古以来，中华民族对浩瀚宇宙充满着美好想象，女娲补天、嫦娥奔月、夸父逐日等神话故事承载着中国人探索日月星辰的梦想。1390年，明代的万户坐在自制的火箭飞车上，将自己升上了半空。不幸的是，由于火箭爆炸，万户献出了生命。为了纪念万户勇于探索实践火箭飞天的精神，后人称他为"世界航天第一人"。20世纪70年代，国际天文联合会将月球上一座环形山命名为"万户"。万户做出了中国人追求"航天梦"的第一次尝试，但中国航天事业真正意义上的起步则始于1956年10月8日，中国国防部第五研究院正式成立。这一具有历史性的日子，标志着中国开启了波澜壮阔的航天征程。数十年的发展历程中，中国从"一穷二白"到实现"赴九天，问苍穹"，创造出一个又一个奇迹。

案例正文：

（一）"东方红"来之不易

1957年，美苏冷战迎来第一次高峰。这一年的10月4日，苏联的斯普特尼克1号发射成功，成为世界上第一颗人造卫星。11月3日，搭载一只实验犬的斯普特尼克2号也发射成功；1958年2月，美国的第一颗人造卫星探险者1号也顺利发射。苏联卫星成功发射的消息震动了全世界，包括当时访苏庆祝"十月革命"四十周年的中国领导人。1957年11月17日，正在访苏的毛泽东站在莫斯科大学礼堂讲台上，面对台下的中国留学生发表了那段著名的演讲："世界是你们的，也是我们的，但归根结底是你们的，你们青年人朝气蓬勃，好像早上八九点钟的太阳，希望寄托在你们身上。"台下掌声如雷，其中有一个心潮澎湃的年轻人名叫孙家栋，后来成了中国首颗人造卫星东方红一号的总设计师。1958年5月，毛泽东在八届二中全会上表示："苏联人造卫星上天，我们也要搞人造卫星，我们也要搞一点。"他还表态，要搞就要搞得大一点。这一年，中国科学院将卫星列为1958年的头等任务，代号"581"。

苏联卫星上天时，中苏友谊关系尚在。按双方1957年签订的《国防新技术协定》，苏联将在核能工业、航空新技术、导弹和核试验基地建设等方面援助中国。不过现实并未如条约那么美好。1958年10月17日，中国科学院人造地球

卫星研制组负责人赵九章率队访苏，但中苏关系此时已有嫌隙，赵九章一行没有机会接触核心技术，原本计划详细学习苏联人造卫星技术的他们，在现场只看到一些高空探测仪器和科技展览馆展出的卫星模型，几乎一无所获。1958年11月，中央政治局研究并决定拨2亿元专款支持科学院搞卫星。当时能发射卫星的国家只有美国和苏联，而美国对华敌视和封锁，苏联也关上了技术交流的大门，加上国内经济困难，中国卫星研发陷入困境。外援不再，赵九章建议"中国发展人造卫星要走自力更生的道路，要由小到大，由低级到高级"。1959年，中国科学院党组召开会议，调整空间技术计划，提出"大腿变小腿，卫星变探空"的工作方针，决定调整机构、停止研制大型运载火箭和人造卫星，把工作重点转向研制探空火箭。当时世界上不止一国追赶美苏，中国航天计划搁置的十年间，先后被法国和日本赶超。法国于1965年11月发射了阿斯特里克斯卫星，日本于1970年2月发射了大隅卫星，分别成为世界第三和第四个成功发射卫星的国家。而中国的第一颗卫星上天，只比抢走"第一颗亚洲人造卫星"称号的日本晚了两个月，1970年4月24日，长征一号运载火箭搭载着东方红一号卫星，在酒泉卫星发射中心成功升空。

（二）"神州"圆人类飞天梦

苏联和美国在20世纪60年代初突破并掌握载人航天技术，之后形成了长达40多年的垄断，这足以证明载人航天是人类航天技术的最高技术之一，而中国在载人航天领域的发展效率之高，可谓惊人。中国政府加大航天投入，同时鼓励建立多元化、多渠道的航天投资体系，保持航天事业持续、稳定发展。鼓励工业企业、科研机构、商业企业、高等院校和社会团体在国家航天政策指导下，发挥各自优势，积极参与航天活动，参与空间领域的国际交流与合作。鼓励卫星经营企业和应用部门优先选用国产卫星和卫星应用产品。1999年11月20日，神舟一号实现两个突破：载人火箭长征2F和实验性质的飞船测试，仅飞行21小时。2001年1月10日，神舟二号实现一个突破：飞船大幅改进和长时间稳定的飞船导航制导与控制。2002年3月25日，神舟三号实现一个突破：通过天地语音传输系统，天地连线成为了现实；2002年12月30日，神舟四号实现一个突破：全面检测飞船的逃逸系统、生命维持系统和返回系统，最后一次全面检验载人航天技术。2003年10月14日，长征二号F火箭和神舟五号飞船已吊装组合完毕，载着杨利伟的长征二号F火箭在耀眼的火光中顺利升空，浩瀚的太空终于迎来了第一位中国人。"神舟五号"绕地球飞行14圈后成功返回。中国正式成为全球第三个独立将航天员送上太空的国家。

（三）"嫦娥"让探月成为现实

1978年，美国总统尼克松送给中国一份神秘的礼物——从月球采回的岩石样品。这块只有指尖大小，重量仅有一克的月岩，在中国航天科研人员的心头激起难以平复的涟漪①。科学技术的发展本质上还是要靠金钱与财力的投入，到了20世纪80年代，随着改革开放深入推进我国经济的不断发展，我国的航天技术水平也开始有了飞速的发展。中国统筹规划空间技术、空间应用和空间科学三个领域，推动航天科技自主创新，促进航天活动发挥更大的经济和社会效益，保证航天活动有序、规范、健康发展，实现既定的发展目标。其中重视航天科技工业基础能力建设。加强航天器、运载火箭研制、生产、试验的基础设施建设。支持航天科技重点实验室和工程研究中心建设，加强信息化工作、知识产权工作和航天标准化工作，推进航天技术创新体系建设。引导航天科技工业改革调整和转型升级，加快形成国际一流的大型宇航企业。积极构建以航天科技企业和国家科研机构为主，产学研相结合的航天技术创新体系。2004年，中国正式开展月球探测工程，并命名为"嫦娥工程"。3年后的10月24日，"嫦娥一号"卫星发射升空。经历12天的长途飞行之后开始绕月飞行。2008年11月12日，中国发布了由"嫦娥一号"拍摄的人类历史上第一次包含月球南北两极的高清全月图。2010年10月1日，"嫦娥二号"卫星被送往月球。它采用更加先进的照相器材，对月球表面进行分辨度达到1.3米的观测任务。当全世界为中国连续成功发射两颗探月卫星而惊叹时，中国科学家们已经在紧张地进行"嫦娥三号"最后的调试。2013年12月14日成功软着陆于月球的"嫦娥三号"月球探测器将"玉兔"送到了月球。如今，经国际天文学联合会确认通过，将"玉兔"月球车跑过一圈的地方命名为"广寒宫"。2018年5月21日，"嫦娥四号"月球探测器实现了全球首次月球背面软着陆和巡视勘察，为人类揭开了月背的神秘面纱。2020年11月24日，中国"探月工程"迎来收官之战。"嫦娥五号"踏上了赴月采样并返回地球的行程。12月17日，随着"嫦娥五号"携带月壤回到地球，这次难度最大的任务宣告成功。从当初获赠1克月岩到自主采集1700多克月壤，中国航天人奋斗了42年。"嫦娥一号"到"嫦娥五号"，中国圆满完成了从奔月、绕月、落月到返回的整个"探月工程"。它的意义正如中共中央总书记、国家主席、中央军委主席习近平在贺电中所说，"标志着中国航天向前迈出的一大步，将为深化人类对月球成因和太阳系演化历史的科学认知作出贡献"。

（四）"祝融"叩开火星大门

国家大幅提升航天创新能力，通过实施一批航天重大工程和重大科技项

---

① 中国载人航天史回顾[EB/OL]. 2021-06-24 [2022-11-10]. https://baijiahao.baidu.com/s?id=1703417228087414010&wfr=spider&for=pc.

目，推动航天科技跨越发展，带动国家科技整体跃升。明确各类创新主体功能定位，建立政产学研用一体的航天协同创新体系，构建航天技术创新联盟和产业创新联盟，围绕产业链打造创新链。推动建设航天领域研究基地（平台），超前部署战略性、基础性、前瞻性科学研究和技术攻关，大幅提升原始创新能力，打造国家科技创新高地，加强航天技术二次开发，推动航天科技成果转化应用。2020年7月23日，中国的火星探测器——"天问一号"踏上了探寻火星真容的漫长旅程，经过近7个月的航程与3个月的环绕火星飞行，2021年5月15日，"天问一号"降落火星表面。虽然中国已有月表着陆经验，但"天问一号"火星软着陆任务格外艰难。一方面火星环境比月球更复杂；另一方面火星距离地球更加遥远，通信单程延时会达到20分钟左右。地球上的科学家们对整个着陆过程来不及做任何处置，全靠"天问一号"自主完成了这项风险最高的操作。成功着陆后，"天问一号"释放出以中国古代神话中的火神命名的"祝融"号火星车，开始探测火星的任务。到迄今为止将近一年的火星漫步中，"祝融"号行进了超过1500米，发回大量有关火星地表环境与地质特征的图片和数据，为人类了解火星提供了宝贵资料。值得一提的是，在世界航天史上，"天问一号"与"祝融"不仅在火星上首次留下中国人的印迹，而且一次性成功实现了火星环绕、着陆和巡视三大目标，充分展现了中国航天人的智慧，标志着中国在行星探测领域跨入世界先进行列。

（五）"天宫"营造人类太空新家园

2021年4月29日，"天宫"空间站"天和"核心舱成功发射，宣告中国开启了组建空间站的时代。"核心舱是空间站负责控制的最重要的舱段。"中国载人航天工程总设计师周建平介绍道，"我们在空间站构型布局上进行了精心设计，以保证空间站具备更强大的科学和应用能力"。2017年中国航天科技集团宣布中国空间站核心舱已经完成总装，2021年多名宇航员先后入驻核心舱。根据我国航天局的任务规划，2022年底之前我国的"天宫"太空空间站就能够顺利建成，预计到2028年国际空间站退役之后整个太空更是只有中国的载人空间站可以继续运行。对此，在我国开放空间站合作后，全球已有17个国家陆续提交加入申请，其中还包括德法意等西方国家。2021年12月9日，中国航天员翟志刚、王亚平、叶光富在"天宫"空间站为广大中国青少年讲授了一堂精彩的太空科普课。他们生动介绍展示了空间站工作生活场景，演示了微重力环境下细胞学实验、物体运动、液体表面张力等神奇现象，并讲解了实验背后的科学原理。授课期间，航天员通过视频通话形式与地面课堂的学生进行了实时互动交流。"我们也能在太空中看到地球了""太空里的实验真是太有趣了""长大以后，我也要去探索太空"。"天宫课堂"激发出孩子们对宇宙的向往。我国大力开展航天科普教育，积极组织开展"中国航天日"系列活动，并充分利用"世界空间周""全国科技活动周"等平台，大力开展航天科普教育，普及航天知识，宣传航天文化，弘扬航天精神，激发全民尤其是青少年崇尚科学、探索未知、敢于创新的热情，吸引更多的优秀人才投身航天事业。在建设高水平航天人才队伍方面，国家在《2021中国的航天》白皮书中强调加快建设航天领域世界重要人才中心和创新高地，厚植人才发展沃土，壮大人才队伍规模。完善人才培养机制，加强战略科学家、科技领军人才、青年科技人才和创新团队建设，培养一大批卓越工程师、高素质技术技能人才和大国工匠，造就一批具有国际视野和社会责任感的优秀企业家。完善人才交流机制，规范和引导航天人才合理流动。完善人才激励机制，加大奖励支持力度。加强航天特色学科专业建设，培养航天后备人才队伍。2022年4月16日，在天宫执行任务的"神舟十三号"3位航天员顺利重返地球家园，这标志着中国空间站关键技术验证阶段圆满完成。如今3位航天员在万千青少年心中已成为新的偶像，未来将依靠我国一批批航天人去实现我们探索宇宙的新梦想。

案例来源：「感动中国 2021」中国航天的逐梦之路[EB/OL]. 2022-05-31. [2022-11-10]. https://baijiahao.baidu.com/s?id=1734302735997041961&wfr=spider &for=pc

中国载人航天史回顾[EB/OL]. 2021-06-24 [2022-11-10]. https://baijiahao.baidu.com/s?id=170341722808 7414010&wfr=spider&for=pc.

二、[案例分析]

习近平总书记提到：我们正在实施创新驱动发展战略，这是决定我国发展未来的重大战略。航天科技是科技进步和创新的重要领域，航天科技成就是国家科技水平和科技能力的重要标志。航天科学技术的发展日新月异，既反映出我国的创新水平日益提高，也映射出全社会的创新动力愈加强劲。请思考并讨论以下问题：

（一）结合案例总结中国航天事业发展的历史经验

1. 国家战略的需要和政府的大力支持。中国航天技术发展始终是在党和政府高度重视下发展壮大的，毛泽东、周恩来等党和国家领导人一直非常关心航天发展，即使在困难时期也给予大力支持。中国航天事业起源于战略导弹计划，当时主要目标是发展各类战略导弹，为国防建设服务。随着导弹事业取得重大进展，运载火箭、人造卫星计划应运而生，并且扎实推进，军民密切结合，为国防建设、国民经济与社会发展做出了巨大贡献。

2. 坚持自力更生，潜心钻研。1956年10月国防部五院建立时，就提出了

"采取自力更生为主,力争外援和利用资本主义国家已有的科学成果为辅的方针"。中国航天事业的发展长期贯彻这一方针政策,使中国航天在技术上主要是自主创新,对国外的依赖较少。逐步建立起完整的科研、设计、生产与试验体系,带动了相关学科的建立和发展。在应用卫星方面,根据需求和技术能力,选择合适目标,突出重点,扎实推进,最终获得累进式技术突破[①]。

3. 广泛开展合作研究。中国航天事业发展的各个时期,都得到了其他部门和地方政府的支持和协助,"大力协同"是重要发展经验之一。苏联和美国早期航天发展远远领先于我国。中国充分利用后发优势,广泛吸收借鉴发达国家的已有成果和经验,使航天发展在技术上少走了很大弯路。改革开放后,中国积极探索各类各层次国际合作,不仅提高了技术水平和管理经验,也获得了良好的国际声誉。

(二)对中国航天事业未来发展提出建议

1. 继续坚持创新驱动发展战略。中国航天事业要从"跟跑"向"并跑""领跑"转变,就必须坚定不移走创新驱动发展之路,瞄准战略性、基础性、前沿性领域,突出原始创新,提高科技创新源头供给能力。要打通创新链及产业链的各个环节,努力实现关键技术"卡脖子"问题的重大突破,不断提升自主可控水平。同时,大力弘扬创新精神和科学家精神,特别是在青少年中种植航天梦想,激发探索未知和敢于创新的热情,为实现航天强国梦凝聚强大力量[②]。

2. 加强航天人才队伍建设。高校作为培养航天人才的主阵地要依托产教融合、校企协同、建设合作示范基地等模式创新式培养学生以扩大我国航天人才队伍。吸引国内外航天技术专家推动技术研发,汇聚"政府+高校+市场+科研机构"资源主体,尝试发挥"技术创新平台化"作用,加速研发成果的转化应用和集聚应用,服务于国家重点领域或市场。

3. 弘扬航天精神的力量。对太空的探索不会一帆风顺,成功的背后都有着无数次的失败。2017年7月2日长征五号运载火箭发射失利,但是一次的失败不代表全盘皆输,在无数航天人的努力下,2019年12月27日长征五号发射终于取得成功。中国航天人攻坚克难、不怕失败的航天精神是我国航天事业在几十年中迅猛发展的不竭力量。未来要坚持以航天精神为依托推动我国科技进步,增强综合国力,同人类探索未知的宇宙奥秘。

---

① 李成智. 中国航天技术的突破性发展[J]. 中国科学院院刊, 2019, 34(09): 1014-1027.
② 董磊. 航天科技是科技进步和创新的重要领域[EB/OL]. 2021-04-24[2022-09-17]. https://www.baidu.com/link?url=yDOiaSB3UQSetRkcBeSIkU6rJYxGMUSVmvMG-t3xCRaRO4ZaMnRHKpUjVeQpOnJ01CMLlqK-ySDa_GpklN7zbCCo1D1zy0dPsda23P9B3bu&wd=&eqid=c4a04d67000d9e5e0000000662984565.

案例二：投桃报李——政策支持引导城市与科技人才的双向奔赴

一、[案例介绍]

案例背景：改革开放四十年来，充裕的人力资本一直是我国经济发展的核心关键之一。但是随着近年来我国人口红利的下降甚至是消失，各地政府越来越重视人才的拥有和储备，从国外到国内、博士到大专都是各地政府争相"抢夺"的人才对象。为了留住高层次科技人才，各地政府颁布了各式各样的人才落地政策，购房大额补贴、极为宽松的落户要求、科研经费支持、孩子的免试入学等都表现出了各地政府极大的诚意和对高层次科技人才的渴望。高层次科技人才已经成为推动创新发展的第一动力。

案例正文：

（一）求贤若渴，武汉启动"百万校友资智回汉"工程

作为湖北省省会城市，国内科教实力位居前三的武汉市在过去很长一段时间内人才流失的情况非常严重，2014－2016年武汉的人口增量仅为11.79万人，远远不及其他一线城市。而正是意识到了人才流失这一痛点问题，武汉市采取了积极且迅速地应对政策，出台了《武汉"百万校友资智回汉工程"实施方案》成立"招才局"和人才集团。2017年4月，武汉在全国成立首个"招才局"，明确提出打造校友经济。正是依托多数城市都无法比拟的校友资源优势，武汉在抢企业方面斩获颇丰，武汉借助"资智回汉"工程，充分挖掘自身的校友资源，可谓对症下药，抓住了风口，截至2021年11月，武汉市第五批"资智回汉"工程已为武汉带来了近七千亿的投资。同样在"智"的方面，武汉市"资智回汉"工程成效显著，依托武汉大学、华中科技大学、中南财经政法大学等国内一流大学的校友联盟，武汉市成功引入了一大批高层次科技人才，涵盖各种人才、各类产业领域，吸引不同地域、不同领域的高端要素快速聚集、优化配置，焕发出产业发展的澎湃活力，释放出价值创造的磅礴朝气。同时也重点关注武汉籍的海外高层次科技人才，通过校友、乡情将他们吸引回汉，扩充武汉市高层次科技人才储备。

（二）双向奔赴，宁波打造海外科技人才引进的最优生态圈

作为我国制造业排名全国第一的宁波市，坐拥开放、制造两张"金名片"，对海外人才的"引留用"都可以为我国其他城市提供很好的借鉴意义。近年来宁波市对海外人才的政策持续"扩容"，十年间宁波市引进海外工程师2000余名，推动企业直接新增产值超500亿元，"聚天下英才而用之"正是宁波市政府对海外科技人才引进的态度。

作为港口城市，改革开放四十多年以来宁波始终秉承着积极的对外开放态度，早在 2009 年宁波市就在全国率先出台了《宁波市鼓励企业引进"海外工程师"暂行办法》，自此拉开十余年的海外科技人才"引留用"攀高序幕。十余年的政策迭代、环境优化、产业升级下，宁波已发展成为海外科技人才大展宏图的"新高地"。这些海外工程师广泛活跃于宁波制造、教育、商贸及服务业，推动宁波产业技术实现从"跟跑"到"并跑"甚至"领跑"的跨越式发展。

宁波均普智能制造股份有限公司就是"海智赋能"的最佳案例。2014 年，均胜集团董事长王剑峰在德国邂逅了深耕自动化研发和技术领域近 20 年的史蒂芬·阿曼。一拍即合的双方回到宁波，在白纸上绘蓝图，最终培育出均普智能这一智能制造领域的"后起之秀"。

伴随海外工程师史蒂芬一同来到宁波的，有广阔的海外"朋友圈"，也有内化于心的理念和态度。在史蒂芬的推动下，2015 年，当时仅有 50 名成员的均普智能拿下了第一笔外部订单，来自全球汽车零部件供应龙头博格华纳。此后，史蒂芬更是以其先进的机械设计和技术方案，为企业争取到了总值超过 5000 万元的订单。回顾"命定相会"后的这 8 年，史蒂芬感慨宁波制造业从"卡脖子"到"掰腕子"的大步跨越，也赞叹宁波日渐精细的城市风貌与营商环境，"这座城市让我有归属感。疫情当下，我会继续带领团队成员苦练内功，强化技术引进与革新，传授经验与理念"。

投之以桃，报之以李。不断完善的海外科技人才生态链与扶持政策，让像史蒂芬一样的海外工程师与宁波"双向奔赴"——为了确保海外人才引进"不唯学历看能力、不唯职称看技术、不唯资历看业绩"，宁波市将海外工程师的界定权交给市场：企业聘请的年薪达到一定水平，政府就认定其为宁波的海外工程师，市、区两级给予适当补助。此外，在出入境便利、人才金融、人才安居、医疗保障等"关键小事"上，宁波也毫不含糊，力求以"娘家人"的姿态将服务做好做足。

（三）政策支持，增强城市吸引力

综合各地所颁布的人才政策，有以下几个特点：学历高低与政策优惠程度正相关；发放的补贴以生活/住房补贴为主；简化落户政策，降低人才落户难度，全部围绕户籍和住房问题。每个城市对于高层次的科技人才都尤为重视，在政策上都给予了极大的资源倾斜，如贵州省实施的"百千万人才引进计划"，对来黔创新创业的高层次人才入选"百人领军人才""千人创新创业人才"的，入选三年内最高分别给予 300 万元、150 万元奖励，配套提供工作场所、科研启动资金、工作助手以及解决住房保障、配偶安置、子女就学、医疗保险、出入境、职称评定等问题，同时对取得重大科研成果的高层次人才给予丰厚的人才激励政策，设立"黔灵科技贡献奖"，给予 100 万元奖励①。

除了物质需求以外，满足精神生活需求也是增强城市吸引高层次科技人才的重要因素。近年来，上海市实施了一系列的政策措施以"全面提升城市软实力"增强城市吸引力。主要包括：（1）尊重原创、鼓励"冒尖"、呵护创新的激励机制，让来自五湖四海的科技人才在上海创新创业、追逐梦想，个性得到尊重、才华得到展示、价值得以实现；（2）丰富文化优质供给，推出更多"上海原创"文艺精品，打响"建筑可阅读""一江一河游览""海派城市考古"等上海文旅品牌，创新实施上海"大博物馆计划""大美术馆计划""社会大美育计划"，以更富创意的方式让典籍中的上海、文物中的上海、遗迹中的上海在穿越时空中活态呈现；（3）均衡文化空间布局，聚焦"中心辐射、两翼齐飞、新城发力、南北转型"城市新空间格局，按照"东西一轴、南北一带"文化设施布局，加快建成上海图书馆东馆、上海博物馆东馆等标志性文化地标，同时打造更多家门口"小而美"的演艺新空间、人文新景观、休闲好去处，更好地彰显城市美的追求、高的颜值、暖的表情。政策的支持不仅要在物质上增强城市留住人才的吸引力，更为重要的是要发挥城市吸引人才的内生动力，从文化软实力上留住人才，增强对城市的认同感，真正做到城市让人"心之所向"。

案例来源：百万校友回汉创新创业创富正当其时[EB/OL]. 2017-05-27. [2022-10-10]. https://www.sohu.com/a/143929021_114731

宁波打造海外人才"引留用"最优生态圈[EB/OL]. 2022-09-20. [2022-10-10]. https://baijiahao.baidu.com/s?id=1744418315362213264&wfr=spider&for=pc

贵州省"百千万人才引进计划"实施办法[EB/OL]. 2022-06-04 [2022-10-10]. https://jsjxy.sdut.edu.cn/2022/ 0604/c6225a461325/page.htm.

"向心"城市，如何让人"心之所向"[EB/OL]. 2022-10-15. [2022-11-10]. https://export.shobserver.com/baijiahao/html/538762.html

二、[案例分析]

请思考并讨论以下问题：

（一）结合案例谈谈我国各城市如此重视科技人才引进的原因

1. 科技人才是科技创新的根本动力。古往今来，创造发明是解放生产力、发展生产力，甚至是导致社会变革的重要诱因。当今世界更是科技主导的世界，创新发明的作用越来越重要，作为科学技术的主要推动者和发明人，世界各国

---

① 贵州省"百千万人才引进计划"实施办法[EB/OL]. 2022-06-04[2022-10-10]. https://jsjxy.sdut.edu.cn/2022/0604/c6225a461325/page.htm.

对高层次科技人才的重视程度也与日俱增，拥有更多的高层次科技人才储备，才能保障国家在未来的发展中不落后于人。

2. 科技人才是提高城市创新力和竞争力的关键因素。城市的创新能力和竞争力已经成为现代化城市发展的标志，科技人才作为城市创新发展"智库"，科技人才作用的发挥决定了城市创新能力和竞争力的上限，充足的科技人才储备能够保障城市未来的发展拥有足够的智力支撑，能够早日实现城市发展的现代化。

3. 高层次科技人才能够提升城市形象，提高城市的人才吸引力。一个城市如果有充足的科技人才储备，依托高层次科技人才自身的吸引力能够吸收更多的人才流入，增强城市发展的人力资本，同时还能够带动城市文化等软实力的发展，增强城市文化底蕴，提升城市形象，促进城市的全面和谐发展。

（二）试述宁波市的海外科技人才引进政策给我们的启示

1. 秉持开放的态度，积极引入海外高层次技术人才。宁波市作为港口城市对外经济贸易频繁，始终保持积极开放的态度吸纳海外人才，充分尊重他们的生活习惯、创业就业意愿。积极出台各项优惠政策如《关于加快推进开放揽才产业聚智的若干意见》《关于宁波市集聚全球青年才俊打造青年友好城的实施意见》《宁波鼓励企业引进"海外工程师"暂行办法》等政策意见，并且专门针对海内外高层次人才和团队引进的"3315 计划"和"泛 3315 计划"等政策对符合宁波重点产业导向的创业创新人才以及电子商务、港航物流、金融保险、文教卫体、专业服务、规划设计、时尚创意、科技服务、现代农业等重点领域人才进行政策覆盖[①]。

2. 引入市场化机制，放宽海外人才审核条件。为了确保海外科技人才引进"不唯学历看能力、不唯职称看技术、不唯资历看业绩"，宁波市将海外工程师的界定权交给市场：企业聘请的年薪达到一定水平，政府就认定其为宁波的海外工程师，市、区两级给予适当补助。

3. 人才激励政策贯穿创新创业全过程。宁波市关注人才创业创新整个过程，为人才企业从初创到发展壮大提供系统的扶持政策。在人才企业初创阶段，给予配套启动资金，为人才提供创业担保贷款和贴息；在人才企业发展阶段，给予发展较快的人才创办企业持续的支持，如"3315 计划"人才（团队）创办企业自成立之日起，5 年内发展成长较快、对宁波经济社会发展贡献较大的，经认定后再给予企业最高 500 万元资助经费。在人才企业壮大阶段，支持人才

---

① 宁波与相关城市人才政策比较研究[EB/OL]. 2020-07-08[2022-10-10]. http://fyzx.ningbo.gov.cn/art/2020/7/8/art_1229052155_53893975.html.

企业挂牌上市，对企业在新三板实现直接融资的，给予最高 50 万元补助；对企业在境内外成功上市的，给予最高 500 万元补助；对宁波重点发展产业中的上市公司并购国内高新技术企业和研究机构的，给予最高 1000 万元补助。

本章参考资料

[1] 梁正. 从科技政策到科技与创新政策——创新驱动发展战略下的政策范式转型与思考[J]. 科学学研究，2017，35（02）：170-176.

[2] 苏林，胡涵清，庄启昕，李宗印. 基于 LDA 和 SNA 的我国科技创新政策文本计量分析——以科技成果转化政策为例[J]. 中国高校科技，2022（03）：37-43.

[3] 李胜会，夏敏.中国科技成果转化政策变迁：制度驱动抑或市场导向[J]. 中国科技论坛，2021（10）：1-13.

[4] 杜丹丽，赵丹，简萧婕. 整合式创新范式下后发企业如何实现追赶性成长——基于华为纵向案例研究[J]. 中国科技论坛，2022（02）：115-124.

[5] 顾承卫. 新时期我国地方引进海外科技人才政策分析[J]. 科研管理，2015，36（S1）：272-278.

[6] 冯硕. 财政科技投入对创新产出的影响研究[D]. 云南财经大学，2020.

[7] 以完善知识产权保护制度为重点建设高标准市场体系[N]. 中国经济时报，2020-6-12.

[8] 朱子. 知识产权的概念与特征[J]. 产权导刊，2004，（6）：66.

[9] 王育晓，郭依函. 科技创新政策研究概况、热点演变与理论脉络——基于 CSSCI（1998—2019）的文献计量[J]. 中国科技资源导刊，2021，53（06）：12-21.

[10] 张永凯. 改革开放 40 年中国科技政策演变分析[J]. 中国科技论坛，2019（04）：1-7.

[11] 中国载人航天史回顾[EB/OL]. 2021-06-24 [2022-11-10]. https://baijiahao.baidu.com/s?id=1703417228087414010&wfr=spider&for=pc.

[12] 李成智.中国航天技术的突破性发展[J]. 中国科学院院刊，2019，34（09）：1014-1027.

[13] 董磊.航天科技是科技进步和创新的重要领域[EB/OL]. 2021-04-24 [2022-09-17]. https://www.baidu.com/link?url=yDOiaSB3UQSetRkcBeSIkU6rJYxGMUSVmvMG-t3xCRaRO4ZaMnRHKpUjVeQpOnJ01CMLlqK-ySDa_GpklN7zb

CCo1D1zy0dPsda23P9B3bu&wd=&eqid=c4a04d67000d9e5e0000000662984565.

[14] 贵州省"百千万人才引进计划"实施办法[EB/OL]. 2022-06-04 [2022-10-10]. https://jsjxy.sdut.edu.cn/2022/0604/c6225a461325/page.htm.

[15] 宁波与相关城市人才政策比较研究[EB/OL]. 2020-07-08 [2022-10-10]. http://fyzx.ningbo.gov.cn/art/2020/7/8/art_1229052155_53893975.html.